普通高等教育“十三五”规划教材
湖南工学院校本级规划教材

会计学

KUAIJIXUE

主　编　沈　航　刘晓英　张　黄
副主编　唐瑜冲　周　清　邓小龙

中南大學出版社　长沙
www.csupress.com.cn

前　言

会计作为国际商业语言，在全球经济国际化、一体化进程日益加剧的今天，显得越来越重要。会计学结构严谨，体系完善，其知识体系包括基础会计学、中高级财务会计学等。目前已出版的会计学教材基本上都是以会计要素为脉络编写的，本教材的编写则是以资金运动的方式为脉络展开的，因此后者能清晰地展现资金的运动轨迹，更能适用于高校非会计学专业人才的培养以及有助于学生应用会计信息能力的提升。

在本教材的编写过程中，编写组成员先后考察了湖南省多所高校非会计专业所开设的会计学课程的基本情况，在教材的内容和编排上进行了大胆的尝试，使其严格依照我国2016年执行的新会计准则体系和最新税法，注重“会计学基础”，突出资金运动方式，体现会计课程教学的“宽口径”特征。本教材主要供非会计学专业学生使用，也可作为高职、高专、成人教育及企业内部培训类会计学入门教材或课外参考资料。

本书由沈航老师拟订提纲，由沈航、刘晓英、张黄老师为主编，唐瑜冲、周清、邓小龙老师为副主编。各章的撰写分工如下：第一章、第二章、第七章、第八章由沈航编写，第三章、第四章由刘晓英编写，第五章、第六章由张黄编写，第九章由周清编写，第十章由邓小龙编写，第十一章由唐瑜冲编写，最后由沈航和刘晓英负责统稿校对。

本书在校对过程中得到了王炜和陈士心同学的帮助，在此向他们表示衷心的感谢。

由于作者水平有限，书中疏漏和不当之处在所难免，恳请读者批评指正。

目　录

第一篇　会计基本理论与方法

第二篇　资金来源

第三篇 资金占用

第四篇 资金运动

第五篇 财务会计报告及其分析

第一篇　会计基本理论与方法

第一章　总　论

第一节　会计概述

一、会计的概念

会计(Accounting)是一门管理学科。随着经济和社会的迅速发展，会计的职能和范围正在日益扩展。尽管人们对会计的工作已经司空见惯，但是国内外会计界对会计历来的看法和表述不一，即使在同一国家的不同时期，也不尽相同。这是因为，社会经济环境制约和影响着会计，处于不同社会环境条件下人们的观察角度不同、认识不同，从而形成不同的看法与表述方式，因此产生了不同的会计概念。

美国是现代会计发展的中心，自 20 世纪 30 年代以来，美国职业会计师协会(AICPA)、美国会计学会(AAA)、美国注册会计师协会所属会计原则委员会(APB)、美国财务会计准则委员会(ASB)在不同时期分别描述过会计的含义。再联系其他一些西方国家对会计的表述，都有一个共同的特点，即认为会计是一个经济信息系统，会计是计量、记录、储存企业的经济活动数据等信息并加工这些信息，通过报表提供给决策者的信息系统。在我国，对会计的认识也在不断地变化，存在着不同的观点，概括起来主要有信息系统论和管理活动论。信息系统论认为“会计是旨在提高经济效益，加强经济管理，在企业内建立一个计量、记录会计事项，并通过加工提供会计信息的经济信息系统”。而管理活动论则认为“会计是经济管理的重要组成部分，它是通过计量、记录、加工和利用经济信息，对企业进行管理、提高经济效益的一种管理活动”。从中外会计界对会计的不同认识可以看出，会计是与社会环境紧密联系在一起的，社会经济环境的发展变化，促使人们对会计的认识处于不断的变化之中。但是无论什么时期、无论哪一种观点，都是对会计本质的概括和描述，所不同的只是方式。

从我国会计的产生与发展过程可以得知，首先，会计离不开计量，它要计量物质资料生产过程的所费与所得，从而使人们了解投入多少、得到多少才能得以生存与发展。其次，会计通过记录、加工、制作报表产生信息为企业及有关各方使用。最后，会计进行计量、记录、加工、制作报表、分析和检查的主要目的，是希望加强经济管理，提高经济效益。我国现阶段对会计的定义是：会计是以货币为主要计量单位，采用一系列专门的方法和程序，对经济交易或事项进行连续、系统、综合的核算，监督一个单位的经济活动并提供经济信息，参与预测决策的一种管理活动。从现阶段对会计的定义，我们可以看出会计有五大特点：

1. 会计以货币作为主要的计量尺度

会计要对经济活动全过程利用货币为主要计量尺度进行连续、系统、全面、综合的核算。尽管有时会计也要运用实物量度和劳动量度作为辅助量度，但是货币量度始终是会计最基本的、统一的、主要的计量尺度。

2. 会计以凭证为依据

会计的任何记录和计量都必须以会计凭证为依据，这就使会计信息具有真实性和可验证性。只有经过审核无误的原始凭证(凭据)才能据以编制记账凭证，登记账簿进行加工处理。这一特征也是其他经济管理活动所不具备的。

3. 会计能连续、系统、全面、综合地反映和监督经济活动的过程和结果

会计在利用货币量度计量和监督经济活动时，以经济业务发生的时间先后为顺序连续、不间断地对每一笔经济业务进行登记，不能任意取舍，做到全面完整。而且登记时，要进行分类整理，使之系统化，而不能杂乱无章，并通过价值量进行综合、汇总，以完整地反映经济活动的过程和结果。会计通过监督对经济活动具有促进、控制、考核和指导作用。

4. 会计是一个经济信息系统

会计将一个公司分散的经营活动转化成一组客观的数据，提供有关公司的业绩、问题以及企业资金、劳动、所有权、收入、成本、利润、债权、债务等信息。会计向有关方面提供有关信息咨询服务。任何人都可以通过会计提供的信息了解企业的基本情况，并作为其决策的依据。可见，会计是以提供财务信息为主的经济信息系统，是企业经营的“记分牌”，因而会计又被人称为“企业语言”。

5. 会计是一项经济管理活动

从历史的发展和现实状况来看，会计是社会生产发展到一定阶段的产物，是适应生产发展和管理需要而产生的，尤其是随着商品经济的发展和市场竞争的出现，各种社会经济活动主体要求通过管理对经济活动进行严格的控制和监督。同时，会计的内容和形式也在不断地完善和变化，由单纯的记账、算账，主要办理账务业务，对外报送会计报表，发展为参与事前经营预测、决策，对经济活动进行事中控制、监督，开展事后分析、检查。可见，会计无论是过去、现在或将来，它都是人们对经济进行管理的活动。

二、会计的职能和作用

(一)会计的职能

会计的职能是指会计在企业经营管理中具有的客观功能。正确认识会计的职能，对于正确提出会计工作应担负的任务，确定会计人员的职责和权限，充分发挥会计工作应有的作用，都有重要的意义。

在社会主义市场经济条件下，每一个企业都是一个自主经营、自负盈亏、自我发展和自我约束的经济实体和市场竞争的主体。市场竞争的原则是优胜劣汰，每个企业只有遵照价值规律的要求，依据市场需要生产、出售产品，不断推陈出新，不断降低成本，增加利润，才能在激烈的市场竞争中生存和发展。在这种情况下，资金、成本、利润与企业生死攸关。为了有效地筹集和使用资金，为了不断地降低成本，提高盈利水平，企业必然要对包括会计工作在内的各项经营管理工作提出更高的要求，以适应市场竞争的需要。由此，现代会计具有进

行会计核算和实施会计监督两项基本职能。

1. 进行会计核算

会计核算职能也称反映职能，是会计最基本的职能，是指以货币为主要计量尺度，通过确认、计量、记录和报告，从数量上连续、系统和完整地反映各个单位的经济活动情况，为加强经济管理和提高经济效益向有关各方提供会计信息。

在我国，会计核算贯穿经济活动的全过程，各单位必须严格遵守《中华人民共和国会计法》（以下简称《会计法》）和有关财务制度的规定，符合有关会计准则和会计制度的要求，力求会计资料真实、正确、完整，保证会计信息的质量。其具体内容包括以下方面：

（1）款项和有价证券的收付。款项是作为支付手段的货币资金，主要包括库存现金、银行存款以及其他视同现金和银行存款的银行汇票存款、银行本票存款、信用卡存款、信用证存款等；有价证券是指表示一定财产拥有权或支配权的证券，如国库券、股票、企业债券等。

（2）财物的收发、增减和使用。财物是财产、物资的简称，企业的财物是企业进行生产经营活动且具有实物形态的经济资源，一般包括原材料、燃料、包装物、低值易耗品、在产品、库存商品等流动资产，以及房屋、建筑物、机器、设备、设施、运输工具等固定资产。

（3）债权债务的发生和结算。债权是企业收取款项的权利，一般包括各种应收和预付款项等；债务则是指由于过去的交易、事项形成的企业需要以资产或劳务等偿付的现时义务，一般包括各项借款、应付和预收款项，以及应交款项等。

（4）资本的增减。资本是投资者为开展生产经营活动而投入的资金。会计上的资本专指所有者权益中的投入资本。

（5）收入、利得、成本、费用、损失的计算。收入是指企业在销售商品、提供劳务及让渡资产使用权等日常活动中所形成的经济利益的总流入；利得是指由企业非日常活动所形成的、会导致所有者权益增加的、与所有者投入资本无关的经济利益的流入；成本是指企业为生产产品、提供劳务而发生的各种耗费，是按一定的产品或劳务对象所归集的费用，是对象化了的费用；费用是指企业为销售商品、提供劳务等日常活动所发生的经济利益的流出；损失是指由企业非日常活动所发生的、会导致所有者权益减少的、与向所有者分配利润无关的经济利益的流出。

（6）财务成果的计算和处理。财务成果主要是指企业在一定时期内通过从事生产经营活动而在财务上所取得的结果，具体表现为盈利或亏损。财务成果的计算和处理一般包括利润的计算、所得税的计算、利润分配或亏损弥补等。

（7）需要办理会计手续、进行会计核算的其他事项。

2. 实施会计监督

会计监督职能也称控制职能，是指对特定主体的经济活动全过程和相关会计核算的真实性、准确性、合法性、合理性进行审查，即以特定的程序和方法，对单位内部经济活动的全过程进行综合监督和督促，以确保会计信息的相关性和可靠性，为管理和决策服务，从而达到提高单位经济效益的目的。它包括事前、事中和事后监督。

随着改革开放的不断深入和市场经济的进一步发展，会计工作已发生了很大变化，会计涉及的范围不断扩展，业务处理也日趋复杂，投资者、债权人和社会公众等对会计信息披露的时效、范围、质量的要求越来越高，对会计监督的要求也越来越高。为了规范会计行为，提高会计信息质量，加强会计监督已成为建立现代企业制度中的一项重要内容。根据《会计法》和其他有关会计法规的规定，会计人员进行会计监督的对象和内容是本单位的经济活动。具体内容包括：

(1)对会计凭证、会计账簿和会计报表等会计资料进行监督，以保证会计资料的真实、准确、完整、合法。

(2)对各种财产和资金进行监督，以保证财产、资金的安全完整与合理使用。

(3)对财务收支进行监督，以保证财务收支符合财务制度的规定。

(4)对经济合同、经济计划及其他重要经营管理活动进行监督，以保证经济管理活动的科学、合理。

(5)对成本费用进行监督，以保证用尽可能少的投入，获得尽可能多的产出。

(6)对利润的实现与分配进行监督，以保证按时上交税金和进行利润分配。

综上所述，会计的职能是客观存在的，并随着社会生产的发展和经济管理水平的提高而不断地被人们所认识、为人们所利用。会计的基本职能是进行会计核算和实施会计监督。会计的核算职能和监督职能是不可分割的。二者的关系是辩证统一的，对经济活动进行会计核算的过程，同时也是实行会计监督的过程。核算是基本的、首要的，核算是监督的前提，没有会计核算，会计监督就失去了存在的基石，同时，监督职能是核算的保证，离开了监督职能，会计核算就失去了实际意义。

(二)会计的作用

会计的作用体现了会计核算的相关性原则。会计是现代企业的一项重要的基础性工作，通过一系列会计程序，提供对决策有用的信息，并积极参与经营管理决策，提高企业经济效益，服务于市场经济的健康有序发展。具体来说，会计在社会主义市场经济中的作用，主要包括以下几个方面：

1. 有助于为会计信息使用者提供对决策有用的信息

会计信息使用者可以分为内部信息使用者和外部信息使用者两大类。内部信息使用者主要指企业内部经营管理者，外部信息使用者主要包括股东、潜在的投资者、债权人、供应商和销售商以及政府。对于作为债权人的银行来说，通常为企业提供各种性质的贷款，在作出贷款决策前，需要对被贷款方信贷资金的运营情况进行分析，了解企业是否遵守信贷纪律，评价企业的获利能力、偿债能力，预测企业的发展前景，以此作为判断贷款决策的前提和重要依据，用以保障信贷资金的安全和效益。政府有关部门，如企业主管部门、财政部门和税务部门等，都是会计信息的主要使用者。企业管理人员在作出某项经营决策时，同样需要企业有关部门提供相应的决策依据和数据支持，以保证决策的科学性。因此，会计所提供的财务信息是信息使用者作出决策的重要依据和前提。

2. 有助于考评管理层经济责任的履行情况

在社会化大生产的条件下，特别是股份公司的出现，使得企业管理者的经营管理权与股东的所有权相分离。在这种情况下，企业主要由管理者经营，并定期向股东报告企业的经营情况和业绩，而股东最关心的是企业能否持续经营、财产是否能够保值和增值、公司是否盈利、能否向投资者分配收益等。股东要想全面了解企业的财务状况、经营成果等方面的信息，保护自身的利益，就需要通过企业管理者提供的财务信息，一方面对企业管理者的经营业绩作出评价，另一方面对是否继续持有该公司股份作出决定。因此，股东是企业会计信息的主要使用者之一。

3. 有助于企业加强内部经营管理，提高经济效益，促进企业可持续发展

企业经营管理水平的高低直接影响着企业的经济效益、经营成果、竞争能力和发展前景，在一定程度上决定着企业的前途和命运。为了满足企业内部经营管理对会计信息的需要，现代会计已经渗透到了企业内部经营管理的各个方面。比如，企业会计通过分析和利用有关企业财务状况、经营成果和现金流量方面的信息，可以全面、系统、总括地了解企业生产经营活动情况、财务状况和经营成果，并在此基础上预测和分析未来的发展前景；可以通过发现过去经营活动中存在的问题，找出存在的差距及原因，并提出改进措施；可以通过预算的分解和落实，建立起内部经济责任制，从而做到目标明确、责任清晰、赏罚分明。总之，会计通过真实反映企业的财务信息，参与经营决策，为处理企业与各方面的关系、考核企业管理人员的经营业绩、落实企业内部管理责任奠定基础，有助于发挥会计工作在加强企业经营管理、提高经济效益方面的积极作用。

三、会计对象

会计对象是指会计所要反映和监督的内容。如前所述，通过货币量化的企业活动才是会计交易或事项，因此，会计的对象就是一个企业的资金运动。资金是一个会计概念，是指企业活动中财产物资的货币表现以及货币本身。资金在企业经营的筹资活动、投资活动、营业活动、分配活动四个环节中，相应地会发生价值形态上的改变及数量上的增减变化，随着企业经营活动在筹资、投资、营业、分配四个环节循环往复，资金总是处于不断的运动和变化之中。在会计上，把会计交易或事项发生以后所引起的资金价值形态的改变和数量上的增减变化，称为资金运动，也即企业会计对象。

为了更好地了解和认识会计的对象，现结合不同行业和部门的特点，具体说明资金运动的方式。

(一) 工业企业的资金运动

工业企业的生产经营活动，分为供应、生产和销售三个过程，伴随着生产经营活动的经营资金也顺次经过供应、生产和销售三个过程不断地改变形态，周而复始地循环周转。在供应过程中，企业以库存现金或银行存款购进原材料，为生产进行必要的物资储备，货币资金就转化为储备资金。在生产过程中，企业将材料投入生产并加工成新产品。在这个过程中同时发生了各种生产费用，如耗用材料、固定资产折旧、支付薪酬等，储备资金和一部分货币资金转化为生产资金。产品制造完成后，生产资金又转化为成品资金。在销售过程中，企业将产品销售出去，并通过结算取得销售收入，成品资金又转化为货币资金，企业的纯收入除一部分以税金的形式上缴国家、以股利形式分配给股东外，其余部分又重新投入生产经营过程，继续进行周转。除上述资金周转外，还有由于调拨固定资产、支付利润、归还借款等情况引起的资金变动，这些资金的增减变动也是企业资金运动的一部分，都是会计核算和监督的对象。工业企业的资金运动可概括为企业再生产过程当中的资金运动，具体包括资金投入、资金循环与周转(资金运用)、资金退出等方面。工业企业的资金运动如图 1-1 所示。

(二) 商品流通企业的资金运动

商品流通企业是从事商品流通的经营者。商品流通企业通过购销活动，组织商品流通，满足市场需要。商品流通企业的经营过程分为购进和销售两个过程。在购进过程中，随着商品采购，货币资金转化为商品资金。因此，商品流通企业的资金运动方式是沿着货币资金—

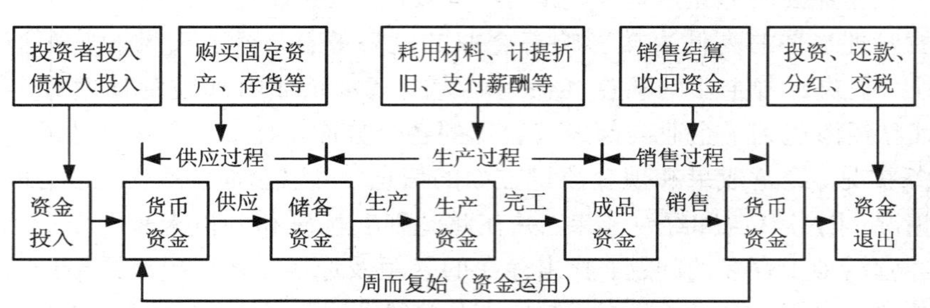

图 1-1　工业企业的资金运动

商品资金—货币资金的形式连续不断地循环和周转的。商品流通企业的资金运动如图 1-2 所示。

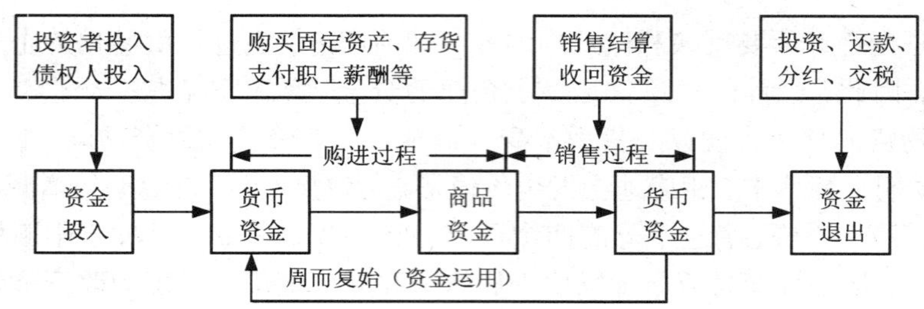

图 1-2　商品流通企业的资金运动

（三）行政事业单位的资金运动

行政事业单位在执行国民经济计划过程中也需要拥有一定数量的资金才能开展业务工作，但由于它们的业务活动和执行预算的任务不同，所以它们的资金运动也有所差别。其中，行政单位的费用开支主要来源于国家预算拨款，与企业单位不同，预算资金运动不表现为资金的循环和周转，而只是预算资金的取得和使用。自收自支事业单位的资金运动与企业的资金运动性质相同。实行差额预算的事业单位，预算拨款的资金运动方式与行政单位相同。这种预算资金的收支活动和事业单位业务收支的资金是行政事业单位会计的对象。

第二节　会计核算基本前提、信息质量要求和计量原则

一、会计核算的基本前提

会计核算的基本前提，又称为会计假设，是对会计核算所处的时间、空间范围所作的合理设定。因为这些设定都是以合理推断或人为的规定而作出的，所以也称为会计假设。

会计假设不是毫无根据的虚构假设，而是在长期的会计实践中，人们逐步认识和总结形成的，是对客观情况合乎事理的推断。会计假设规定了会计核算工作赖以存在的一些基本前

提，是企业设计和选择会计方法的重要依据。只有规定了这些会计假设，会计核算才得以正常地进行下去。因此，会计假设既是会计核算的基本依据，也是制定会计准则和会计核算制度的重要指导思想。

会计假设通常包括四个假设：

（一）会计主体

会计主体，是指企业会计确认、计量和报告的空间范围。为了向财务报告使用者反映企业财务状况、经营成果和现金流量，提供对其决策有用的信息，会计信息核算和财务报告的编制应当集中反映特定对象的活动，并将其与其他经济实体区别开来，才能实现报告的目标。

在会计主体假设下，企业应当对其本身发生的交易或者事项进行会计确认、计量和报告，反映企业本身所从事的各项生产经营活动。明确界定会计主体是开展会计确认、计量和财务报告工作的重要前提。

明确会计主体，才能划定会计所要处理的各项交易或事项的范围。在会计工作中，只有那些影响企业本身经济利益的交易或事项才能加以确认、计量和报告，那些不影响企业本身经济利益的交易或事项则不能加以确认、计量和报告。会计工作中通常所讲的资产、负债的确认，收入的实现，费用的发生等，都是针对特定会计主体而言的。

明确会计主体，才能将会计主体的交易或者事项与会计主体所有者的交易或者事项以及其他会计主体的交易或者事项区分开来。例如，企业所有者的经济利益交易或者事项是企业所有者主体所发生的，不应纳入企业会计核算的范围，但是企业所有者投入企业的资本或者企业向所有者分配的利润，则属于企业主体所发生的交易或者事项，应当纳入企业会计核算的范围。

会计主体不同于法律主体。一般来说，法律主体必然是一个会计主体。例如，一个企业作为法律主体，应当建立财务会计系统，独立反映其财务状况、经营成果和现金流量。但是，会计主体不一定是法律主体。例如，在企业集团中，一个母公司拥有若干子公司，母子公司虽然是不同的法律主体，但是母公司对于子公司拥有控制权，为了全面反映集团的财务状况、经营成果和现金流量，就有必要将企业集团作为一个会计主体，编制合并报表。再如，由企业管理的证券投资基金、企业年金基金等，尽管不属于法律主体，但属于会计主体，应当对每项基金进行会计确认、计量和报告。

（二）持续经营

持续经营是指在可以预见的未来企业按照既定的经营方针和目标继续经营下去，不会停业，也不会大规模削减业务。会计核算应当以企业持续、正常的生产经营活动为前提。每一个企业从开始营业起，从主观愿望上，都希望能永远正常经营下去，但是在市场经济条件下，竞争非常激烈，每个企业都有被淘汰的危险，这是不以人们的意志为转移的。在此种情况下，会计应如何进行核算和监督呢？应立足于持续经营还是立足于即将停业清理呢？两者的会计处理方法完全不同。在一般情况下，持续经营的可能性总比停业清理大得多，尤其是现代化生产和经营客观上要求持续经营，所以，会计应立足于持续经营。

会计正是在持续经营这一前提条件下，才可能建立起会计确认和计量原则，使会计方法和程序建立在非清算的基础上，解决了很多财产计价和收益确认的问题，保持了会计信息处理的一致性和稳定性。

（三）会计分期

持续经营的假定，意味着企业经济活动在时间的长河中无休止地运行。那么，在会计实践活动中，会计人员提供的会计信息应从何时开始，又在何时终止？显然，要等到企业的经营活动全部结束时再进行盈亏核算和编制财务报表是不可能的。因此，会计核算应当划分会计期间，通常为一年，可以是日历年，也可以是营业年。我国规定以日历年作为企业的会计年度，即以公历1月1日至12月31日为一个会计年度。此外，企业还需按半年、季、月编制财务报表，即把半年、季度、月份也作为一种会计期间。

由于有了会计期间，才产生了当期与其他期间的差别，从而出现权责发生制和收付实现制的区别，才使不同类型的会计主体有了记账的基准，进而出现了应收、应付、递延、预提和待摊等会计处理方法。

（四）货币计量

货币计量是指企业在会计核算过程中采用货币为计量单位，记录、反映企业的经营情况。企业在日常的经营活动中，有大量错综复杂的经济业务。在企业的整个生产经营活动中所涉及的业务又表现为一定的实物形态，如厂房、机器设备、库存现金、各种存货等。由于它们的实物形态不同，因此可采用的计量方式也多种多样。为了全面反映企业的生产经营活动，会计核算客观上需要一种统一的计量单位作为会计核算的计量尺度。因此，会计核算就必然选择货币作为会计核算的计量单位，以货币形式来反映企业的生产经营活动的全过程。这就产生了货币计量这一会计核算前提。因此，《企业会计准则》规定，“会计核算应以人民币为记账本位币”。

在货币计量前提下，企业的会计核算以人民币为记账本位币。业务收支以人民币以外的货币为主的企业，可以选定一种货币作为记账本位币，但是编制的财务会计报告应当折算为人民币。在境外设立的中国企业向国内报送的财务会计报告，应当折算为人民币。

货币本身也有价值，它是通过货币的购买力或物价水平表现出来的。在市场经济条件下，物价水平总是在不断变动，说明币值很不稳定，那么就不可能准确地计量。因此，必须同时确立币值稳定的前提条件，假设币值在今后基本上是稳定的，不会有大的波动，才能用以计量。

二、会计信息质量要求

会计信息的质量要求，主要是指为外部利害关系人服务的财务会计信息，应当满足反映管理层受托责任的履行情况和有助于会计信息使用者作出经济决策的需要。

（一）可靠性

可靠性原则也称真实性原则，它要求企业应当以实际发生的交易或者事项为依据进行会计确认、计量、记录和报告，如实记录和反映符合确认和计量要求的各项会计要素，保证会计信息真实可靠、内容完整。为此，会计核算应以实际发生的经济业务及其合法凭证为依据，实事求是地反映企业的财务状况、经营成果和现金流量，做到内容真实、数字准确、资料可靠。可靠性原则是对会计确认的基本要求，具体包括三个方面的内容：一是真实性，会计信息是进行经济决策的重要依据，必须保证其真实性，而不至于误导信息使用者；二是准确性，会计信息涉及有关各方的经济利益，因而会计确认应当正确运用确认标准和确认条件，准确反映有关各方的经济利益；三是验证性，会计确认是以实际发生的经济业务和取得的合法凭证为依据进行的，因而会计信息具有一定的可验证性，能够经受验证，可以核实其是否真实。

（二）相关性

相关性原则也称有用性原则，它要求企业提供的会计信息应当与财务会计报告使用者的经济决策需要相关，有助于财务会计报告使用者对企业过去、现在或者未来的情况作出评价或者预测。为此，要求会计信息能够满足各方面的经济决策需要，包括满足国民经济宏观调控和监管的需要，满足企业外部有关各方了解企业财务状况和经营成果的需要，满足企业内部加强经营管理的需要。相关是指与决策相关，如果提供的会计信息对于经济决策并无什么作用，就不具有相关性。

但事实上，即使再全面的会计报表也不可能完全满足所有方面的需要，企业向外报送的会计报表只能提供通用的会计信息，报表使用者通过加工整理这些通用的会计信息，能够得到有助于决策的数据资料，则这样的会计信息就可以说符合相关性原则。对于特定用途的信息，不一定都通过财务报告来提供，而可以采取其他形式提供。

（三）可理解性

可理解性原则也称清晰性原则，它要求企业提供的会计信息应当清晰明了，便于财务会计报告使用者理解和使用。在市场经济条件下，会计信息的使用者很广泛，这就要求信息简单明了，通俗易懂，从而有助于使用者正确理解会计信息，准确掌握企业的实际情况。

根据可理解性原则，会计记录应当准确、清晰；填制会计凭证、登记会计账簿必须做到依据合法、账户对应关系清楚、文字摘要完整；编制会计报表应做到项目勾稽关系清楚、项目完整、数字准确。

（四）可比性

可比性原则是指应当按照规定的会计处理方法进行会计核算，会计指标应当口径一致，保证会计信息在同一企业的不同时期和不同企业的同一时期可以相互进行比较和利用。根据这一标准所产生的会计信息不受不同企业和时期的影响，使会计信息使用者对企业的经营活动能作出客观的考核和评价。

（五）实质重于形式

实质重于形式原则是指企业应当按照交易或者事项的经济实质进行会计确认、计量和报告，不应仅以交易或者事项的法律形式为依据。实质重于形式原则主要应用在两个方面：一是在确认经济事项是否符合会计要素的定义和应记入哪一会计要素时运用，二是在确定会计信息应否在财务报告中揭示和如何揭示时运用。

当交易或事项的经济实质与其表现的法律形式不一致时，会计核算应尊重经济实质，真实反映企业的财务状况和经营成果，而不能仅仅根据经济业务的外在表现形式来进行核算。例如，法律可能写明商品的所有权已经转移给买方，但事实上卖方仍享有该资产的未来经济利益，如果仅考虑法律形式就会确认为该商品交易成立，但根据实质重于形式原则就会确认为该商品交易不成立。

（六）重要性

重要性原则是指企业提供的会计信息应当反映与企业财务状况、经营成果和现金流量等有关的所有重要交易或者事项。为此，在选择会计方法和程序时，要根据特定经济业务本身的性质和规模，并考虑经济业务对经济政策影响的大小，来选择合适的会计方法和程序。如果一笔经济业务的性质比较特殊，金额较大，不单独反映就有可能遗漏一个重要事实，不利于信息使用者全面掌握企业的情况，就应当严格核算，单独反映，提请注意；反之，如果一笔经济业务与通常发生的经济业务相比没有特殊之处，金额很小，不单独反映也不至于隐瞒什么事实，就不需要单独反映和提示，可以采用较为简单的方法和程序进行核算，甚至不一定严格采用规定的会计方法和程序。

重要性原则与会计信息成本效益直接相关。坚持重要性原则，就能够使提供会计信息的收益大于成本。对于那些不重要的项目，如果也采用严格的会计程序，分别核算，分别反映，就会导致会计信息成本高于收益。

评价某些项目的重要性很大程度上取决于会计人员的职业判断。一般来说，应当从质和量两个方面来进行分析。从质来说，当某一事项有可能对决策产生一定影响时，就属于重要项目；从量来说，当某一项目的数量达到一定规模，可能对决策产生影响时，也属于重要项目。

（七）谨慎性

谨慎性原则亦称稳健性原则或保守主义原则，是指企业对交易或者事项进行会计确认、计量、记录和报告时，应当保持应有的谨慎，不高估资产或者收益，不低估负债或者费用。这是因为在市场经济环境下，企业经济活动存在许多不确定因素，经营存在风险，必须贯彻谨慎性原则，对存在的风险予以合理估计，就能在风险发生之前化解，加以防范。这不但有利于提高企业的竞争力，也有利于企业作出正确的决策，还有利于维护投资者和债权人的利益。例如，在资产的市价低于成本时，企业应贯彻谨慎性原则，计提资产减值准备，这相当于减记资产的账面价值，并将减记额计入当期损益，体现了对历史成本原则的修正。当然，谨慎性原则并不意味着可以任意提取各种准备，否则就是对谨慎性原则的滥用。

（八）及时性

及时性原则是指企业对于已经发生的交易或者事项，应当及时进行确认、计量、记录和报告，不得提前或者延后。会计信息具有明显的时效性，只有及时满足经济决策的需要，信息才有价值。所以，为了实现会计核算目的，就必须遵循会计信息的及时性原则。

根据及时性原则，在经济业务发生后，应及时取得有关凭证；对会计数据及时进行处理，及时编制财务会计报告；将会计信息及时传递，按规定的时限提供给有关各方。例如，股份有限公司的年度财务报告应当在年度终了 4 个月内报出，中期报告应当在中期结束后 60 天内报出。另外，为了保证会计信息的及时性，对于资产负债表日后至财务报告报出前发生的有关事项，应当加以确认或披露。及时性原则还要求，企业不得为了赶编财务会计报告，将期末几天的业务推到下期，而提前结账。

三、会计要素的计量

会计要素的计量简称会计计量，是将符合确认条件的会计要素进行会计记录继而列报于财务报告文件并确定其金额的过程，主要包括会计计量尺度与计量属性的选择。作为会计计量的基本要求，是计量尺度的选择；而作为会计计量应满足会计信息可靠性和相关性的要求，是计量属性的选择。

计量尺度的选择，是指一个组织（企业）通过一定的数据来描述会计要素的计量单位。会计计量必然涉及计量尺度的选择，包括实物、劳动和货币三种量度，但应以货币量度为主要计量尺度来综合反映企业经济活动的过程和结果，为经济管理提供所需的价值指标。所以，会计计量的属性，是指会计在以货币单位计量的基础上，基于交易或事项的复杂性、客观经济环境的变化和会计信息使用者的不同目的，对会计要素金额确定的基础或衡量标准进行选择。会计计量属性主要包括历史成本、重置成本、可变现净值、现值和公允价值等五种。

（一）历史成本

历史成本，是指形成某项会计要素时所付出的实际成本。在历史成本计量下，对其资产而言，按照购置时所支付的现金或者现金等价物的金额，或者按照购置时所付出的对价公允价值计量；就其负债而言，在正常营业下，负债的历史成本是指按照其因承担现实义务而实际收到的款项或者资产的金额，或者承担现时义务的合同金额，或者按照日常活动中为偿还负债预期需要支付的现金或者现金等价物的金额计量。

（二）重置成本

重置成本，亦称现实成本，是指按照现在形成某项会计要素可能付出的成本。在重置成本计量下，就资产而言，是指目前购买相同或者相似资产所需支付的现金或者现金等价物的金额，为该资产的现实成本；就负债而言，按照现在偿还该项债务所需支付的现金或者现金等价物的金额。

（三）可变现净值

可变现净值，是指在正常生产经营过程中，以资产预计售价减去进一步加工成本和预计销售费用以及相关税费后的净值。在可变现净值的计量下，资产按照其正常对外销售所能收到现金或者现金等价物的金额，扣减该资产至完工时估计将要发生的成本、估计的销售费用以及相关税金后的金额计量；就负债而言，在正常营业下，预期清偿负债所需支付的现金或现金等价物的未折现值，为该负债的清偿价值。

（四）现值

现值，是指对未来现金流量以恰当的折现率进行折现后的价值，是基于货币时间价值的一种计量属性。即将未来的现金流入折算成现值，用现值计量的会计信息能体现出高度的相关性。在现值计量下，就资产而言，在正常营业下，资产按照预计从其持续使用和最终处置中所产生的未来净现金流入量的折现金额计量；就负债而言，在正常营业下，负债按照预计期限内需要偿还的未来净现金流出量的折现金额计量。

（五）公允价值

公允价值，是指市场参与者在计量日发生的有序交易中，出售一项资产所能收到的或者转移一项负债所需支付的价格。在公允价值计量下，资产和负债按照在公平交易中，熟悉情况的交易双方自愿进行资产交换或者债务清偿的金额计量。

第二章　会计核算方法

会计核算方法是指对会计对象进行完整、连续、系统、综合地反映与控制所运用的专门技术方法。它主要包括设置会计科目和账户、复式记账、填制和审核会计凭证、登记账簿、成本核算、财产清查和编制财务报表等七种方法，它们构成了一个完整、科学的会计核算方法体系。（成本核算将在第七章详细讲解）

第一节　会计要素与会计等式

一、会计要素

（一）会计要素及其内容

会计要素是对会计对象具体内容所进行的基本分类，是会计核算对象的具体化，是进行会计确认和计量的依据，也是会计报表项目的基本构成要素。我国《企业会计准则》规定会计要素包括资产、负债、所有者权益、收入、费用、利润六个要素。

随着我国经济的发展和经济环境的变化，对会计要素内涵的认识也在不断深入。新会计准则对资产、负债、所有者权益、收入、费用、利润六个会计要素进行了重新定义，其理念的变革表现在：一是对于资产，强调了资产的本质特征是"未来经济利益"，取消了"递延资产"的概念；二是对于负债，强调负债的"现时义务"和"预期经济利益流出"，未来发生的交易或者事项形成的义务，不属于现时义务，不应当确认为负债；三是对于所有者权益，强调其为"剩余权益"；四是对于收入，扩大其内涵，强调收入会导致所有者权益增加且与所有者投入资本无关；五是对于费用，与收入相对应，扩大其内涵，强调费用会导致所有者权益减少且与分配利润无关；六是对于利润，引入了利得与损失的概念，利得是指非日常活动所形成的会导致所有者权益增加的、与投入资本无关的经济利益的流入，损失是指非日常活动所发生的、会导致所有者权益减少的、与分配利润无关的经济利益的流出。根据上述分析，在新准则理念下，六个会计要素之间的关系可以重新表述如下：

静态关系：　　资产 = 负债 + 所有者权益

动态关系：　　利润 = 收入 − 费用 + 利得 − 损失

资产、负债和所有者权益三项会计要素反映企业的财务状况，收入、费用、利润三项会计要素反映企业的经营成果。

(二)反映企业财务状况的会计要素

财务状况是指一定日期的企业经营活动体现在财务上的资金来源与资金占用状况，它是企业在一定期间内经济活动过程及其结果的综合反映。当前，资产负债表是反映企业某一特定时点财务状况的报表。

反映财务状况的会计要素包括资产、负债、所有者权益三个要素。

1. 资产

资产表现为资金的占用形态，是指企业过去的交易或者事项形成的、由企业拥有或者控制的、预期能给企业带来经济利益的资源。它包括各种财产(如房屋、设备、运输工具、原材料、商品、专利权、专有技术等)、债权(应收及预付款项)和其他权利。

(1)资产的特征。资产的基本特征有三个：①资产是由企业过去的交易或事项形成的。企业过去的交易或事项包括购买、生产、制造行为和其他交易或事项。预期在未来发生的交易或事项不形成资产。例如，企业有购买某存货的意愿或者计划，但是购买行为尚未发生，就不符合资产的定义，不能因此而确认存货资产。②资产是由企业拥有或者控制的资源。由企业拥有或者控制，是指企业享有某项资源的所有权，或者虽然不享有某项资源的所有权，但该资源能被企业所控制。例如，融资租赁固定资产从法律形式上来看，所有权在租赁期间尚未从出租人转移到承租人，但是，从风险与报酬的转移来看，由于资产的租赁期基本上包括了资产的有效使用年限，承租企业实质上获得了租赁资产所能提供的主要经济利益，同时承担了与资产所有权有关的风险。因此，承租企业应将融资租入的资产作为一项固定资产入账，同时确认相应的负债，并采用与自有应折旧资产相一致的折旧政策计提折旧。③资产预期会给企业带来经济利益。所谓预期会给企业带来经济利益，是指直接或间接导致现金或现金等价物流入企业的潜力。这种潜力可以来自企业日常的生产经营活动，也可以是非日常活动；带来的经济利益可以是现金或者现金等价物，或者是可以转化为现金或者现金等价物的形式，或者是可以减少现金或者现金等价物流出的形式。例如，企业采购的原材料、购置的固定资产等可以用于生产经营过程，制造商品或者提供劳务，对外出售后收回货款，货款即为企业所获得的经济利益。

(2)资产的分类。企业拥有的资产形态多样，在生产经营活动中的特点也各不相同。为了正确认识资产，需要按照一定的标准对其进行分类。资产按流动性分类，可分为流动资产和非流动资产。

流动资产是指预计在一个正常营业周期中变现、出售或耗用，或者主要为交易目的而持有，或者预计在资产负债表日起一年内(含一年)变现的资产以及自资产负债表日起一年内交换其他资产或清偿负债的能力不受限制的现金或现金等价物。流动资产主要包括货币资金、交易性金融资产、应收票据、应收账款、预付账款、应收利息、应收股利、其他应收款、存货等。

非流动资产是指流动资产以外的资产，主要包括长期股权投资、固定资产、在建工程、工程物资、无形资产和其他非流动资产等。

长期股权投资是指通过投出某种资产取得被投资单位的股权且不准备随时出售而长期持有的投资，其主要目的是为了获得较高的投资回报或为了施加重大影响、控制、共同控制被投资企业或为了与被投资单位建立密切关系，以分散经营风险，以谋求长远利益。股权投资通常具有投资大、投资期限长、风险大以及能为企业带来较大的利益等特点。

固定资产是指为生产产品、提供劳务、出租或经营管理而持有的，使用年限在一年以上，并在使用过程中保持原有物质形态的资产，包括房屋及建筑物、机器设备、运输设备和工具器具等。

无形资产是指企业拥有或者控制的没有实物形态的可辨认非货币性资产，包括专利权、非专利技术、商标权、著作权、土地使用权等。

(3)资产的确认和计量。企业在确认资产时必须同时满足两个条件：一是与该项资产有关的经济利益很可能流入企业。由于资产的本质特征是能带来未来经济利益的资源，因此，对资产的确认，关键是要判断是否存在未来经济利益。任何一项资源，如果不具备未来经济利益，那么，即便企业过去为取得该项资源曾发生过巨额耗费，也不能确认为资产。已确认为资产的，也应从账面上予以剔除。按照这一要求，原来行业制度中规定的递延资产，特别是一些待处理财产损失，以及实际上已没有任何价值的存货(如淘汰的电子产品)和老化的设备，就不应该作为资产。能否带来未来经济利益是资产确认的必要条件。二是该资产的价值能够可靠计量。可靠计量，要求有确凿、可靠的证据，是指交易发生或完成时所形成的各种交易价格。对各项资产如何计量，将在后面章节中详细介绍。

2. 负债

负债表现为资金的来源渠道，是指企业过去的交易或者事项形成的、预期会导致经济利益流出企业的现时义务。它代表着企业的偿债责任和债权人对资产的求索权。

(1)负债的特征。负债的基本特征有两点：①负债是企业过去的交易或事项形成的现时义务。负债作为企业承担的一种现时义务，是由企业过去的交易或事项形成的、现已承担的义务。只有过去发生的交易或事项才能增加或减少企业的负债，而不能根据谈判中的交易或事项或计划中的经济业务来确认负债。②负债的清偿预期会导致经济利益流出企业。清偿负债导致经济利益流出企业的形式多种多样，如用现金偿还或以实物资产偿还或以提供劳务偿还；将负债转为所有者权益等。

(2)负债的分类。负债按流动性分类，可分为流动负债和非流动负债。

流动负债是指预计在一个正常营业周期中清偿或者主要为交易目的而持有或者自资产负债表日起一年内(含一年)到期应予以清偿或者企业无权自主地将清偿推迟至资产负债表日后一年以上的负债。流动负债主要包括短期借款、应付票据、应付账款、预收款项、应付职工薪酬、应交税费、应付利息、应付股利、其他应付款等。

非流动负债是指偿还期限在一年或者超过一年的一个营业周期以上的债务，主要包括长期借款、应付债券、长期应付款等。

(3)负债的确认和计量。企业在确认负债时必须同时满足两个条件：一是负债的确认与该义务有关的经济利益很可能流出企业，二是未来流出的经济利益的金额能够可靠地计量。我国《企业会计准则》对负债的计量按其类别和内容进行了规定："各项流动负债应当按实际发生额入账；发行债券时，应当按债券的面值入账，溢价或折价发行债券时，实际价款与面值的差额应当单独核算。"

3. 所有者权益

所有者权益也表现为资金的来源渠道，是指企业资产扣除负债后由所有者享有的剩余权益。公司的所有者权益又称为股东权益。所有者权益的来源包括所有者投入的资本、直接计入所有者权益的利得和损失、留存收益等。

(1)所有者权益的特征。所有者权益具有以下特征：①除非发生减资、清算或分派现金股利，企业不需要偿还所有者权益；②企业清算时，只有在清偿所有的负债后，所有者权益才返还给所有者；③所有者凭借所有者权益能够参与企业的利润分配。

(2)所有者权益的分类。按其来源包括：实收资本(或者股本)、资本公积和留存收益。

实收资本(或者股本)，是指投资者按企业章程、合同或协议的约定，实际投入企业的资本，即构成企业注册资本或股本部分的金额。

资本公积，是指投入资本超过注册资本或者股本部分的金额，即资本溢价或者股本溢价。

留存收益，是指企业历年实现的净利润留存于企业的部分，主要包括计提的盈余公积(指按国家有关规定从净利润中提取的公共积累)和未分配利润(企业留待以后年度分配的利润或待分配利润)。

(3)所有者权益的确认和计量。所有者权益体现的是所有者在企业中的剩余权益，因此，所有者权益的确认主要依赖于其他会计要素，尤其是资产和负债的确认；所有者权益金额的确定也是主要取决于资产和负债的计量。

(三)反映企业经营成果的会计要素

经营成果是企业在一定时期内从事生产经营活动所取得的最终成果，是资金运动显著变动状态的主要体现。反映经营成果的会计要素包括收入、费用、利润三项。

1. 收入

对收入的理解可以分为广义和狭义两种：广义的收入包括会计期间内取得的除所有者投资以外的全部经济利益，通常称为收益；狭义的收入是指企业在日常活动中取得的、会导致所有者权益增加的、与所有者投入资本无关的经济利益的总流入，包括商品销售收入、劳务收入、利息收入、使用费收入、股利收入等。目前，我国的企业会计准则将收入定义为狭义的收入，将通常从偶然发生的经济业务中取得的正常生产经营收入以外的其他收益作为利得计入营业外收入并列入利润要素。如企业处置固定资产、无形资产的收益并非企业的日常活动产生的，这种企业非日常活动所形成的经济利益的流入不能确认为收入，而应作为利得计入营业外收入。收入在会计处理上分为主营业务收入和其他业务收入，但收入不包括为第三方或者客户代收的款项。

2. 费用

费用的划分也有广义和狭义之分。广义的费用与广义的收入相对应，包括除分配给所有者以外的会计期间内经济利益的减少额。狭义的费用是指在日常活动中发生的、会导致所有者权益减少的、与向所有者分配利润无关的经济利益的总流出，包括主营业务成本、税金及附加、销售费用、财务费用、管理费用和所得税费用等。目前我国的企业会计准则将费用定义为狭义的费用，而将与企业正常生产经营活动没有直接联系的耗费作为损失计入营业外支出并列入利润要素。如企业处置固定资产、无形资产的损失并非企业的日常活动产生的，这种企业非日常活动所形成的经济利益的流出不能确认为费用，而应作为损失，计入营业外支出。

3. 利润

利润是企业在一定会计期间的经营成果。利润包括收入减去费用后的净额(日常活动)、直接计入当期利润的利得和损失(非日常活动)等。利润有营业利润、利润总额和净利润三种形式。净利润是指利润总额减去所得税费用后的金额。利润总额是指营业利润加上营业外收入，减去营业外支出后的金额。营业利润是营业收入减去营业成本、税金及附加、期间费用（包括销售费用、管理费用和财务费用）、资产减值损失，加上公允价值变动净收益、投资净收益后的金额。

直接计入当期利润的利得或损失，是指应当计入当期损益、会导致所有者权益发生增减变动的、与所有者投入资本或者向所有者分配利润无关的利得或损失。

利润总额是综合反映企业工作质量的一个重要指标。企业作为一个独立的经济实体，应当以其生产经营活动取得的收入抵补生产过程中的各项支出，并且为投资人提供一定的投资回报。企业盈利的大小在很大程度上反映了企业生产经营的效益，表明企业在每一个会计期间的最终经营成果。另外，利润的大小还是企业缴纳所得税的计税依据，是国家财政收入的重要来源。

六大会计要素在会计核算中又可以细分为若干个具体项目，如图 2 - 1 所示。

二、会计等式的基本原理

会计等式，又称会计平衡公式、会计方程式、会计恒等式、会计平衡原理，是指借助于数学等式对各会计要素之间的内在经济联系所作出的科学概括。会计等式是设置账户、进行复式记账、设计与编制资产负债表和利润表、检查账务处理是否正确的理论依据，是会计平衡原理的具体表现形式。

企业所拥有的经济资源统称为资产，它是经济资源的实物占用形式；提供这些经济资源的来源统称为权益，包括债权人权益和所有者权益。企业在经营过程中产生的收入、费用和利润是动态的流动量，是时期指标，最终以“未分配利润”的时点指标形式归属于所有者权益。因此，资产和权益是两个最基本的广义会计要素，会计等式就是基于资产和权益的基本关系而提出来的。这是近代会计一个非常重要的哲学思想，即用一分为二的观点分析同一经济资源的必然结果，它是近代会计诞生的思想基础。

平衡并不等于总额不变，它只是强调资产与权益两者总额在数量上的相等关系。也就是说，平衡有两种表现形式：一是总额不变的平衡，二是总额变化的平衡。资产与权益就好像天平的两端，无论交易或事项如何纷繁复杂，在天平的任一端增加并同时减少相同重量的砝码，或在天平的两端增加或者减少相同重量的砝码，天平仍旧平衡，即资产与权益在数量上总额恒等。会计等式的这一基本原理，也称会计基本等式，可用数学公式表示如下：

资产 = 权益

企业的资金总是处在筹措、使用、耗费、收回和分配的循环过程中，其间发生数量增减变化，使资产内部同时有增有减，或权益内部同时有增有减，或资产与权益同时增加，或资产与权益同时减少。从某一时点看，会计基本等式会表现为资产与权益的静态平衡关系；从某一时期看，会计基本等式则表现为资产与权益的动态平衡关系，或表现为资产内部形式发生变化，或表现为权益内部形态发生变化。

三、会计等式的表现形式

会计等式，是指运用数学方程式的原理来描述会计各要素之间数量关系的一种表达式，也称会计平衡式或会计恒等式。会计等式不仅揭示了各会计要素之间的关系，也是设置账户、复式记账和编制资产负债表、利润表的理论基础。

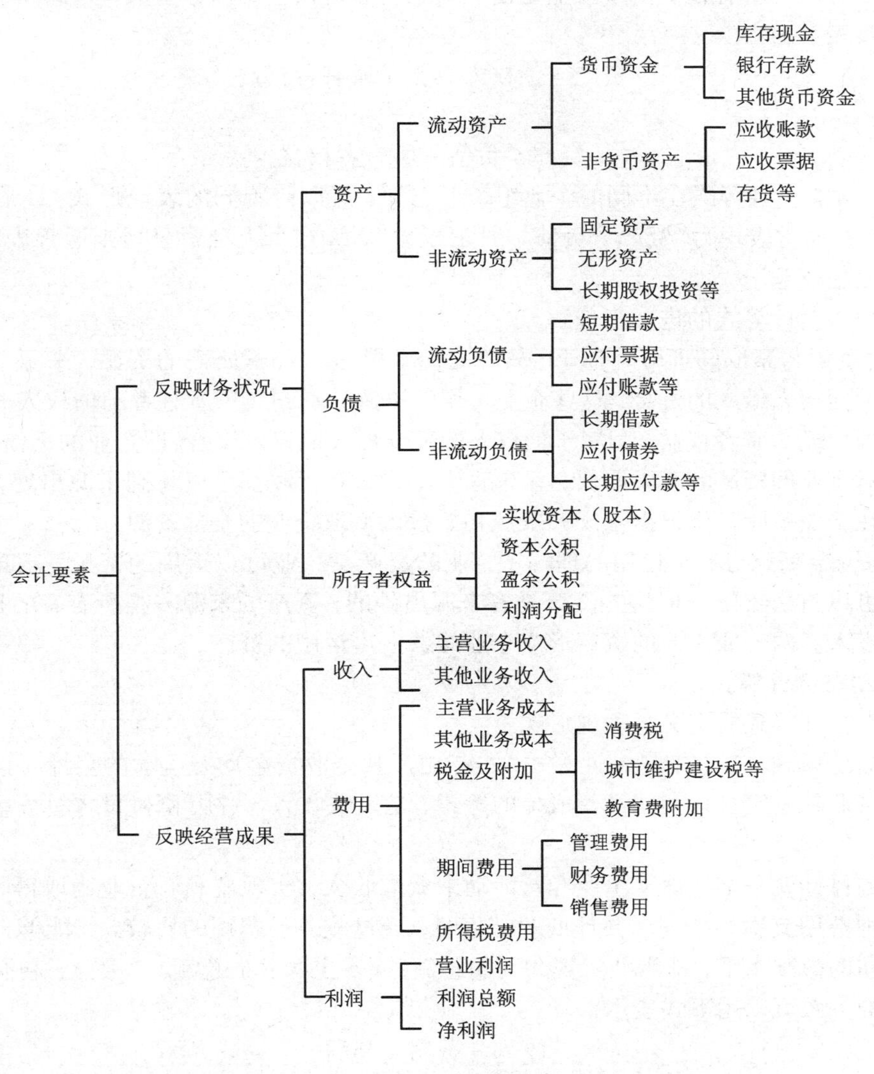

图 2－1　会计要素分类

(一)静态会计等式

1. 静态会计等式的定义与表现形式(基本会计等式)

静态会计等式，亦称存量会计等式，是指由反映企业资金静态运动的会计要素组合而形成的，表明企业某一特定时点的财务状况的等式。它是反映资产、负债和所有者权益之间数量关系的会计等式。

企业从事生产经营活动要拥有和控制一定数量的资金。①一方面，这些资金分布在经营活动的各个方面，表现为不同的资产存在形态；另一方面，企业所拥有的资产均来源于资产的提供者——所有者和债权人。②所有者和债权人对所提供的资产存在着一定的求偿权，在会计上被称为权益。③资产与权益在任何一个时点都必须保持恒等的关系。

由于企业的资产来源于企业的债权人和投资者，所以权益由债权人权益和所有者权益两部分构成。债权人权益在会计上被称为负债，所有者权益是指企业投资人对企业的资产减去负债后的净资产的所有权。由于权益是由负债和所有者权益两部分组成，因此以上会计恒等式可进一步表示为：

资产 = 债权人权益 + 所有者权益

或者：

资产 = 负债 + 所有者权益

当然，静态会计等式在不同的企业组织形态下，可以有不同的表现形式：①在股份有限公司，该等式通常表现为“资产 = 负债 + 股东权益”；②在个人独资公司则通常表现为“资产 = 负债 + 业主权益”。

2. 对静态会计等式的进一步理解

(1)对资源与索取的理解。企业的资产是企业掌握的经营所需的资源，来源于所有者投入资本和向债权人借入的资金，这些企业可用的资源分别归属于所有者和债权人。归属于所有者的部分形成所有者权益，归属于债权人的部分形成债权人权益(即企业的负债)。所有者和债权人对企业的资产具有索取权，意味着企业的所有资源都可以找到来源出处，而这些权益所有人在企业关闭时将根据法规并依照初始投入索取企业的全部资源。

(2)对资金来源与资金运用的理解。企业的资产是企业可以运用的资源，意味着企业对这些资源可以自由支配。但这些资产是有来源出处的，资产的来源一是所有者的投入，二是债权人的投入。两方面来源的资产形成企业经营上可运用的资产。

(二)动态会计等式

1. 动态会计等式的定义与表现形式

动态会计等式，亦称增量会计等式，是指由反映企业资金动态运动的会计要素组合而形成的反映企业在一定会计期间经营成果的等式，是反映收入、费用和利润之间数量关系的会计等式。

企业的目标就是不断地从生产经营活动中获取收入，实现盈利。企业为取得收入，必然会发生各种费用支出。在一个会计期间结束时，通过收入与费用的比较，就能够计算确定这一会计期间的盈利水平，即当期实现的利润总额(或发生的亏损总额)。因此，利润与收入和费用之间的关系可以用下式表示：

收入 - 费用 = 利润

这一等式表达了企业经营成果与相应期间的收入和费用的关系。作为企业经营成果，利润的取得表明企业资产总额和净资产的增加。

2. 对动态会计等式的进一步理解

(1)利润的实质是企业实现的收入与其相关的费用进行配比的结果。当收入大于费用时为利润，当收入小于费用时为亏损。

(2)利润会随着收入的增减而发生相同变化。即在费用一定的情况下，企业获得的收入越多，利润也越多；反之，收入减少，利润也减少。

(3)利润会随着费用的增减而发生相反变化。即在收入一定的情况下，企业发生的费用越多，利润就越少；反之，费用减少，利润就增加。

(三)综合(扩展)会计等式——静态会计等式与动态会计等式的关联

1. 综合(扩展)会计等式的定义与表现形式

由于企业是由其所有者投资设立的，企业实现的利润必然归属于所有者，所以，利润的实现总是表现为所有者权益的增加；反之，如果企业经营亏损，也必然由所有者承担，从而引起所有者权益的减少，在这个过程中建立起新的平衡关系。由此，在一个会计期间末，可将动态会计等式代入基本会计等式，得到：

资产 = 负债 + 所有者权益 + 利润 = 负债 + 所有者权益 +（收入 – 费用）

移项后便得出如下扩展会计等式：

资产 + 费用 = 负债 + 所有者权益 + 收入

2. 对综合（扩展）会计等式的理解

这一会计等式反映企业在某一期间内的资产、负债、所有者权益、收入、费用和利润这六要素之间所存在的恒等关系，表明了某一会计期间会计主体的财务状况与经营成果之间的相互联系：①财务状况表明企业特定日期资产的来源渠道与占用情况，反映特定日期资产的存量情况；经营成果则表明企业特定期间净资产增加（或减少）的情况，反映一定期间的资产的增量（或减量）。②企业的经营成果会影响到企业的财务状况，企业实现利润，使企业资产增加，所有者权益增加或负债减少；企业发生亏损，将使企业资产减少，所有者权益减少或负债增加。

四、经济业务的基本分类

企业在不间断的经营过程中，会发生各种各样、名目繁多的经济业务。这些经济业务也称为会计事项、会计业务、交易或事项，反映企业的资金在运动，是需要会计进行核算和监督的内容，不但经常发生，而且数量很大。为正确对其进行会计核算，有必要对经济业务进行科学的分类。

（一）按经济业务的涉现性分类

按经济业务是否涉及货币资金分类，可将全部经济业务分为收款业务、付款业务和转账业务三类。前两类业务涉及货币资金，转账业务不涉及货币资金。货币资金主要是指库存现金和银行存款。

1. 收款业务

收款业务是指当经济业务发生以后，会引起库存现金或银行存款的增加，即增加货币资金的业务。

2. 付款业务

付款业务是指当经济业务发生以后，会引起库存现金或银行存款的减少，即减少货币资金的业务。当发生库存现金与银行存款之间的相互转化时，人们约定俗成一律当作付款业务处理，而不当成收款业务。

3. 转账业务

转账业务是指当经济业务发生以后，不涉及库存现金或银行存款，即不会引起货币资金增减的业务。

有的企业将全部经济业务分为现金业务、银行业务和转账业务三类。现金业务包括现金收款业务和现金付款业务，银行业务包括银行收款业务和银行付款业务。还有的企业将全部经济业务分为现金收款业务、现金付款业务、银行收款业务、银行付款业务和转账业务五类。

（二）按经济业务对会计平衡等式的影响方式分类

企业有千变万化的经济业务，每项经济业务都会引起会计要素的增减变化。资产与权益是两个广义会计要素，“资产 = 权益”是会计基本等式，是评价经济业务对会计平衡等式影响的主要依据。按照经济业务对会计平衡等式的影响方式分类，可以把全部经济业务分为资产业务、权益业务、同增业务和同减业务四类。

1. 资产业务

资产业务是指只涉及资产、不涉及权益的经济业务。资产业务会引起一种形式的资产增加，同时引起另一种形式的资产等量减少，资产总额不变。由于不涉及权益，因而权益总额也不变，资产总额仍然等于权益总额。资产业务反映资金在企业内部的循环与周转，是不同资产形态的转化，会计等式的平衡总额不会因此而发生变化。企业存在大量的资产业务，主要有：用货币购买材料或商品或主要劳动资料、领用材料投入生产、完工产品验收入库、支付在建工程款、用各种资产对外投资等。

2. 权益业务

权益业务是指只涉及权益、不涉及资产的经济业务。权益业务会引起一种形态的权益增加，同时引起另一种形态的权益等量减少，权益总额不变。由于不涉及资产，因而资产总额也不变，资产总额仍然等于权益总额。权益业务反映资金性质的变化，是不同权益形态的转化，会计等式的平衡总额不会因此而发生变化。企业的权益业务一般较少，主要有：用获得的银行借款直接偿还债务、转销无法支付的应付账款、债权转股权等。

3. 资产与权益同增业务

同增业务是指资金进入企业时，既涉及资产又涉及权益的经济业务。同增业务会引起一种形态的资产增加，同时引起另一种形态的权益等量增加，资产总额和权益总额双方等量上升，总额仍然平衡。同增业务不属于资金的循环与周转，而是资金进入企业时发生的业务，会计等式的平衡总额会上升。同增业务主要有：赊购材料或商品、赊销和现销商品实现的营业收入、举债筹资、吸收投资等。

4. 资产与权益同减业务

同减业务是指资金退出企业时，既涉及资产又涉及权益的经济业务。同减业务会引起一种形式的资产减少，同时引起另一种形态的权益等量减少，资产总额和权益总额双方等量下降，总额仍然平衡。同减业务不属于资金的循环与周转，而是资金退出企业时发生的业务，会计等式的平衡总额会下降。同减业务主要有：用货币偿还债务、交纳税费等。

企业尽管有千变万化的经济业务，但从会计基本等式看，万变不离其宗，不外乎上述四类经济业务，全部经济业务都可以从上述四类业务中得到解释。任何一项经济业务，都不可能引起资产增加和权益减少，也不可能引起资产减少和权益增加。上述四类经济业务对会计平衡等式的影响可归纳如图 2 －2 所示。

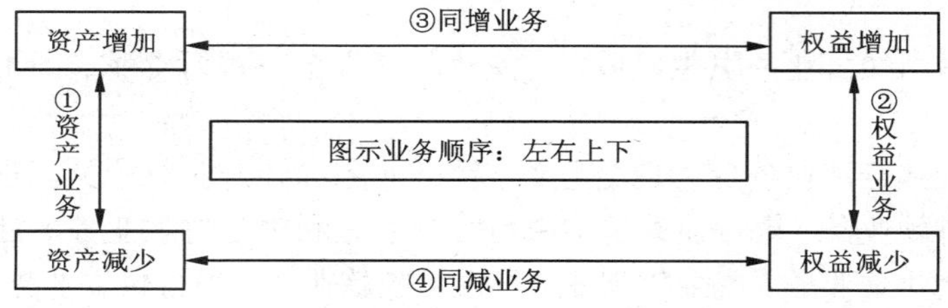

图 2 －2　四类经济业务对会计平衡公式的影响

五、经济业务与会计等式

企业发生的各种经济业务是千变万化的，但无论怎样变化，都不外乎归属于上述四类经济业务，它们绝不会破坏会计等式的平衡，现举例证明如下。

【例2－1】　某企业2016年1月1日的资产与权益状况如表2－1所示。

表2－1　某企业资产与权益状况　　单位：元

资　产		权　益	
库存现金	1 000	短期借款	250 000
银行存款	149 000	应付账款	150 000
应收账款	230 000	实收资本	400 000
原材料	20 000		
库存商品	100 000		
固定资产	300 000		
合计	800 000	合计	800 000

从表2－1可看出，该企业2016年1月1日拥有的流动资产为500 000元，非流动资产（固定资产）为300 000元，资产总额共为800 000元；权益中负债为400 000元，所有者权益（实收资本）为400 000元，权益总额亦为800 000元，资产总额等于权益总额。

该企业发生以下几笔经济业务，使2016年1月1日处于相对静止状态的会计要素发生了变化，但不会破坏会计基本等式的平衡关系。

【业务一】　该企业向某公司购入原材料8 000元，已验收入库，以银行存款支付。这笔业务的发生只涉及资产，不涉及权益，属于第一种类型的资产业务。该业务一方面使原材料这一个资产项目增加了8 000元，同时使银行存款这一个资产项目等量减少了8 000元，资产形式转化，反映资金在企业内部的循环与周转，其对会计基本等式的影响如表2－2所示。

表2－2　资产形式转化对会计基本等式的影响　　单位：元

资　产		权　益	
库存现金	1 000	短期借款	250 000
银行存款（－8 000）	141 000	应付账款	150 000
应收账款	230 000	实收资本	400 000
原材料（＋8 000）	28 000		
库存商品	100 000		
固定资产	300 000		
合计	800 000	合计	800 000

从表2-2可知：这笔经济业务的发生，使得资产类项目中发生一增一减的变化。资产方原材料的金额从原来的20 000元增加到28 000元。资产方银行存款的金额则由原来的149 000元减少到141 000元。由于它们所发生的增减变化只涉及会计基本等式的资产一方，金额又是相等的一增一减，虽然会使有关资产项目的金额发生增减变化，但资产总额不会改变。同时，由于它不涉及权益，因而权益总额也不会变动，所以资产和权益总额仍然保持着平衡关系。

【业务二】 该企业的应付账款中有70 000元经债权人同意转为对本企业的投资。这笔业务的发生，只涉及权益，不涉及资产，属于权益业务。该业务一方面使应付账款这一个权益项目减少了70 000元，同时使实收资本这一个权益项目等量增加了70 000元，权益形态转化，反映资金性质的变化。其对会计基本等式的影响如表2-3所示。

表2-3 权益形态变化对会计基本等式的影响 单位：元

资产		权益	
库存现金	1 000	短期借款	250 000
银行存款	141 000	应付账款(-70 000)	80 000
应收账款	230 000	实收资本(+70 000)	470 000
原材料	28 000		
库存商品	100 000		
固定资产	300 000		
合计	800 000	合计	800 000

从表2-3可知：这笔经济业务的发生，使得权益项目中发生一增一减的变化。应付账款这个权益项目的金额，从原来的150 000元减少到80 000元，而实收资本这个权益项目，则由原来的400 000元增加到470 000元。由于它们所发生的增减变化只涉及会计基本等式的权益一方，金额又是相等的一增一减，虽然会使有关权益项目的金额发生增减变化，但权益总额不会改变。同时，由于它不涉及资产，因而资产总额也不会变动，所以总资产与总权益仍然保持着平衡关系。

【业务三】 该企业购入一批商品，计价款60 000元，经双方议定延期付款。

这笔业务的发生，既涉及资产，又涉及权益，属于同增业务。该业务一方面使库存商品这一个资产项目增加了60 000元，同时使应付账款这一个权益项目等量增加了60 000元，其对会计基本等式的影响如表2-4所示。

从表2-4可知：这笔业务的发生，使得资产和权益双方发生了变动。资产方的库存商品项目增加了60 000元，从原来的100 000元增加到160 000元。同时，权益方的应付账款项目也增加了60 000元，从原来的80 000元增加到140 000元。由于等式双方都发生了增加，而且金额相同，因此资产和权益总额仍然是相等的。

表2－4　资金进入企业对会计基本等式的影响　　单位：元

资　产		权　益	
库存现金	1 000	短期借款	250 000
银行存款	141 000	应付账款（+60 000）	140 000
应收账款	230 000	实收资本	470 000
原材料	28 000		
库存商品（+60 000）	160 000		
固定资产	300 000		
合计	860 000	合计	860 000

由此可见，当一笔经济业务涉及资产和权益双方，其金额又是等量增加时，会计基本等式的平衡总额会上升，由原来的800 000元上升到860 000元，从而打破旧的平衡，组成新的平衡。

【业务四】　该企业以银行存款40 000元偿还短期借款。

这笔业务的发生，既涉及资产，又涉及权益，属于同减业务。该业务一方面使银行存款这一个资产项目减少了40 000元，同时使短期借款这一个权益项目等量减少了40 000元，反映资金退出企业，其对会计基本等式的影响如表2－5所示。

表2－5　资金退出企业对会计基本等式的影响　　单位：元

资　产		权　益	
库存现金	1 000	短期借款（－40 000）	210 000
银行存款（－40 000）	101 000	应付账款	140 000
应收账款	230 000	实收资本	470 000
原材料	28 000		
库存商品	160 000		
固定资产	300 000		
合计	820 000	合计	820 000

从表2－5可知：这笔业务的发生，也使得资产和权益双方发生了变动。资产方的银行存款项目减少了40 000元，从原来的141 000元减少到101 000元。同时，权益方的短期借款项目也减少了40 000元，从原来的250 000元减少到210 000元。由于平衡双方都发生了减少，而且是等量减少40 000元，因此资产和权益总额仍然是平衡的。

由此可见，当一笔经济业务涉及资产和权益双方，其金额又是等量减少时，会计基本等式的平衡总额会下降，由原来的860 000元下降到820 000元，从而打破旧的平衡，组成新的平衡。这样的经济业务属于资金退出企业。

以上四笔业务，代表四种最基本的经济业务类型。除此之外，找不出第五种经济业务类型。

四种经济业务类型对会计基本等式的影响，可综合归纳如表2－6所示。

表2－6　四种经济业务对会计基本等式的影响

序号	业务类型	业务内容	资产	权益	平衡总额
1	资产业务	资产形式变化，资金循环和周转	一增一减	不涉及	不变
2	权益业务	权益形式变化，资金性质变化	不涉及	一增一减	不变
3	同增业务	资金进入企业，资金增加	增加	上升	上升
4	同减业务	资金退出企业，资金减少	减少	下降	下降

当企业发生资产与负债的同增业务或同减业务，资产与所有者权益的同增业务或同减业务，负债与所有者权益的一增一减业务，负债与负债的一增一减业务，所有者权益与所有者权益的一增一减业务时，都可以从上述四种经济业务类型中得到解释，无须逐一列举。

第二节　会计账户与复式记账

一、会计科目

(一)会计科目的定义及设置规范

1. 会计科目的定义

前述会计要素是对会计事项(会计对象的具体内容)按照一定的特征进行的基本分类，并将其划分为资产、负债、所有者权益、收入、费用和利润六大会计要素。但会计要素仅仅是对会计交易或事项所做的最基本的分类，而这个层次的分类是不够的，这是因为每一个会计要素又包含了许多具体项目。当交易和事项发生后，只有结合这些具体项目进行确认，才能提供更为详尽的信息。所以，在划分会计要素的基础上，还需根据各要素的经济内容划分为若干项具体项目。会计科目是指在会计要素分类的基础上，对其按照经济内容进行再分类而确定的详细项目。

那么究竟该如何进一步分类并细化到什么程度呢？这就要对各会计要素包含的具体内容，按其一定的特点和管理要求，并以能够提供系统全面的会计信息为标准进行分类。例如：①企业的机器设备、房屋和建筑物，作为劳动手段，具有使用时间较长、单位价值较大、实物形态相对不变的特点，将其归为一类，设置“固定资产”会计科目；②生产产品用的各种钢材、零配件及燃料等，作为劳动对象，具有在生产中一次性被消耗、其价值一次性转移到产品成本中的特点，将其归为一类，设置“原材料”会计科目；③在企业生产车间范围内发生的物料消耗、办公费、管理人员的工资等，具有间接费用的特点，将其归为一类，设置“制造费用”会计科目。

2. 会计科目设置的规范

我国《企业会计准则——应用指南》(以下简称《准则指南》)，在附录中制定了涵盖各类企业主要交易或事项的会计科目和主要账务处理。①要求各企业在不违反会计准则中确认、计量和报告规定的前提下，可以根据本单位的实际情况自行增设、分拆、合并会计科目。②对于明细科目，企业可以比照该附录中的规定自行设置。会计科目编号只供企业填制会计凭证、登记会计账簿、查阅会计账目、采用会计软件系统时参考，企业可结合实际情况自行确定会计科目编号。③由于各企业的业务性质、规模大小、业务繁简及组织状况有所不同，会计科目的设置必须充分考虑这些客观条件，遵循合法合规、全面有用、简洁实用等原则和要求。

（二）会计科目体系及分类

会计科目体系，包括会计科目的内容、级次和编号。①会计科目的内容，是指各会计科目反映资金运动各环节之间的横向联系；②会计科目的级次，是指每一会计科目内部的纵向联系；③会计科目的编号，是指采用几位数字来列示每一会计科目在会计科目体系中的位置并代表具体的会计科目的序列号。

1. 会计科目按经济内容的分类

会计科目的内容包括每一会计科目按其行业会计准则的规定应反映的具体经济内容。会计科目按经济内容分类，有助于了解和掌握各会计科目核算的内容以及会计科目的性质，为正确运用会计账户反映会计交易或事项引起会计要素的增减变化奠定基础。根据《准则指南》规范的制造业企业常用会计科目如表 2－7 所示。

表 2－7　制造业企业常用会计科目表

编号	会计科目名称	编号	会计科目名称	编号	会计科目名称
	一、资产类	1604	在建工程	4001	实收资本
1001	库存现金	1605	工程物资	4002	资本公积
1002	银行存款	1606	固定资产清理	4101	盈余公积
1012	其他货币资金	1701	无形资产	4103	本年利润
1101	交易性金融资产	1702	累计摊销	4104	利润分配
1121	应收票据	1703	无形资产减值准备		五、成本类
1122	应收账款	1801	长期待摊费用	5001	生产成本
1123	预付账款	1901	待处理财产损溢	5101	制造费用
1131	应收股利		二、负债类		六、损益类
1132	应收利息	2001	短期借款	6001	主营业务收入
1121	其他应收款	2201	应付票据	6151	其他业务收入
1231	坏账准备	2203	应付账款	6101	公允价值变动损益
1401	材料采购	2211	预收账款	6301	营业外收入
1402	在途物资	2221	应付职工薪酬	6401	主营业务成本
1403	原材料	2231	应交税费	6402	其他业务成本

续表

编号	会计科目名称	编号	会计科目名称	编号	会计科目名称
1404	材料成本差异	2232	应付利息	6403	税金及附加
1405	库存商品	2241	应付股利	6601	销售费用
1471	存货跌价准备	2501	其他应付款	6602	管理费用
1511	长期股权投资	2701	长期借款	6603	财务费用
1512	长期股权投资减值准备	2202	长期应付款	6701	资产减值损失
1601	固定资产		三、共同类	6711	营业外支出
1602	累计折旧		（略）	6801	所得税费用
1603	固定资产减值准备		四、所有者权益类	6901	以前年度损益调整

2. 会计科目的级次

会计科目的级次，是指会计科目按其提供会计信息的详细程度及统驭关系的分类。可分为以下两类：

（1）总分类科目及其设置方法。总分类科目，又称总账科目，是指对某一会计要素包含的具体内容，按照其相同特征并结合管理要求，进行总括分类并提供总括会计信息的会计科目。总分类科目反映各种交易或事项的总括情况，是进行总分类核算的依据。例如，表2－7中所列的会计科目都是总分类科目。我国财政部颁布的《准则指南》中设置了156个总分类科目。

虽然会计科目是对会计要素的分类，但会计要素与会计科目类别并不完全相同。①利润类科目（如“本年利润”科目和“利润分配”科目）归并为所有者权益类科目，体现了利润的所有权属于所有者这一经济实质；②收入类和费用类科目，如将属于收入类的“主营业务收入”和“其他业务收入”与属于费用性质的“主营业务成本”、“其他业务成本”、“税金及附加”和“销售费用”等期间费用合并为损益类科目，这种合并可以方便企业进行经营成果的计算；③将资产要素中的一部分科目（如“生产成本”、“制造费用”等科目）独立设置成本类科目，体现了产品制造业企业对各类成本对象进行成本计算的特殊要求。

（2）明细分类科目及其设置方法。明细分类科目，又称明细科目或细目，是指对某一总分类科目的经济内容所做的进一步分类，辅助总分类科目以反映更为详细、具体的会计信息的科目。如“库存商品”总分类科目下，按商品名称分设明细科目，具体反映有哪些商品。

在实际工作中，若某一个总分类科目所属的明细分类科目太多时，为适应加强内部经营管理工作的需要，可在总分类科目与所属的明细分类科目之间增设二级科目（也称子目），在二级科目之下再按所包括的内容设置隶属于该二级科目的三级科目（也称细目）。由于设置了二级科目，总分类科目也称为一级科目，二级科目和三级科目统称为明细分类科目。在一般情况下设置3个层次的会计科目，如有需要也可设置四级科目、五级科目。

（3）会计科目各级次之间的关系。会计科目各级次之间的关系，以“原材料”会计科目为例加以说明，如表2－8所示，它们之间是总括与详细、统驭与被统驭的关系。

表 2－9

左方	账户名称	右方

在一个账户中一般具有期初余额、本期增加发生额、本期减少发生额和期末余额 4 项金额。一定时期（如一个会计期间）的增加额合计，称为本期增加发生额；一定时期（如一个会计期间）的减少额合计，称为本期减少发生额；本期增加发生额与本期减少发生额相抵后的差额再加上期初余额，称为期末余额；本期的期末余额转入下期，便是下期的期初余额。这 4 项金额的关系可以用下列等式表示：

期末余额＝期初余额＋本期增加发生额－本期减少发生额

账户如有期初余额，首先应当在记录增加额的一方登记。会计事项发生后，要将增减内容记录在相应的栏内。每个账户的本期发生额反映的是该类经济内容在本期内变动的情况，而期末余额则反映变动的结果。例如，某企业在某一期间“库存现金”账户的记录如表 2－10 所示。

表 2－10

借方	库存现金		贷方
期初余额	1 000		
本期增加	500	本期减少	400
本期发生额	500	本期发生额	400
期末余额	1 100		

三、复式记账法

（一）复式记账法概述

为了全面反映会计对象的具体内容，企业应结合经济管理的需要设置会计科目，并根据会计科目开设账户。账户是记录经济业务的工具，要通过账户提供经济管理所需要的会计信息，还需要运用一定的方法将经济业务登记到账户中。这种在账户中登记经济业务的方法叫做记账方法。记账方法在会计史上经历了由单式记账法发展到复式记账法的过程。

单式记账法是指对发生的每一项经济业务，一般只在一个账户中进行登记的记账方法。此法一般只登记库存现金、银行存款的收付款业务，以及应收账款、应付账款的结算业务，而不登记实物增减业务。例如，用银行存款购买材料的业务发生后，假设材料已经验收入库，则只在账户中登记银行存款的减少，而不记录原材料的增加。又如，向某企业销售产品一批，货款尚未收到，则只登记在“应收账款”账户，而对主营业务收入的增加情况不予反映。只有当经济业务既涉及库存现金或银行存款，又涉及债权、债务时，才同时在两个相应的账户中进行登记。例如，收到某企业所欠货款存入银行，业务发生后，既要在“银行存款”账户，又要在“应收账款”账户中登记相关金额。

单式记账法具有4个特点：第一，没有完整的账户体系；第二，不需要对每一项经济业务进行反映和记录；第三，账户之间的记录没有直接的联系；第四，账户之间的记录没有平衡的概念。采用单式记账法，由于账户之间不能形成相互对应的关系，不能全面、系统地反映经济业务的来龙去脉，也不便于检查账户记录的正确性和完整性。

复式记账法是指对发生的每一项经济业务，都以相等的金额，在相互关联的两个或两个以上的账户中进行登记的记账方法。例如，上述用银行存款购买材料业务，假设材料已经验收入库，采用复式记账法，则应以相等的金额，一方面在“银行存款”账户中登记银行存款的减少，另一方面在“原材料”账户中登记材料的增加。又如，向某企业销售产品一批，货款尚未收到，按复式记账法，一方面在“应收账款”账户中登记增加，另一方面在“主营业务收入”账户中登记增加，而且两个账户登记的金额相等。

（二）复式记账法的特征

复式记账法相对单式记账法而存在，与单式记账法比较，复式记账法有以下三个方面的特征：

1. 全面登记，对发生的交易和事项至少应在两个账户中进行记录

（1）设置完整的账户体系。复式记账法设置了完整的账户体系，除库存现金、银行存款、应收和应付类账户外，还要设置实物性资产以及收入、费用和各种权益类账户。

（2）在两个或两个以上的账户中进行记录。①当企业发生较简单的会计交易或事项（涉及两个账户）时，采用复式记账法在两个账户中进行记录；②当企业发生较复杂的会计交易和事项时（涉及3个及3个以上账户），需要记录的账户可能会有3个或更多。所以，复式记账法能够全面地反映该交易或事项所引起的企业资金增减变动的全貌。

2. 账户对应，对发生的交易和事项在相互联系的账户中记录

由于复式记账法对每一项交易或事项的发生都要以相等的金额在相互联系的两个或两个以上的账户中加以全面、连续、系统地记录，使得企业资金运动的来龙去脉得以再现，更使企业的有关经济关系能够较好地定性和定量。特别是通过把复式记账法登记的账户资料，根据各账户反映经济内容的关联性编制成资产负债表、利润表等财务报告后，更能全面、集中、系统地反映企业各方面的经济关系。例如，当企业用银行存款购买材料这项交易发生以后，只能记录在“原材料”和“银行存款”这两个账户中。这样，“原材料”和“银行存款”这两个账户就在同一交易中建立起互为因果的相互联系。如果随意变更账户之间的这种必然联系，将这项交易记入其他账户，就会发生账户记录的错误。

3. 试算平衡，对发生的交易和事项需在相同账户中以相等的金额记录

对发生的交易和事项在相互联系的双方账户中以相等的金额记录，不论是较简单的交易或事项还是较复杂的交易或事项的账户记录情况都是如此。根据会计等式的平衡关系，可以对一定时期所发生的全部交易或事项的会计账户记录进行综合试算平衡，以检查账户记录是否正确。

（三）复式记账法的理论依据

企业经济活动中发生的各项会计交易或事项会引起资产、负债、所有者权益、收入、费用和利润等会计要素项目的增减变化。但是，不论发生何种交易或事项，都不会破坏会计等

式的平衡关系。复式记账法的理论依据就是“资产 = 负债 + 所有者权益”所表现出来的数量上的平衡关系。即资金运动的内在规律性是复式记账法的理论依据。

每一笔会计交易或事项的发生，一定会引起会计要素中的两个或两个以上项目的增减变动，必然对会计等式带来双重影响，且资产与权益之间存在着自然的平衡关系。而会计主体发生的会计交易或事项无非是资金增加和资金减少这两个方面，且这种增减变动具有两大规律：其一是资产要素与权益要素间同增或同减，增减金额相等；其二是资产要素内部或权益要素内部有增有减，增减金额相等。这样，要在会计上全面、完整地反映一项会计交易或事项，至少要运用到相互联系的两个账户。将变化了的两个或两个以上的方面全面完整地记录下来，这就是复式记账法。人们利用这一事实指导会计实践，便成为复式记账法的理论基础。

(四)复式记账法的优点

与单式记账法相比，复式记账法的主要优点在于：①可以了解每一项交易或事项及其引起的资金运动的走向，清晰地反映交易或事项带来的会计要素及具体项目金额的增减变化；②所有的账户记录可以进行试算平衡，便于检查账户记录的完整性和正确性；③通过一套完整的账户体系，可以全面、完整、系统地反映企业经营活动的全过程及结果。由此可见，复式记账法是一种科学的会计记账方法。

四、借贷记账法

借贷记账法是以借贷为记账符号来记录经济业务的一种复式记账法。

(一)借贷记账法的符号

按照复式记账法，每一笔经济业务的增减变化都要在两个或两个以上的账户中进行登记，形成账户记录。但是如何将经济业务登记到账户中，采用不同的记账方法，其登记的方式和方法均不相同。复式记账法的方法有很多种，比如我国采用过的收付记账法、增减记账法等，在账户中的记录方法都不尽相同，但均属于复式记账法。借贷记账法也是复式记账法的一种，产生于13世纪的意大利，开始是单式记账法，随着现代经济的发展，逐渐得到充实和完善，形成了具有区别于其他记账方法的显著特征的一种复式记账法，迄今为止在世界各国被广泛采用。我国于1993年实施的《企业会计准则》规定了境内所有企业在进行会计核算时，都必须统一采用借贷记账法。

记账符号是一种标记，代表经济业务数量增减变化的方向。借贷记账法的借、贷两字的含义，最初是从借贷资本家的角度来解释的。借贷资本家把从债权人那里收进的存款记在贷主的名下，表示自身的债务；借贷资本家支付给债务人的放款记在借主的名下，表示自身的债权。此时，借、贷两字表示债权债务的变化。随着社会经济的发展、经济活动的日益负债以及产业资本和商业资本对借贷记账法的利用，借、贷二字不再局限于货币资金借贷业务的增减变动情况，而逐渐扩展到财产物资和经营损益等经济业务的增减变动情况。这时，借、贷二字就逐渐失去原来的含义，而转化为纯粹的记账符号，用以标明账户记录经济业务数量增减变化的方向，即账户的借方和贷方。

在借贷记账法下，账户的基本结构是：左方为借方，右方为贷方。由于会计内容已经划分为会计要素，并按会计要素的进一步分类设置了会计科目和账户，借贷记账法在登记经济业务数据时，就按经济业务所属的会计要素及其发生的增加金额和减少金额，分别确定其在账户的记录方向，即：

(1)属于资产要素的增加额记入借方，减少额记入贷方；

(2)属于负债要素的增加额记入贷方，减少额记入借方；

(3)属于所有者权益要素的增加额记入贷方，减少额记入借方。

由于资产在会计等式的左边，其增加额就记在借方，减少额就记在贷方。负债和所有者权益在会计等式的右边，它们的增加额就记在贷方，减少额就记在借方。按此种记录方法登记的结果，既保证了借方等于贷方，也保证了会计等式的平衡。

扩展到会计平衡等式中，收入和费用要素的变动会导致利润要素的变动，利润在未分配前属于所有者权益，收入使所有者权益增加，其增加额就记在贷方，减少额记在借方。费用会使所有者权益减少，其增加额记在借方，减少额就记在贷方。收入、费用和利润要素增减变动登记在账户中的方向是：

(1)属于收入要素的增加额记入贷方，减少额记入借方；

(2)属于费用要素的增加额记入借方，减少额记入贷方；

(3)属于利润要素的增加额记入贷方，减少额记入借方。

上述账户结构如表2－11、表2－12所示(费用、收入账户期末无余额)。

表2－11

借方　　账户名称(资产、成本、费用)　　贷方

借方	贷方
期初余额	
资产增加额	资产减少额
成本增加额	成本减少额
费用增加额	费用减少额
期末余额	

表2－12

借方　　账户名称（负债、所有者权益、收入）　　贷方

借方	贷方
	期初余额
负债减少额	负债增加额
所有者权益减少额	所有者权益增加额
收入减少额	收入增加额
	期末余额

在借贷记账法下，账户的借方和贷方都可以登记经济业务发生时会计要素增加和减少的金额。记账时，账户的借贷两方必须作相反方向的记录，即对于每一个账户来说，如果借方用来登记增加额，则贷方就用来登记减少额；如果借方用来登记减少额，则贷方就用来登记增加额。在一个会计期间内，借方登记的合计数称为借方发生额，贷方登记的合计数称为贷方发生额。那么，究竟用哪一方来登记增加额，用哪一方来登记减少额呢？这就要根据各个

账户所反映的经济内容，也就是它的性质来决定。

一般来说，资产类账户的借方登记资产的增加额，贷方登记资产的减少额。由于资产的减少额不可能大于它的期初余额与本期增加额之和，所以这类账户如有期末余额，通常在借方。

负债及所有者权益类账户的贷方登记负债及所有者权益的增加额，借方登记负债及所有者权益的减少额，由于负债及所有者权益的增加额与期初余额之和一般情况下要大于本期减少额，所以，这类账户如有余额，通常在贷方。

收入类账户的结构与所有者权益各类账户的结构基本相同，借方登记收入的减少额，贷方登记收入的增加额。由于本期实现的收入要于期末全部转出，以便与相配比的费用相抵来确定当期利润或亏损，因此，收入类账户在期末经转销后通常也无余额。

费用类账户与资产类账户的结构基本相同，借方登记费用的增加额，贷方登记费用的减少额或称转销额。由于与收入相配比的支出要在期末全部转出，以便与收入相抵，因此，费用类账户在期末经转销后通常没有余额。

利润类账户的贷方登记利润的增加额，借方登记利润的减少额，期末余额可能在贷方，也可能在借方。

通过以上的账户结构可以看出，各类账户的期末余额通常记录在增加额一方，即资产类账户的期末余额在借方，负债及所有者权益类账户的期末余额在贷方。

（二）借贷记账法的记账规则

记账规则是指复式记账法所具有的特定记账规律和原则。不同的复式记账法会使用不同的记账规则。借贷记账法的记账规则是：有借必有贷，借贷必相等。其具体含义是：任何一项经济业务都必须在两个或两个以上的账户中进行记录，当一个（或几个）账户登记在借方时，另几个（或一个）对应账户就必须登记在贷方，而且记录的借方金额必须等于贷方金额。

现以某企业1月份发生的经济业务为例，说明借贷记账法的规则。

【例2－2】 收回应收账款40 000元并存入银行。

这项经济业务，使银行存款增加40 000元，同时使企业应收账款减少40 000元，它涉及“银行存款”和“应收账款”两个资产类账户。银行存款的增加是资产的增加，应记入“银行存款”账户的借方；应收账款的减少是资产的减少，应记入“应收账款”账户的贷方。这项经济业务在账户中登记的结果如图2－3所示。

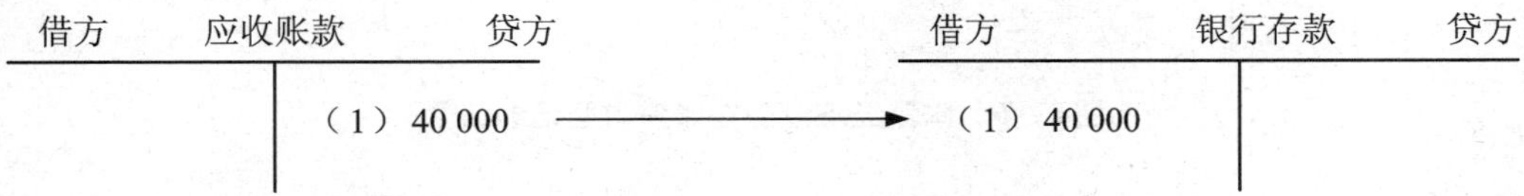

图2－3 本例经济业务在账户中登记的结果

【例2－3】 用银行存款20 000元购入原材料（假定不考虑增值税，材料采购用实际成本进行日常核算），原材料已验收入库。

这项经济业务，使企业的原材料增加20 000元，同时使企业银行存款减少20 000元，它涉及“原材料”和“银行存款”这两个资产类账户。原材料的增加是资产的增加，它记入“原材料”账户的借方；银行存款的减少是资产的减少，它记入“银行存款”账户的贷方。这项经济业务在账户中登记的结果如图2－4所示。

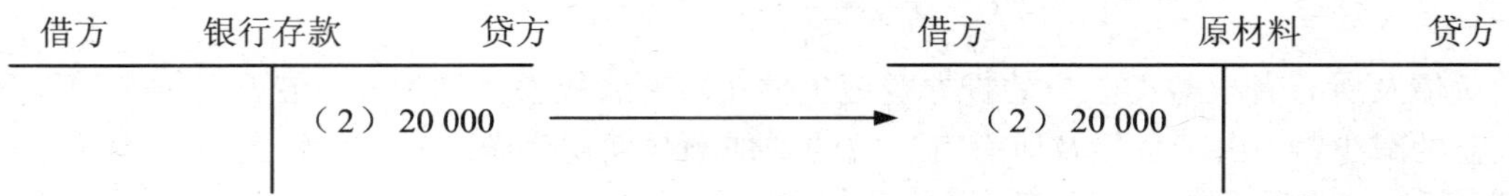

图2－4 本例经济业务在账户中登记的结果

【例2－4】 用银行存款偿还短期借款30 000元。

这项经济业务，使企业的银行存款减少30 000元，同时使企业的短期借款减少30 000元，它涉及“银行存款”这个资产类账户和“短期借款”这个负债类账户。银行存款的减少是资产的减少，应记入“银行存款”账户的贷方；短期借款的减少是负债的减少，应记入“短期借款”账户的借方。这项经济业务在账户中登记的结果如图2－5所示。

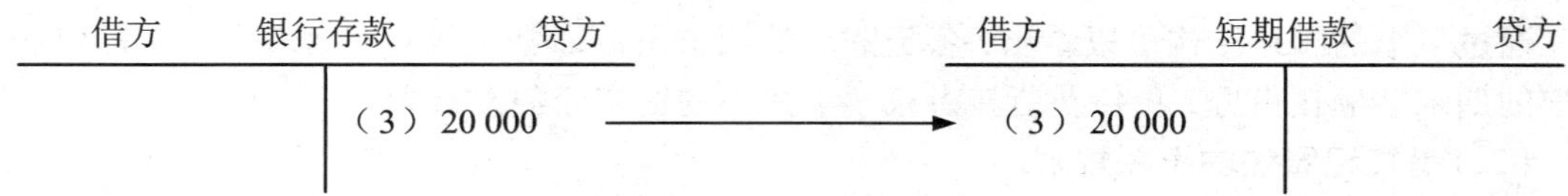

图2－5 本例经济业务在账户中登记的结果

【例2－5】 从银行借入短期借款10 000元，直接偿还应付账款。

这项经济业务，使企业的应付账款减少10 000元，同时使企业的短期借款增加10 000元，它涉及“应付账款”这个负债类账户和“短期借款”这个负债类账户。应付账款的减少是负债的减少，应记入“应付账款”的借方；短期借款的增加是负债的增加，应记入“短期借款”账户的贷方。这项经济业务在账户中登记的结果如图2－6所示。

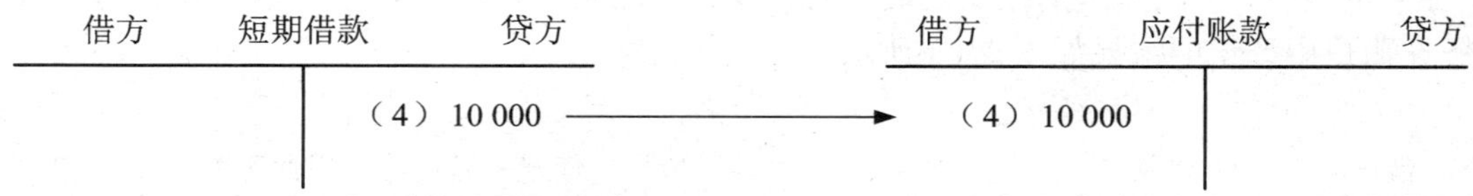

图2－6 本例经济业务在账户中登记的结果

【例2－6】 收到投资人追加投资50 000元，并存入银行(假定全部为实收资本)。

这项经济业务，使企业的银行存款增加50 000元，同时使企业的所有者权益增加50 000元，它涉及“银行存款”这个资产类账户和“实收资本”这个所有权者权益类账户。银行存款的增加是资产的增加，应记入“银行存款”账户的借方；实收资本的增加是所有者权益的增加，应记入“实收资本”账户的贷方。这项经济业务在账户中登记的结果如图2－7所示。

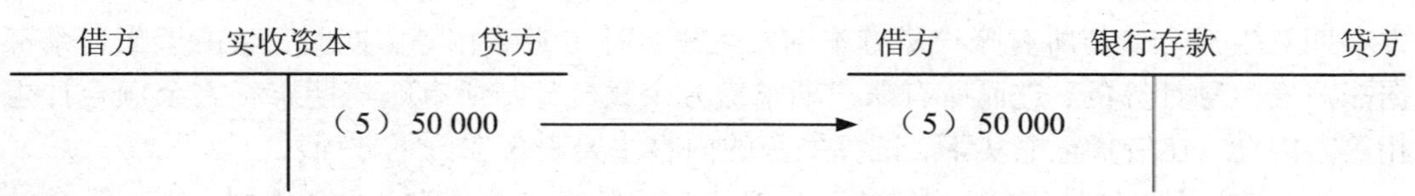

图 2-7　本例经济业务在账户中登记的结果

(三)借贷记账法举例

【例 2-7】 该企业向某公司购入 8 000 元原材料验收入库，以银行存款支付。

本项业务一方面使企业的原材料增加 8 000 元，另一方面使企业的银行存款减少 8 000 元。所以，本会计事项一方面记入"原材料"账户的借方，另一方面记入"银行存款"账户的贷方，所记的借方金额与贷方金额相等。其会计分录如下：

借：原材料　　8 000
　贷：银行存款　　8 000

【例 2-8】 该企业的应付账款中有 70 000 元，经债权人同意转为对本企业的投资。

本项业务一方面使企业的应付账款减少 70 000 元，另一方面使企业的实收资本增加 70 000 元。所以，本会计事项一方面记入"应付账款"账户的借方，另一方面记入"实收资本"账户的贷方，所记的借方金额与贷方金额相等。其会计分录如下：

借：应付账款　　70 000
　贷：实收资本　　70 000

【例 2-9】 该企业向供应者购入一批商品，合计价款 60 000 元，经双方议定延期付款。

本项业务一方面使企业的库存商品增加 60 000 元，另一方面使企业的应付账款增加 60 000 元。所以，本会计事项一方面记入"库存商品"账户的借方，另一方面记入"应付账款"账户的贷方，所记的借方金额与贷方金额相等。其会计分录如下：

借：库存商品　　60 000
　贷：应付账款　　60 000

【例 2-10】 该企业以银行存款 40 000 元偿还短期借款。

本项业务一方面使企业的银行存款减少 40 000 元，另一方面使企业的短期借款减少 40 000 元。所以，本会计事项一方面记入"短期借款"账户的借方，另一方面记入"银行存款"账户的贷方，所记的借方金额与贷方金额相等。其会计分录如下：

借：短期借款　　40 000
　贷：银行存款　　40 000

(四)借贷记账法的试算平衡

所谓试算平衡，是指根据会计恒等式的基本原理，按照记账规则的要求，通过汇总计算和比较，来检查账户记录是否正确的一种方法。一定时期内发生的所有经济业务全部记账后，必须进行试算平衡，以检验账户记录的正确性。试算平衡主要用于检查总分类账户记录的正确性，明细分类账户记录的正确性检查则是通过对账来实现的。

1. 试算平衡的内容

按照借贷记账法"有借必有贷，借贷必相等"记账规则的要求，每一笔经济业务发生后，记入账户的借贷发生额必须相等。因而，将一定时期内的全部经济业务都记账后，所有账户借方本期发生额合计与所有账户贷方本期发生额合计也必然相等。同时，又由于账户余额是根据账户发生额计算的，进而所有账户期末借方余额合计与所有账户期末贷方余额合计也必然相等。因此，在借贷记账法下，试算平衡的内容主要表现在以下方面：

(1)分录平衡。根据借贷记账法“有借必有贷，借贷必相等”的记账规则，每一笔会计分录都要平衡，这是借贷记账法最重要的平衡基础。分录平衡是记账规则的直接后果，因此可以说借贷记账法的记账规则是试算平衡的源泉。有了分录平衡，才会带来发生额的平衡和余额的平衡。分录平衡可用公式表示为：

借方金额 = 贷方金额

(2)发生额平衡。所有账户在一定会计期间汇总的发生额要平衡。该会计期间是任意的，可能是几天、一周、一旬、十几天、半个月，甚至一个月。发生额是根据记账的金额加总计算的，因而发生额平衡显然是分录平衡的直接后果。发生额平衡可用公式表示为：

所有账户某期借方发生额合计 = 所有账户某期贷方发生额合计

(3)余额平衡。所有账户在某一时点的余额必须平衡。该时点是任意的，但一般是指期初或期末。账户余额是根据发生额计算的，发生额平衡必然导致余额平衡，即余额平衡是发生额平衡的直接结果。余额平衡可用公式表示为：

所有账户本期借方期初余额合计 = 所有账户本期贷方期初余额合计

所有账户本期借方期末余额合计 = 所有账户本期贷方期末余额合计

借贷记账法的记账规则、分录平衡和发生额平衡，是试算平衡的动态表现。其中，记账规则是平衡的源泉；分录平衡是平衡的基础，它意味着逐笔分录的发生额平衡，即逐笔平衡；而发生额平衡则是平衡的拓展，是若干笔分录发生额的汇总平衡。显然，逐笔平衡是汇总平衡的起因。只要遵循记账规则，分录也就平衡了；只要逐笔分录平衡了，汇总的发生额当然也会平衡。

借贷记账法的余额平衡，是试算平衡的静态表现，是从相对静止的某一时点观察会计要素的结果，也是“资产 = 负债 + 所有者权益 +（收入 − 费用）”这一会计等式的具体体现。只要发生额平衡了，余额自然也会平衡。

我们在前面曾说“记账规则是平衡的源泉”，其实它还不是初始源泉。“有借必有贷，借贷必相等”的记账规则是指记入账户借贷方向的金额相等，以表示账户记录的数额增减变化。账户是按会计科目开设的，会计科目又是在会计要素的基础上分类设置的，而广义会计要素就只有资产和权益。它们诞生于哲学上一分为二的观点，是对企业同一经济资源从不同角度观察所表现出来的不同形式，它们在数额上相等，是分析企业同一经济资源的必然结果。账户借方和贷方记录的数额增减变化，也就是资产和权益的数额变化。因此，借贷记账法试算平衡的初始源泉是哲学上的两分法，是“资产 = 权益”这一会计基本等式的客观要求。

综上所述，借贷记账法的试算平衡是自动平衡，试算平衡的主要内容是总分类账户的发生额平衡和余额平衡。会计基本平衡等式、记账规则和分录平衡是试算平衡的理论依据。

在试算平衡过程中，若发现不平衡，即产生了平衡差，则说明记账有错误，这时一定要查出原因进行纠正。哪怕平衡差只有几分钱，甚至 1 分钱，也要查明更正。这是因为平衡差虽微不足道，但有可能掩盖几笔方向相反的重大差错，它们抵销之后的平衡差可能就是区区几分钱。若记账正确，则试算平衡通过。但要注意，试算平衡无误只是记账正确的必要条件，并非充分条件。在实际工作中，不影响平衡但记账错误的情形主要有：①借贷双方同时多记或少记；②借贷双方同时重记或漏记；③借贷双方反记。这时，虽然试算平衡无能为力，但利用对账的方法一般可发现此类错误。对账是指核对账目，主要是在各种会计账之间、上下级会计账之间进行核对。广义的试算平衡包括对账，这一内容本书将在本章第四节“会计账簿”中介绍。

2. 试算平衡的方法

在会计实际工作中，通常是采用编制试算平衡表的方法来进行试算平衡。下面以六栏式总分类账户发生额和余额试算平衡表（简称六栏式试算平衡表）为例，来综合说明借贷记账法下如何编制会计分录、记账、结账及试算平衡。

【例 2-11】 新世纪股份有限公司 2016 年 1 月 1 日的资产与权益状况如表 2-13 所示。

表 2-13　新世纪股份有限公司资产与权益状况　　单位：元

资　产		权　益	
库存现金	1 000	短期借款	250 000
银行存款	149 000	应付账款	150 000
应收账款	230 000	实收资本	400 000
原材料	20 000		
库存商品	100 000		
固定资产	300 000		
合计	800 000	合计	800 000

该企业本月发生下列经济业务，据此编制会计分录。

①该企业向某公司购入 8 000 元原材料验收入库，以银行存款支付。

借：原材料　　8 000

　　贷：银行存款　　8 000

②该企业的应付账款中有 70 000 元，经债权人同意转为对本企业的投资。

借：应付账款　　70 000

　　贷：实收资本　　70 000

③该企业向供应者购入一批商品，合计价款 60 000 元，经双方议定延期付款。

借：库存商品　　60 000

　　贷：应付账款　　60 000

④该企业以银行存款 40 000 元偿还短期借款。

借：短期借款　　40 000

　　贷：银行存款　　40 000

（1）根据所编制的会计分录记账，期末结出账户的本期发生额和期末余额。

表 2－14

借	库存现金		贷
期初余额	1 000		
本期发生额		本期发生额	
期末余额	1 000		

表 2－15

借	银行存款		贷
期初余额	149 000	①	8 000
		④	40 000
本期发生额		本期发生额	48 000
期末余额	101 000		

表 2－16

借	应收账款		贷
期初余额	230 000		
本期发生额		本期发生额	
期末余额	230 000		

表 2－17

借	库存商品		贷
期初余额	100 000		
③	60 000		
本期发生额	60 000	本期发生额	
期末余额	160 000		

表 2－18

借	原材料		贷
期初余额	20 000		
①	8 000		
本期发生额	8 000	本期发生额	
期末余额	28 000		

表 2－19

借	固定资产		贷
期初余额	300 000		
本期发生额		本期发生额	
期末余额	300 000		

表 2－20

借	短期借款		贷
④	40 000	期初余额	250 000
本期发生额	40 000	本期发生额	
		期末余额	210 000

表 2－21

借	应付账款		贷
②	70 000	期初余额	150 000
		③	60 000
本期发生额	70 000	本期发生额	60 000
		期末余额	140 000

表 2－22

借	实收资本		贷
		期初余额	400 000
		②	70 000
本期发生额		本期发生额	70 000
		期末余额	470 000

(2)期末，根据账户记录编制试算平衡表。将各总分类账户记录的期初余额、借方本期发生额合计、贷方本期发生额合计和期末余额抄入六栏式试算平衡表，见表 2－23。

表 2－23　六栏式试算平衡表　　单位：元

编号	会计科目	期初余额		本期发生额		期末余额	
		借方	贷方	借方	贷方	借方	贷方
1001	库存现金	1 000				1 000	
1002	银行存款	149 000			48 000	101 000	
1122	应收账款	230 000				230 000	
1403	原材料	20 000		8 000		28 000	
1406	库存商品	100 000		60 000		160 000	
1601	固定资产	300 000				300 000	
2001	短期借款		250 000	40 000			210 000
2202	应付账款		150 000	70 000	60 000		140 000
4001	实收资本		400 000		70 000		470 000
	合计	800 000	800 000	178 000	178 000	820 000	820 000

表2－23的合计一行要反映发生额平衡，即借方发生额合计178 000元等于贷方发生额合计178 000元；并同时反映余额平衡，即期初余额借方合计800 000元等于期初余额贷方合计800 000元，期末余额借方合计820 000元等于期末余额贷方合计820 000元。

第三节　会计凭证

一、会计凭证的概念和意义

（一）会计凭证的概念

会计凭证就是用来记录经济业务、明确经济责任，并作为登记账簿依据的书面证明文件。会计凭证是重要的会计档案资料。

《会计法》规定："单位负责人对本单位的会计工作和会计资料的真实性、完整性负责"。据此，会计在账簿中所做的每一笔记录，在报表中所提供的每一项经济信息，都必须以真实、合法的会计凭证为依据。任何一个单位在发生交易或事项时，都必须按照规定的程序办理相应的凭证手续。由执行或完成该项经济业务的有关人员填制或取得会计凭证，记录经济业务的发生日期、数量、金额等具体内容，并在凭证上签名或盖章，从而明确经济责任。

（二）会计凭证的意义

所有会计凭证在填制或取得后，必须送交会计部门进行审核。只有经过有关人员严格审核无误后的会计凭证，才能作为登记账簿的依据。因此，填制和审核会计凭证是及时反映和监督经济业务的发生和完成情况，保证会计记录合理、合法、真实、可靠所采用的一种专门方法，是日常会计核算工作的起点和关键。正确填制和严格审核会计凭证对完成会计工作的任务，实现会计的职能，充分发挥会计的作用，具有重要意义：

1. 提供证明资料，传递经济信息和会计信息

会计人员可以根据会计凭证，对日常大量、分散的各种经济业务进行整理、分类、汇总，并经过会计处理，为经济管理提供有用的会计信息。

2. 明确经济责任，加强经济责任制

每笔经济业务发生后，都要取得或填制适当的会计凭证，证明经济业务已经发生或完成，并且由有关的经办人员在凭证上签字、盖章，明确业务责任人。通过会计凭证的填制和审核，使有关责任人在其职权范围内各负其责，并利用凭证填制、审核的手续制度进一步完善经济责任制。

3. 监督经济活动，控制经济运行

由于会计凭证记录和反映了经济业务活动的发生和完成情况等具体内容，所以通过会计凭证的审核，可以检查每笔经济业务的发生是否符合有关的法令、制度，是否符合业务经营、财务收支的方针和计划、预算的规定，以确保经济业务的合理、合法和有效性。监督经济业务的发生、发展，控制经济业务的有效实施，是发挥会计管理职能的重要内容。

4. 记录经济业务，为记账提供依据

会计凭证是记账的依据，通过会计凭证的填制和审核，按照一定方法对会计凭证进行整理、分类、汇总，为会计记账提供真实、可靠的依据，并通过会计凭证的及时传递，对经济业

务适时地进行记录，从而保证会计核算工作的顺利进行。

二、会计凭证的种类

企业发生的经济业务内容非常复杂丰富，用以记录、监督经济业务的会计凭证，也必然是多种多样的。为了具体地认识、掌握和运用会计凭证，首先要对会计凭证加以分类。按照会计凭证的填制程序和用途一般可以分为原始凭证和记账凭证。

(一)原始凭证

原始凭证又称单据，是记录经济业务已经发生、执行或完成，用以明确经济责任，作为记账依据的最初的书面证明文件，是进行会计核算工作的原始材料和重要依据。如出差的差旅费报销单、采购材料的采购发票和收料单、生产产品领用材料的领料单、销售产品的销售发票和出库单等都是原始凭证。原始凭证按其取得的来源不同，可以分为外来原始凭证和自制原始凭证。

1. 外来原始凭证

外来原始凭证，是指与外单位或个人发生经济业务往来关系时，从外单位或个人取得的凭证。外来原始凭证都是一次凭证，如企业购买材料、商品时，从供货单位取得的采购发票、运输部门出具的运费发票(如表 2－24 所示)、向外单位支付款项时取得的收据、出差人员取得的报销凭单(车票、船票、飞机票、住宿费收据等)、银行收付款通知单(如表 2－25 所示)等都是外来原始凭证。

表 2－24

铁路货运行业专用发票

发　票　联　　　　（2015）甲 No：04101221

托运单位：衡阳市新世纪股份有限公司　　　　2015 年 5 月 10 日

承运单位：衡阳铁路货物运输公司				纳税人识别号：430301000055223							
起运地：衡阳市		到达地：深圳市		税收缴款书号：							
合同号：020				承运车号：H155							
货物名称	单位	数量	计费里程（千米）	金　额							
				十	万	千	百	十	元	角	分
甲货物	台	6	900		1	0	0	0	0	0	0
甲货物	台	6				2	4	0	0	0	0
合计金额（大写）⊗壹万贰仟肆佰元整				¥	1	2	4	0	0	0	0
备注：本联发票字迹为绿色，其中大写金额字迹在紫光灯照射下显红色荧光。此发票各栏必须填写齐全，否则为无效发票（承运单位开具的发票可不填写税收缴款书号）											

第二联托运方记账凭证

衡阳铁路货物运输公司 ★ 430301000055223

开票单位（盖章）：　发票专用章　　开票人：李天德　　收款人：景天

表 2－25

中 国 工 商 银 行 进账单（回单或收账通知）

交款日期 2015年5月10日　　　　第005号

付款人	全　称	深圳大洋机械贸易公司	收款人	全　称	衡阳市新世纪股份有限公司
	账　号	0022-763355		账　号	0134-779988
	开户银行	工行广州市支行白云路分理处		开户银行	工行衡阳市白沙洲支行分理处
人民币（大写）		⊗壹佰零伍万叁仟元整	亿千百十万千百十元角分		¥105300000
票据种类		转账支票	收款人开户银行签章		工行衡阳市白沙洲支行分理处 2015.05.10 转账 转讫
票据张数		1			
单位主管　会计 熊海　复核　记账 李小英					

此联是收款人开户银行交给收款人的回单或收账通知

2. 自制原始凭证

自制原始凭证是指在经济业务发生、执行或完成时，由本单位内部经办人员经办业务时自行填制的原始凭证，如收料单（如表 2－26 所示）、领料单、产成品入库单等。自制原始凭证按其填制手续不同，又可分为一次凭证、累计凭证、汇总原始凭证和记账编制凭证。

（1）一次凭证。一次凭证是指只反映一项经济业务，或者同时反映若干项同类性质的经济业务，其填制手续是一次完成的会计凭证，如企业购进材料验收入库，由仓库保管员填制的收料单（如表 2－26 所示），车间或班组向仓库领用材料时填制的领料单，以及报销人员填制的、出纳人员据以付款的报销凭单等都是一次凭证。

表 2－26　收料单

发票号：01006879

供货单位：北京市香林公司　　　　收料单编号：00016

材料类别：原料及主要材料　　2016年10月10日　　仓库：原料库

材料编号	名称	规格	计量单位	数量		实际成本					
				应收	实收	买价		运杂费	其他	合计	单位成本
						单价	金额				
1012	甲材料		吨	20	20	300	6 000	950		6 950	347.5
合　计						300	6 000	950		6 950	347.5

采购员：陈列　　检验员：杨柳　　记账员：王牌　　保管员：李念

（2）累计凭证。累计凭证是指在一定期间内（一般以一月为限），连续多次记载若干不断重复发生的同类经济业务，随时结出累计数及结余数，直到期末，凭证填制手续才算完成，以期末累计数作为编制记账凭证依据的原始凭证，如工业企业常用的限额领料单（如表2－27所示）等。使用累计凭证，可以简化核算手续；能对材料消耗、成本管理起事先控制作用，是企业进行计划管理的手段之一。

表2－27　限额领料单

2015年10月　　　　领料编号：0086

领料单位：一车间　　用途：乙产品　　计划产量：1 000件

材料编号：1021　　名称规格：30 m/m　　计量单位：公斤

单价：12.00元　　单位消耗定额：0.6公斤/件　　领用限额：6 000

年		请领		实发				
月	日	数量	领料单位负责人	数量	累计	发料人	领料人	限额结余
9	2	1 000	张三	1 000	1 000	李四	王五	5 000
	8	1 500	张三	1 500	2 500	李四	王五	3 500
	15	2 000	张三	2 000	4 500	李四	王五	1 500
	26	1 500	张三	500	5 000	李四	王五	1 000
累计实发金额（大写）陆万元整					￥60 000			

（3）汇总原始凭证。汇总原始凭证是指在会计核算工作中，为简化记账凭证的编制工作，将一定时期内若干份记录同类经济业务的原始凭证按照一定的管理要求汇总填制在一张汇总凭证中，用以集中反映某项经济业务总括发生情况的会计凭证，如工资结算汇总表（如表2－28所示）、发料凭证汇总表、收料凭证汇总表、现金收入汇总表、差旅费报销单等都是汇总原始凭证。汇总原始凭证既可以简化会计核算工作，又便于进行经济业务的分析比较，使核算资料更为系统化，使核算过程更为条理化；能够直接为管理提供某些综合指标，提高核算工作效率。因此，大中型企业中使用得非常广泛。

表2－28　工资结算汇总表

2015年10月　　　　单位：元

车间部门 应借账户	第一基本 生产车间	第二基本 生产车间	管理部门	销售部门	产品 研发部	合计
生产成本	98 658	859 672				958 330
制造费用	8 500	6 800				15 300
管理费用			53 987			53 987
销售费用				25 890		25 890
在建工程				30 000		30 000
研发支出					25 000	25 000
合计	107 158	866 472	53 987	55 890	25 000	1 108 507

(4)记账编制凭证。记账编制凭证是根据账簿记录，把某一项经济业务加以归类、整理而重新编制的一种自制原始凭证。例如在计算产品成本时，编制的制造费用分配表(如表 2－29 所示)就是根据制造费用明细账记录的数字按费用的用途填制的。

表 2－29　制造费用分配表

2015 年 10 月　　金额单位：元

车间、产品		定额工时	分配率	费用分配额
铸造车间	普通车床	7 000		45 500
	专用车床	2 000		13 000
	合计	9 000	58 500/9 000＝6.5	58 500
机加工车间	普通车床	5 000		50 000
	专用车床	3 000		30 000
	合计	8 000	80 000/8 000＝10	80 000
装配车间	普通车床	6 000		15 000
	专用车床	2 500		6 250
	合计	8 500	21 250/8 500＝2.5	21 250

(二)记账凭证

记账凭证又称记账凭单，是会计人员根据审核无误的原始凭证或原始凭证汇总表，用来确定经济业务应借、应贷的会计科目和金额而填制的，记载经济业务简要内容，作为登记账簿直接依据的会计凭证。在前面的章节中曾指出，在登记账簿之前，应按实际发生经济业务的内容编制会计分录，然后据以登记账簿，在实际工作中，会计分录是通过填制记账凭证来完成的。

由于原始凭证来自不同的单位，种类繁多，数量庞大，格式不一，不能清楚地表明应记入的会计科目的名称和方向。为了便于登记账簿，需要根据原始凭证反映的不同经济业务加以归类和整理，填制具有统一格式的记账凭证，确定会计分录，并将相关的原始凭证附在后面。这样不仅可以简化记账工作、减少差错，而且有利于原始凭证的保管，便于对账和查账，提高会计工作质量。记账凭证的类型主要有以下几类。

1. 记账凭证按其适用的经济业务，分为专用记账凭证和通用记账凭证

(1)专用记账凭证。专用记账凭证是用来专门记录某一类经济业务的记账凭证。专用记账凭证按其所记录的经济业务与现金和银行存款的收付有无关系，又分为收款凭证、付款凭证和转账凭证三种。①收款凭证。收款凭证是用来记录现金和银行存款等货币资金收款业务的凭证，它是根据现金和银行存款收款业务的原始凭证填制的，如表 2－30 所示。②付款凭证。付款凭证是用来记录现金和银行存款等货币资金付款业务的凭证，它是根据现金和银行

存款付款业务的原始凭证填制的。收款凭证和付款凭证是用来记录货币收付业务的凭证，既是登记库存现金日记账、银行存款日记账、明细分类账及总分类账等账簿的依据，也是出纳人员收付款项的依据。出纳人员不能依据现金、银行存款收付业务的原始凭证收付款项，必须根据会计主管人员或指定人员审核批准的收款凭证和付款凭证收付款项，以加强对货币资金的管理，有效地监督货币资金的使用，如表 2－31 所示。③转账凭证。转账凭证是用来记录与现金、银行存款等货币资金收付款业务无关的转账业务（即在经济业务发生时不需要收付现金和银行存款的各项业务）的凭证，它是根据有关转账业务的原始凭证填制的。转账凭证是登记总分类账及有关明细分类账的依据，如表 2－32 所示。

表 2－30

收　款　凭　证

借方科目 银行存款 2015 年 5 月 10 日　　　　银收字 1 号

摘　要	贷方总账科目	明细科目	√	金额										
				亿	千	百	十	万	千	百	十	元	角	分
销售甲产品	主营业务收入						9	0	0	0	0	0	0	0
	应交税费	应交增值税（销项）					1	5	3	0	0	0	0	0
合　计					¥	1	0	5	3	0	0	0	0	0

附单据 2 张

财务主管　　记账 李仁章　　出纳　　审核　　制单 王长富

表 2－31

付　款　凭　证

贷方科目 银行存款　　2015 年 5 月 10 日　　银付字 4 号

摘　要	借方总账科目	明细科目	√	金额										
				亿	千	百	十	万	千	百	十	元	角	分
支付销售运费	销售费用							1	1	7	0	0	0	0
	应交税费	应交增值税（进项）								7	0	0	0	0
合　计							¥	1	2	4	0	0	0	0

附单据 2 张

财务主管　　记账 李仁章　　出纳　　审核　　制单 王长富

表 2－32

转 账 凭 证

2015 年 5 月 10 日　　　　转字 1 号

摘　要	总账科目	明细科目	√	借方金额								√	贷方金额							
				十	万	千	百	十	元	角	分		十	万	千	百	十	元	角	分
建造车间领用材料	在建工程			2	8	0	4	4	7	6	0									
	应交税费	应交增值税（进项转出）												4	0	4	4	7	6	0
	原材料	B型钢材											2	4	0	0	0	0	0	0
合　计			¥	2	8	0	4	4	7	6	0	¥	2	8	0	4	4	7	6	0

附单据 1 张

财务主管　　　记账 李仁章　　　出纳　　　审核　　　制单 王长富

（2）通用记账凭证。通用记账凭证的格式，不再分为收款凭证、付款凭证和转账凭证，而是以一种格式记录全部经济业务的记账凭证。在经济业务比较简单的经济单位，为了简化凭证可以使用通用记账凭证，记录所发生的各种经济业务，如表 2－33 所示。

表 2－33

记 账 凭 证

年　　月　　日　　　　字第　　　号

摘　　要	总账科目	明细科目	记账√	借方金额										记账√	贷方金额									
				千	百	十	万	千	百	十	元	角	分		千	百	十	万	千	百	十	元	角	分

附件　　张

会计主管　　　记账　　　出纳　　　审核　　　制单

2. 记账凭证按其包括的会计科目是否单一，分为复式记账凭证和单式记账凭证

（1）复式记账凭证。复式记账凭证又叫做多科目记账凭证，是指将每一笔经济业务所涉及的全部会计科目及其发生额集中填列在一张记账凭证上的记账凭证。复式记账凭证可以集中反映账户的对应关系，因而便于了解经济业务的全貌，了解资金的来龙去脉；便于查账，同时可以减少填制记账凭证的工作量，减少记账凭证的数量；但是不便于汇总计算每一会计科目的发生额，不便于分工记账。上述收款凭证、付款凭证和转账凭证的格式都是复式记账凭证的格式。

(2)单式记账凭证。单式记账凭证又叫做单科目记账凭证，是指一项经济业务所涉及的每个会计科目，分别填制记账凭证，每张记账凭证只填列一个会计科目及其金额，其对方科目只供参考，不据以记账的记账凭证。填制单式记账凭证就是把某一项经济业务的会计分录，按其所涉及的会计科目，分散填制在两张或两张以上的记账凭证上。填列借方科目的称为借项凭证，填列贷方科目的称为贷项凭证。单式记账凭证便于汇总计算每一个会计科目的发生额，便于分工记账；但是填制记账凭证的工作量很大，而且出现差错不易查找。

3. 记账凭证按其是否经过汇总，可以分为汇总记账凭证和非汇总记账凭证

(1)汇总记账凭证。汇总记账凭证是根据非汇总记账凭证按一定的方法汇总填制的记账凭证。汇总记账凭证按汇总方法不同，可分为分类汇总凭证和全部汇总凭证两种。①分类汇总凭证。分类汇总凭证是根据一定期间的记账凭证按其种类分别汇总填制的，如根据收款凭证汇总填制的“现金汇总收款凭证”和“银行存款汇总收款凭证”，根据付款凭证填制的“现金汇总付款凭证”和“银行存款汇总付款凭证”，以及根据转账凭证汇总填制的“汇总转账凭证”都是分类汇总凭证。②全部汇总凭证。全部汇总凭证是根据一定期间的记账凭证全部汇总填制的，如“科目汇总表”就是全部汇总凭证。

(2)非汇总记账凭证。非汇总记账凭证又称单一记账凭证，是指没有经过汇总的记账凭证，前面介绍的收款凭证、付款凭证和转账凭证以及通用记账凭证都是非汇总记账凭证。

根据上述会计凭证的分类，可归纳如图 2－8 所示。

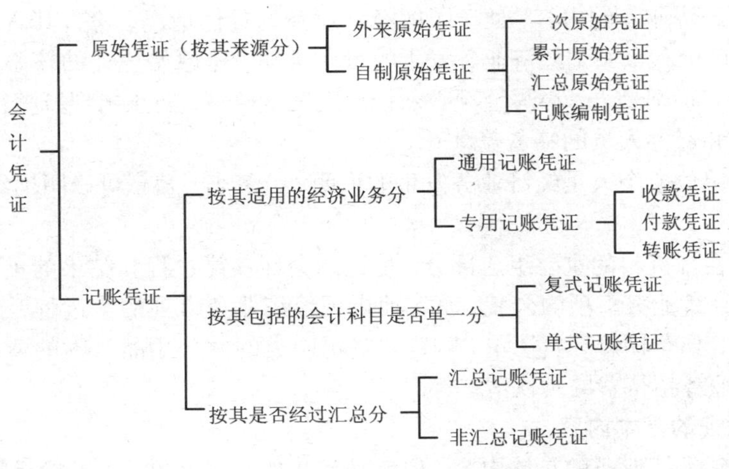

图 2－8　会计凭证的分类

原始凭证与记账凭证之间存在着密切的联系。原始凭证是记账凭证的基础，记账凭证是根据原始凭证编制的。在实际工作中，原始凭证附在记账凭证后面，作为记账凭证的附件；记账凭证是对原始凭证内容的概括和说明；原始凭证有时是登记明细账户的依据。

三、会计凭证的基本内容

(一)原始凭证的基本内容

原始凭证是用于记载经济业务的简要内容的，这些内容也称为原始凭证要素。由于各种

经济业务的内容和各单位经营管理的要求不同，因而原始凭证的名称、格式和内容是多种多样的。但是，原始凭证作为反映经济业务已经发生或已经完成的原始证据，必须反映经济业务发生或完成的情况，并明确有关人员的责任。无论哪种原始凭证都必须具备一些基本内容，具有一些基本要素。这些基本要素主要包括以下几个方面：

1. 原始凭证名称

原始凭证的名称，用于标明原始凭证所记录业务内容的种类，反映原始凭证的作用。外来原始凭证必须有明确的名称，以便于凭证的管理和业务处理，如"上海市增值税专用发票"、"海南省海口市货物销售发票"等。

2. 填制原始凭证的日期

填制原始凭证的日期一般是业务发生或完成的日期，便于对经济业务的审查。如果在业务发生或完成时，因各种原因未能及时填制原始凭证的，应以实际填制日期为准。如单位在销售货物时未能及时开出发票，在补开发票时，发票的填制日期应为实际开具发票的日期。

3. 接受原始凭证的单位名称

接受原始凭证的单位名称是指原始凭证的"抬头"，证明经济业务是否确实是本单位发生的，以便于记账和查账。值得注意的是，单位的名称必须是全称，不得省略。例如，"上海市华夏商贸有限公司"不得写为"华商公司"。

4. 经济业务内容

经济业务内容主要是表明经济业务的项目、名称、规格、数量、单价、金额及有关的附注说明。完整填写经济业务的内容，便于了解经济业务的具体情况，检查其真实性、合理性和合法性。数量、单价和金额是经济业务发生的量化证明，是原始凭证的核心，是保证会计资料真实性的基础。特别是大、小写金额必须按规定完整填写，防止出现舞弊行为。

5. 填制单位和经办人员的签名盖章

填制凭证的单位或个人是经济业务发生的证明人，签名、盖章可以明确经济责任。

6. 凭证附件

凭证附件是会计资料的重要组成部分，是记录会计核算过程和结果的重要载体，可以客观、全面地反映经济业务事项的全貌，真实地再现经济业务事项的全过程，在一定程度上具有相当大的作用，如车辆修理费清单、购置大宗不同类的办公用品所附的清单、在外定点打字复印的清单、业务招待费的餐饮清单等。

（二）记账凭证的基本内容

原始凭证反映经济业务的具体内容，但它是初步的、原始的，它不能反映应记账的具体的会计科目，也不能确定记账方向，不能凭以直接入账。记账凭证主要是用来将原始凭证中包含的经济信息转换成会计信息，对经济业务进行分类核算的凭证。记账凭证是在原始凭证的基础上，按照会计核算方法的要求，将其进行归类、整理，确定应记入的记账名称和应借、应贷的金额，即确定会计分录，可以直接登记入账的凭证。记账凭证可以根据每项经济业务编制，即根据每项经济业务的原始凭证编制，也可以根据若干项同类经济业务编制，即根据汇总原始凭证编制。记账凭证有多种形式，但作为确定会计分录和进行款项收付、账簿记录的依据，必须反映经济业务归类核算的项目、填制依据以及有关人员的责任。所以，记账凭证必须具有一些基本内容，具备一些基本要素。这些基本要素主要包括以下几个方面：

1. 记账凭证的名称

记账凭证要有名称，如收款凭证、付款凭证和转账凭证以及汇总收款凭证、借项记账凭证等。

2. 填制凭证的日期

填制日期为填写记账凭证的当日，而不一定是经济业务发生日期。

3. 凭证编号

记账凭证的编号要依据序时原则，即要按照经济业务发生的先后顺序连续编号。根据财政部颁发的《会计基础工作规范》的要求，如果一个凭证号里边有几张记账凭证，应该这样编号：假如第 8 号凭证编有三张记账凭证，第一张编号为 $8\frac{1}{3}$，第二张编号为 $8\frac{2}{3}$，第三张编号为 $8\frac{3}{3}$。

4. 经济业务内容摘要

对原始凭证中所反映的经济业务的内容，在记账凭证中应予以简要概括说明。

5. 经济业务所涉及的会计科目（包括总账科目和明细科目）、记账方向及金额

记账方向是指应记在会计科目的借方还是贷方。

6. 记账符号

记账符号一般用"√"符号来表示该凭证已登记入账，用以防止重记或漏记。注意填制记账凭证时不能打上此符号，只有当记账凭证已登记入账后，才能在凭证的"记账符号"栏打上"√"符号。

7. 所附的有关原始凭证张数

记账凭证的附件就是所附的原始凭证。填制记账凭证所依据的原始凭证必须附在相应的记账凭证后面，并在记账凭证上标明所附原始凭证的张数。根据财政部《会计基础工作规范》第五十一条规定，对附件应当区别不同情况进行处理：

（1）可以不附原始凭证。如结账的记账凭证、更正错误的记账凭证。

（2）一张原始凭证只对应一张记账凭证。将原始凭证直接附在记账凭证后面。

（3）一张原始凭证涉及几张记账凭证。此情况有两种方法可以使用：①将原始凭证附在一张主要的记账凭证后面，然后在其他记账凭证上注明附有该原始凭证的记账凭证的编号，便于查找；②将原始凭证附在一张主要的记账凭证后面，然后在其他记账凭证后面附该原始凭证的复印件。

（4）一张原始凭证所列支的费用需要几个单位共同负担。该原始凭证由本单位保留。附在本单位的有关记账凭证后面，给共同负担费用的其他单位开出原始凭证分割单，供其结算使用。原始凭证分割单必须具备原始凭证所要求的基本内容，包括：凭证名称、填制凭证日期、填制凭证单位名称或者填制人的姓名、经办人的签名或盖章、接受凭证单位名称、经济业务的内容、数量、单价、金额和费用分摊情况。

8. 有关人员签章

会计主管人员、记账人员、稽核人员、制单人员（凭证填制人员）的签名或盖章，以明确经济责任。

四、会计凭证的填制与审核

（一）原始凭证的填制与审核

1. 原始凭证的填制要求

（1）记录要真实。原始凭证所填列的经济业务内容和数字，必须如实填列，与实际情况完全符合，确保凭证内容真实可靠，不得弄虚作假，更不得伪造凭证。

（2）内容要完整。原始凭证所要求填列的项目必须逐项填列齐全，不得遗漏和省略。尤其需要注意的是，年、月、日要按照填制原始凭证的实际日期填写；名称要写全，不能简化；品名或用途要填写明确，不许含糊不清。

（3）手续要完备。原始凭证必须符合手续完备的要求，经办业务的有关部门和人员要认真审核，签名盖章，以对凭证的真实性和正确性负完全的责任。从外单位取得的原始凭证，必须盖有填制单位的公章；从个人取得的原始凭证，必须有填制人员的签名或者盖章。对自制原始凭证必须有经办部门负责人或其指定的人员的签名或者盖章；对外开出的原始凭证必须加盖本单位公章，如业务公章、财务专用章、发票专用章、收款专用章或结算专用章等。

（4）书写要清楚、规范。原始凭证应按《会计基础工作规范》的要求填写，文字要简要，字迹要清晰、工整，易于辨认，不得使用未经国务院公布的简化汉字。大小写金额必须相符且填写规范，小写金额用阿拉伯数字一个一个地书写，不得连笔写。在阿拉伯金额数字前要填写人民币符号"￥"。人民币符号"￥"与阿拉伯金额数字之间不得留有空白。金额数字一律填写到角、分，无角、分的，写"00"或符号"—"；有角无分的，分位写"0"，不得用符号"—"。中文大写金额数字应用正楷或行书填写，如零、壹、贰、叁、肆、伍、陆、柒、捌、玖、拾、佰、仟、万、亿、元、角、分、整（正）等字样。不得用0、一、二、三等填写，不得自造简化字。如果金额数字书写中使用繁体字，也应受理。中文大写金额数字前应标明"人民币"字样，并应紧接"人民币"字样填写，不得留有空白。大写金额前未印有"人民币"字样的，应加填"人民币"三字。大写金额到"元"为止的，后面要写"整"（或"正"字）；在"角"之后，可以不写"整"（或"正"）字；有分的，不写"整"或"正"字。阿拉伯数字小写金额数字中有"0"时，中文大写要写"零"字。阿拉伯数字中间连续有几个"0"时，中文大写金额中间可以只写一个"零"字，如小写金额为￥608.50，应写成人民币陆佰零捌元伍角；小写金额为￥5 009.23，应写成人民币伍仟零玖元贰角叁分；小写金额为￥20 009.00，大写金额应写成人民币贰万零玖元整。

（5）编号要连续。对于收付款项或实物的凭证要顺序或分类编号，在填制时按照编号的次序使用；如果原始凭证已预先印定编号，在需要作废时，应加盖"作废"戳记，连同存根联一起妥善保管，不得撕毁。

（6）不得涂改、刮擦、挖补。原始凭证有错误的，不得涂改、刮擦、挖补，应当由出具单位重开或更正，更正处应当加盖出具单位印章。原始凭证金额有错误的，应当由出具单位重开，不得在原始凭证上更正。

（7）填制及时。各种原始凭证应当根据经济业务的执行和完成情况及时填制，即每当一项经济业务发生或完成时，都要立即填制原始凭证，并按规定的程序及时送交会计机构、会计人员进行审核。

2. 原始凭证的审核

原始凭证是进行会计核算的重要资料和重要依据。对原始凭证进行审核，是确保会计资料质量的重要措施之一。审核原始凭证的具体程序和要求，应当由国家统一的会计制度规定，会计机构、会计人员应当严格按照规定的程序和要求对原始凭证进行审核。按照国家统一的会计制度的规定，对原始凭证主要应当从以下几个方面进行审核：

(1)真实性审核。即审查原始凭证所反映的经济业务是否同实际情况相符合，有无虚构。如购进货物的数量、品种、规格等是否和验收单相一致，销售货物的数量、品种、规格等是否和出库单相一致等，提供的发票是否为税务局的统一发票，防止使用虚假发票，开出发票的单位是否存在等，防止伪造、变造凭证，从中贪污等情况。

(2)合法性审核。主要审核凭证中所反映的经济业务的内容是否符合国家有关政策、法令、制度等的规定，是否符合审批权限和手续等。

(3)合理性审核。主要审核凭证中所反映的经济业务的内容是否符合计划、预算和合同等的规定，是否符合审批权限和手续，以及是否符合节约原则等。

(4)完整性审核。主要审核原始凭证的手续是否完备，应填写的基本内容是否填写齐全，有无遗漏，有关经办人员是否都已签名或盖章，主管人员是否审批同意等。具体应注意三个方面：①对于外来发票和收据，应注意凭证上单位名称、发票抬头、品名、计量单位、数量、单价、总金额等各项内容是否齐全，是否有单位财务专用章或发票专用章，是否有税务机关的发票监制章。②对于外来的原始凭证，本单位办理手续是否齐备，比如发票、收据等是否经过有关人员复核，货物是否经过验收，报销时有关经办人员是否签章，是否经过领导批准等。③对于自制的原始凭证，同样应审查填写是否齐全，有关人员是否签章，是否经有权批准人员批准等。

(5)正确性审核。主要审核原始凭证的文字和数字是否填写清楚、正确，数量、单价、金额的计算有无差错，大写与小写金额是否相符，是否用复写纸套写，有无涂改、刮擦、挖补等弄虚作假行为。

(6)及时性审核。经济业务发生后，业务经办人员应及时将原始凭证传递给会计部门进行处理，没有及时处理的经济业务会影响不同会计期间的会计信息的正确性。原始凭证审核人员应主要审核原始凭证是否按规定及时传递；对于时效性强的票据，如支票、银行本票、银行汇票、商业汇票等认真检验其签发日期。

经审核的原始凭证应根据不同情况处理：

(1)对于完全符合要求的原始凭证，应及时据以编制记账凭证入账。

(2)对于真实、合法、合理但内容不够完整、填写有错误的原始凭证，应退回给有关经办人员，由其进行补充完整、更正错误或重开后，再办理正式会计手续。

(3)对于不真实、不合法的原始凭证，会计机构和会计人员有权不予接受，并向单位负责人报告。

(二)记账凭证的填制要求与审核

1. 记账凭证的填制要求

记账凭证的填制是会计核算中的基础环节之一，正确、及时、完整地填制记账凭证是正确、及时地提供会计信息的保证。

(1)收款凭证的编制要求。收款凭证是由出纳人员根据审核无误的原始凭证收款后填制的。在收款凭证左上方“借方科目”处，按收款性质填写“库存现金”或“银行存款”科目；凭证上方的“年、月、日”处，填写财会部门受理经济业务事项编制本凭证的日期；凭证右上角的“ 字第 号”处，填写“现收”或“银收”字和已填制凭证的顺序编号；“摘要”栏填写对所记录的经济业务的简要说明；“贷方一级科目”和“二级科目”栏填写与库存现金或银行存款收入相对应的一级科目及其二级科目；“记账”栏则应在已经登记账簿后画“√”符号，表示已经入账，以免发生漏记或重记错误；“金额”栏填写与同一行科目对应的发生额；“合计栏”填写各发生额的合计数；凭证右边“附件 张”处需填写所附原始凭证的张数；凭证下边分别由相关人员签字或盖章，以明确经济责任。

(2)付款凭证的编制要求。付款凭证是由出纳人员根据审核无误的原始凭证付款后填制的。付款凭证的编制方法与收款凭证基本相同，只是左上角由“借方科目”换为“贷方科目”，凭证中间的“贷方科目”换为“借方科目”。

注意：对于涉及“库存现金”和“银行存款”之间的经济业务，为避免重复一般只编制付款凭证，不编制收款凭证。即：以现金存入银行时，根据该项经济业务的原始凭证，只填制一张现金付款凭证；从银行提取现金时，根据该项经济业务的原始凭证，只填制一张银行存款付款凭证。

(3)转账凭证的编制要求。转账凭证是由会计人员根据与库存现金、银行存款无关的经济业务填制的。转账凭证将经济业务事项中所涉及的全部会计科目按照先借后贷的顺序记入会计科目栏中的一级科目和二级及明细科目，并按应借、应贷方向分别记入借方金额或贷方金额栏，其他项目的填列与收、付款凭证相同。

(4)通用记账凭证的填制要求。通用记账凭证的名称为“记账凭证”或“记账凭单”。它集收款、付款和转账凭证于一身，通用于收款、付款和转账等各种类型的经济业务。其格式及填制方法与转账凭证完全相同。

(5)记账凭证汇总表的填制。记账凭证汇总表也称科目汇总表。会计根据记账凭证逐笔登记总账时，如果工作量很大，可以先填制记账凭证汇总表，然后根据记账凭证汇总表再来登记总账。记账凭证汇总表的填制方法一般如下：①填写记账凭证汇总表的日期、编号和会计科目名称。汇总表的编号一般按年顺序编列，汇总表上会计科目名称的排列应与总账科目的序号保持一致。②将需要汇总的记账凭证，按照相同的会计科目名称进行归类。③将相同会计科目的本期借方发生额和贷方发生额分别加总，求出合计金额。④将每一会计科目的合计金额填入汇总表的相关栏目。⑤结计汇总表的本期借方发生额和本期贷方发生额合计，双方合计数应相等。

2. 记账凭证的审核

记账凭证填制后，必须经过审核无误后，才能据以登记账簿。记账凭证审核的主要内容有：

(1)真实性审核。记账凭证中载明的业务内容是否真实、合法、正确。记账凭证是否附有原始凭证，所附原始凭证是否齐全，记账凭证的经济内容是否与所附的原始凭证的内容相符等。

(2)完整性审核。记账凭证上的项目是否填写清楚、完整，编号是否连续，有关人员的签章是否齐全。若发现记账凭证的项目填列不完整、签章不齐全，应查明原因，责令更正、补充或重填。

(3)正确性审核。记账凭证上应借应贷的会计科目(包括一级科目、明细科目)、记载方向及金额是否正确；借贷双方的金额是否平衡；文字或数字书写是否正确，字迹是否清晰，更正方法是否正确，最后一笔金额数字下的空行处至合计数上的空行处是否画线注销。

五、会计凭证的传递与保管

(一)会计凭证的传递

会计凭证的传递，是指各种会计凭证从填制、取得到归档保管为止的全部过程，即在企业、事业和行政单位内部有关人员和部门之间传送、交接的过程。为了及时处理和登记经济业务，能够利用会计凭证及时反映各项经济业务，提供会计信息，发挥会计监督的作用，必须规定各种凭证的填写、传递单位与凭证份数，规定会计凭证传递的程序、移交的时间和接受与保管的有关部门，以便正确、及时地进行会计凭证的传递，不造成积压。从一定意义上说，会计凭证的传递起着在单位内部经营管理各环节之间协调和组织的作用。

1. 有利于完善经济责任制度

经济业务的发生或完成及记录，是由若干责任人共同负责，分工完成的。会计凭证作为记录经济业务、明确经济责任的书面证明，体现了经济责任制度的执行情况。单位会计制度可以通过会计凭证传递程序和传递时间的规定，进一步完善经济责任制度，使各项业务的处理顺利进行。

2. 有利于及时进行会计记录

从经济业务的发生到账簿登记有一定的时间间隔，通过会计凭证的传递，使会计部门尽早了解经济业务发生和完成情况，并通过会计部门内部的凭证传递，及时记录经济业务，进行会计核算，实行会计监督。

(二)会计凭证的保管

会计凭证既是记录经济业务、明确经济责任的凭证，又是登记账簿的依据。因此，它是重要的经济档案和历史资料，必须妥善保管，以备日后随时查阅。为此，对会计凭证应制定妥善的保管制度和方法。主要有下列要求：

1. 会计凭证应定期装订成册，防止散失

为了防止凭证的散失，会计部门在记账之后，应定期对各种会计凭证加以整理，将各种记账凭证按照编号顺序，连同所附的原始凭证装订成册。

2. 会计凭证应加具封面，方便查考

根据财政部《会计基础工作规范》第五十五条规定的精神，为了便于日后查考，对装订的各种会计凭证，应加具封面，会计凭证的封面在填写时，应当包括以下内容：单位名称、所属的年度和月份、起讫日期、凭证种类、凭证张数、起讫号码、会计主管人员、装订人员等。会计主管人员和保管人员在封面上签章并由会计主管人员和保管人员应在封面上签章。

3. 会计凭证应加贴封条，防止抽换凭证

原始凭证不得外借，其他单位如有特殊原因确实需要使用时，经本单位会计机构负责人、会计主管人员批准，可以复制。向外单位提供的原始凭证复制件，应在专设的登记簿上登记，并由提供人员和收取人员共同签名、盖章。

4. 原始凭证较多时，可单独装订

原始凭证较多时，可单独装订，但应在凭证封面注明所属记账凭证的日期、编号和种类，同时在所属的记账凭证上应注明“附件另订”及原始凭证的名称和编号，以便查阅。各种经济合同、存出保证金收据以及涉外文件等重要的原始凭证，应另编目录，单独登记保管，并在有关的记账凭证和原始凭证上相互注明日期和编号。

5. 装订成册的会计凭证，应由指定的专人负责保管

每年装订成册的会计凭证，在年度终了时可暂由单位会计机构保管一年，期满后应当移交本单位档案机构统一保管；未设立档案机构的，应当在会计机构内部指定专人保管。出纳人员不得兼管会计档案。如需查阅归档的会计凭证，则应由会计主管人员同意，并办理查阅手续。

6. 严格遵守会计凭证的保管期限要求，期满前不得任意销毁

根据财政部颁布的管理办法，会计凭证的保管期限：原始、记账、汇总凭证保管期限为15 年；未到规定保管期限的会计凭证，任何人不得随意销毁。对保管期满需要销毁的会计凭证，必须开列清单，按规定的手续，报经批准，方能销毁。有未完成债权债务关系的凭证和涉及其他未了事项的原始凭证，单独抽出立页，待债权债务清完，再做销毁。

第四节 会计账簿

一、会计账簿的意义和设置原则

（一）会计账簿的意义

会计账簿是指由一定格式的账页组成，以经过审核的会计凭证为依据，序时分类地记录和反映各项经济业务的簿籍。账户存在于账簿之中，账簿是账户的存在形式和载体；账簿中记录的经济业务，是在账户中完成的。因此，账簿是外在形式，账户是内容。

设置和登记账簿，是编制会计报表的基础，是连接会计凭证和会计报表的中间环节。设置和登记账簿主要有以下五点意义：

1. 账簿可以为企业的经济管理提供系统、完整的会计信息

会计凭证数量繁多，信息分散，缺乏系统性，不便于会计信息的整理与报告。为了全面、系统、连续地核算和监督单位的经济活动及其财务收支情况，应设置会计账簿。通过账簿的设置和登记，可以把分散在会计凭证上的资料加以归类整理，为管理部门提供系统、完整的会计信息，有利于掌握企业全貌，加强经营管理。

2. 账簿能全面、连续、系统地反映一个单位的经济业务

通过账簿的核算资料，可以为会计检查提供依据，有利于检查、核对所控制的财产和资金情况，确保物资安全和资金的合理使用。

3. 账簿是编制会计报表的主要依据

会计报表所需要的数据资料，绝大部分来源于会计账簿。登记账簿可以为会计报表的及时准确编制提供依据和保障。会计账簿记录是否完整，不仅影响着会计报表的质量，而且通过账簿的核算资料，可以计算、分析财务成果，为提高经济效益发挥作用。

4. 账簿是会计档案的主要资料

账簿是会计档案的主要资料，也是经济档案的重要组成部分。账簿中登记储存的会计资

料，可供有关管理部门和人员日后使用、查考。

5. 账簿为经济监督提供依据

将企业各类经济业务的发生和完成情况都记录在账簿中后，就为企业内部会计、审计部门及外部审计部门检查和监督企业经济活动的合法性、合理性及会计核算是否正确、完整提供了直接依据；通过检查和监督可以促使企业建立健全各种财产物资的使用、保管制度，从而有效地保护了企业财产物资的安全、完整；也可以据以发现经营管理中存在的，并分析原因，促使企业加强经济核算，改善经营管理，提高经济效益。

(二)会计账簿的设置原则

各单位应当按照国家统一的会计制度的规定和会计业务的需要设置会计账簿。设置会计账簿应当遵循的基本原则：

1. 依法设账

修订后的《会计法》规定"各单位必须依法设置会计账簿，并保证其真实、完整。"依法设账，在我国会计工作实际中是一个比较薄弱的环节。由于依法经营的法治意识淡薄，一些单位不设账，或者账外设账，或者私设"小金库"，或者造假账等，以达到种种非法目的，严重损害了国家和社会公众利益，干扰了社会经济秩序，这是法律所不允许的。

2. 根据实际需要来确定设置账簿的种类和数量

账簿设置的目的是为了取得管理所需要的资料，因此账簿设置也以满足本单位经济活动和经营管理的需要为前提，避免重复设账、记账，浪费人力物力。例如材料账，一些企业在财务科设了总账和明细账，在供应科又设一套明细账，在仓库还设三级明细账，就是重复设账的典型例子。事实上若在财务科只设总账，供应科设二级明细账(按类别)，仓库设二级明细账(按品名规格)，一层控制一层，互相核对，数据共享，既省时又省力。

3. 设置账簿的内容要完整

任何单位均应按国家统一会计制度，结合本单位具体情况设置一套完整的账簿体系，通过将会计凭证中反映的经济内容过入相应账簿，可以连续、全面、系统反映会计主体在一定时期内所发生的各项经济活动，储存所需要的会计信息。因此，账簿的记录和设置正确、完整与否，直接影响财务报告的质量。

4. 账簿体系要科学合理

建账应根据不同账簿的作用和特点，使账簿结构严密、科学、层次分明，有关账簿之间要有统驭或平行制约的关系，以保证账簿资料的真实、正确和完整；账簿格式的设计及选择应力求简明、实用，以提高会计信息处理和利用的效率。

5. 账簿的账页格式要简明实用

设置账簿的账页格式要满足实际需要，简便实用。单位必须设置的账簿有 4 种：三栏式账簿、多栏式账簿、数量金额式账簿和横线登记式账簿。

二、会计账簿的分类

会计核算中应用的账簿很多，不同的账簿，其形式、用途、内容和登记方法各不相同。因此，为了更好地了解和使用各种账簿，必须对账簿进行必要的分类。账簿的分类一般有以下三种：

(一)账簿按用途分类

账簿按其用途不同，可以分为序时账簿、分类账簿和备查账簿三种。

1. 序时账簿

序时账簿又称日记账，是按照经济业务发生或完成时间的先后顺序逐日逐笔进行登记的，能提供连续系统的信息，反映企业资金运动全貌的账簿。序时账簿按其记录内容的不同，又可分为普通日记账和特种日记账。

(1)普通日记账。普通日记账也称通用日记账，是指用来逐日逐笔记录全部经济业务的发生情况的序时账簿。由于普通日记账不利于记账分工，不利于登账，工作量较大，难以比较清晰地反映各类经济业务的情况，因此我国各单位一般都不设置普通日记账。

(2)特种日记账。特种日记账是专门用来记录某一特定项目经济业务发生情况的日记账。它将该类经济业务，按其发生的先后顺序记入账簿中，反映这一特定项目的详细情况。在我国，大多数单位一般只设现金日记账和银行存款日记账。

2. 分类账簿

分类账簿是对全部经济业务事项按照会计要素的具体类别而设置的分类账户进行登记的，能归集并汇总各类信息，反映资金运动的各种状态、形式及其构成的账簿，是编制会计报表的主要依据。按照分类的概括程度不同，又分为总分类账和明细分类账两种。

(1)总分类账簿。总分类账簿简称总账，是按照总分类账户分类登记经济业务事项的账簿，对明细账具有统驭和控制作用。

(2)明细分类账簿。明细分类账簿简称明细账，是按照明细分类账户分类登记经济业务事项的账簿，是对总账的补充和具体化。明细分类账是对总分类账的补充和具体化，并受总分类账的控制和统驭。

3. 备查账簿

备查账簿也称辅助账簿，是指对某些在序时账簿和分类账簿等主要账簿中都不予登记或登记不够详细的经济业务事项进行补充登记时使用的账簿。例如，租入固定资产登记簿、受托加工材料登记簿、代销商品登记簿、应收(付)票据备查簿等。备查账簿可以由各单位根据需要进行设置，无固定格式。

(二)账簿按账页格式分类

按账页格式的不同，账簿可以分为三栏式、多栏式和数量金额式三种。

1. 三栏式账簿

三栏式账簿是指设有借方、贷方和余额三个基本栏目的账簿。各种日记账、总分类账以及资本、债权、债务明细账都可采用三栏式账簿，如现金日记账、银行存款日记账、总分类账以及各种应收、应付款明细账。

2. 多栏式账簿

多栏式账簿是指在账簿的两个基本栏目借方和贷方按需要分设若干专栏的账簿。一般适用于收入、成本、费用明细账，如管理费用明细账、销售费用明细账、生产成本明细账、制造费用明细账等。

3. 数量金额式账簿

数量金额式账簿是指在借方(收入)、贷方(发出)、余额(结存)3 个主要栏目内，都分设数量、单价和金额 3 个小栏，借以反映数量与金额双重指标的账簿，如原材料、库存商品等存货明细账一般都采用数量金额式账簿。

（三）账簿按外表形式分类

账簿按其外形特征不同可分为订本账、活页账和卡片账三种。

1. 订本式账簿

订本式账簿简称订本账，是在启用之前就将一定数量的账页固定装订在一起，并对账页进行连续编号的账簿。这种账簿的优点是能避免账页散失和防止抽换账页，其缺点是不能准确为各账户预留账页。一般适用于总分类账、库存现金日记账、银行存款日记账。

2. 活页式账簿

活页式账簿简称活页账，是在账簿登记完毕之前并不固定装订在一起，而是装在活页账夹中，当账簿登记完毕之后（通常是一个会计年度结束之后），才将账页予以装订，加具封面，并给各账页连续编号的账簿。这类账簿的优点是记账时可以根据实际需要，随时将空白账页装入账簿，或抽取不需要的账页，可根据需要增减账页，便于分工记账；其缺点是如果管理不善，可能会造成账页散失或故意抽换账页。各种明细分类账一般采用活页账形式。

3. 卡片式账簿

卡片式账簿简称卡片账，是将账户所需格式印刷在硬卡片上的一种账簿。严格来说，卡片账也是一种活页账，只不过它不是装在活页账夹中，而是装在卡片箱内。在我国，单位一般只对固定资产明细账的核算采用卡片账形式，也有少数企业在材料核算中使用材料卡片。

根据上述账簿的分类，可归纳如图 2－9 所示。

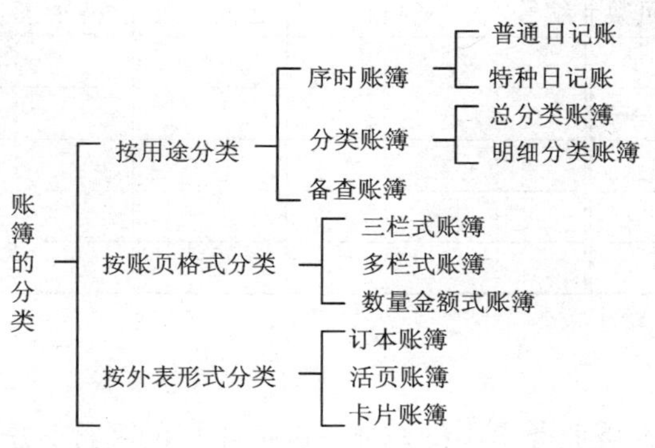

图 2－9　账簿的分类

三、会计账簿的内容、启用和登记

（一）会计账簿的基本内容

1. 封面

封面主要标明账簿的名称和记账单位名称。

2. 扉页

扉页内容：填列账簿启用的日期和截止日期，页数、册次，经管账簿人员一览表和签章，会计主管人员签章，账户目录等。账户目录是由记账人员在账簿中开设账页户头后，按顺序将每个账户的名称和页数进行登记，便于查阅账簿中登记的内容的目录。如果是活页账簿，在账簿启用时无法确定页数，可先将账户名称填写好，待年终装订归档时，再填写页数。账簿启用表和账户目录如表2－34、表2－35所示。

表2－34 账簿启用表

<table>
<tr><td colspan="11">账 簿 启 用 表</td></tr>
<tr><td>单位名称</td><td colspan="9"></td><td rowspan="4">单 位 公 章</td></tr>
<tr><td>账簿编号</td><td colspan="9">字 第 号 第 册共 册</td></tr>
<tr><td>账簿页数</td><td colspan="9">本账簿共计 页 号</td></tr>
<tr><td>启用日期</td><td colspan="9">年 月 日</td></tr>
<tr><td colspan="2">经 管 人 员</td><td colspan="3">接 管</td><td colspan="3">移 交</td><td colspan="2">会计负责人</td><td rowspan="6">备 注</td></tr>
<tr><td>姓 名</td><td>盖章</td><td>年</td><td>月</td><td>日</td><td>年</td><td>月</td><td>日</td><td>姓 名</td><td>盖 章</td></tr>
<tr><td></td><td></td><td></td><td></td><td></td><td></td><td></td><td></td><td></td><td></td></tr>
<tr><td></td><td></td><td></td><td></td><td></td><td></td><td></td><td></td><td></td><td></td></tr>
<tr><td></td><td></td><td></td><td></td><td></td><td></td><td></td><td></td><td></td><td></td></tr>
<tr><td></td><td></td><td></td><td></td><td></td><td></td><td></td><td></td><td></td><td></td></tr>
</table>

表2－35 账户目录

目 录								
编号	科目	起讫页数	编号	科目	起讫页数	编号	科目	起讫页数

3. 账页

账页是账簿用来记录经济业务事项的载体，包括账户的名称、登记账户的日期栏、凭证种类和号数栏、摘要栏、金额栏、总页次、分户页次等基本内容。

（二）会计账簿的启用

启用会计账簿时，应当在账簿封面上写明单位名称和账簿名称，并在账簿扉页上附启用表。启用订本式账簿应当从第一页到最后一页顺序编定页数，不得跳页、缺号。使用活页式账页应当按账户顺序编号，并须定期装订成册；装订后再按实际使用的账页顺序编定页码，另加目录，写明每个账户的名称和页次。

（三）会计账簿的登记要求

为了保证账簿记录的正确性，必须根据审核无误的凭证登记。具体包括以下几个方面：

1. 内容准确完整

登记会计账簿时，应当将会计凭证日期、编号、业务内容摘要、金额和其他有关资料逐项记入账内，做到数字准确、摘要清楚、登记及时、字迹工整。

2. 注明记账符号

每一笔记账凭证中的业务登记完毕，要在记账凭证上签名或者盖章，并注明已经登账的符号（“过账”栏内画“√”）表示已经记账，避免重记、漏记。

3. 书写留空

在账簿中书写文字和数字时要留有适当空格，不要写满格，一般只占格距的1/2，这样就可以在发现错误时，在该文字和数字的上面进行更正。

4. 正常记账使用蓝黑墨水

为了保持账簿记录的持久性，防止涂改，登记账簿要用蓝黑墨水或者碳素墨水，并用钢笔书写，不得使用圆珠笔（银行的复写账簿除外）或者铅笔书写。

5. 特殊记账使用红墨水

记账必须用蓝黑墨水或者碳素墨水书写。下列情况可用红色墨水记账：

（1）冲账。按照红字冲账的记账凭证，冲销错误记录。

（2）登记减少数。在不设借贷等栏的多栏式账页中，登记减少数。

（3）登记负数余额。在三栏式账户的余额栏，如未印明余额方向的，登记负数余额。

（4）根据国家统一会计制度的规定可以用红字登记的其他会计记录。

6. 连续登记

登记各种账簿时，必须按账户页次逐页逐行登记，不得跳页、隔行，如无意发生隔行、跳页现象，应在空页、空行处用红色墨水画对角线注销或注明“此页空白”或“此行空白”字样，并由记账人员签名或者盖章，不得撕毁。

7. 结出余额

凡需要结出余额的账户，结出余额后，应在“借或贷”栏内写明“借”、“贷”表明余额方向，并在“余额”栏内写清余额金额。没有余额的账户，应当在“借或贷”栏内写“平”字，并在余额栏内“元”字的位置用“-θ-”表示。

8. 过次承前

每一账页记录完毕结转下页时，为表现账目的连续性，应当结出本页合计数及余额，写在本页最后一行和下页第一行有关栏内，并在本页最后一行摘要栏注明“过次页”，在下页第一行摘要栏“承前页”，并将上页余额及发生额过入次页；也可以上页最后一行不结计发生额合计及余额，而直接在次页第一行承前页写出发生额合计数及余额。

财政部《会计基础工作规范》对于“过次页”的本页合计数的结计方法做了如下具体规定：

第一，对现金、银行存款和收入、费用明细账等需要按月结计发生额的账户，结计“过次页”的本页合计数应当是自本月初起至本页末止的发生额合计数。

第二，对需要结计本年累计发生额的某些明细账户，结计“过次页”的本页合计数应当是自年初起至本页末止的累计发生额。

第三，对不需按月和按年结计发生额的账户，可以只将每页末的余额结转次页。

9. 不得刮擦涂改

账簿记录有错误的，不得刮擦涂改，应按规定更正。

（四）会计账簿的格式和登记方法

1. 日记账的格式和登记方法

（1）现金日记账的格式和登记方法。现金日记账是用来核算和监督库存现金每天的收入、支出和结存情况的账簿，其格式有三栏式和多栏式两种。无论采用三栏式还是多栏式现金日记账，都必须使用订本账。现金日记三栏式基本格式如表 2－36 所示。

表 2－36　现金日记账账页格式

现金日记账

年		凭证		对应科目	摘要	借方											√	贷方											√	借或贷	余额											√
月	日	字	号			亿	千	百	十	万	千	百	十	元	角	分		亿	千	百	十	万	千	百	十	元	角	分			亿	千	百	十	万	千	百	十	元	角	分	
				过次页																																						

现金日记账由出纳人员根据同现金收付有关的记账凭证，按时间顺序逐日逐笔进行登记，并根据“上日余额＋本日收入－本日支出＝本日余额”的公式，逐日结出现金余额，与库存现金实存数核对，以检查每日现金收付是否有误。借、贷方分设的多栏式库存现金日记账的登记方法是：先根据有关现金收入业务的记账凭证登记现金收入日记账，根据有关现金支出业务的记账凭证登记现金支出日记账，每日营业终了，根据现金支出日记账结计的支出合计数，一笔转入现金收入日记账的“支出合计”栏中，并结出当日余额。

（2）银行存款日记账的格式和登记方法。银行存款日记账是用来核算和监督银行存款每日的收入、支出和结余情况的账簿。银行存款日记账应按企业在银行开立的账户和币种分别设置，每个银行账户设置一本日记账。银行存款日记账的格式和登记方法与现金日记账基本相同。其格式如表 2－37 所示。

表 2－37　银行存款日记账账页格式

银行存款日记账

年		凭证		支票		摘要	借方											√	贷方											√	借或贷	余额											√
月	日	字	号	种类	号数		亿	千	百	十	万	千	百	十	元	角	分		亿	千	百	十	万	千	百	十	元	角	分			亿	千	百	十	万	千	百	十	元	角	分	
				过次页																																							

2. 总分类账的格式和登记方法

(1)总分类账的格式。总分类账是按照总分类账户分类登记以提供总括会计信息的账簿。总分类账最常用的格式为三栏式，设置借方、贷方和余额 3 个基本金额栏目。为了总括地、全面地反映经济活动情况，并为编制会计报表提供资料，一切单位都要设置总分类账。总分类账必须采用订本式账簿。总分类账一般按照会计科目的编码顺序，并为各个账户预留账页。总分类账的账页格式有三栏式和多栏式两种。大多数总分类账一般采用借方、贷方、余额三栏式的订本账。根据实际需要，在总分类账中的借贷两栏内，也可增设对方科目栏。多栏式总分类账是把所有的总账科目合设在一张账页上，这种格式的总分类账，兼有序时账和分类账的作用，实际上多是序时账与分类账相结合的联合账簿，即日记总账。在上述总分类账中的借、贷两栏内，也可根据实际需要增设“对方科目”栏。

(2)总分类账的登记方法。总分类账登记的依据和方法，主要取决于所采用的账务处理程序。它可以直接根据记账凭证逐笔登记，也可以通过一定的汇总方式，先把各种记账凭证汇总编制成科目汇总表或汇总记账凭证，再据以登记。可以是三五天登记一次，也可以根据汇总记账凭证的时间按旬或月中、月末进行总分类账登记。月终，在全部经济业务登记入账后，结出各账户的本期发生额和期末余额。总分类账最常用的格式为三栏式，设置借方、贷方和余额 3 个基本金额栏目，如表 2－38 所示。

表 2－38　三栏式总分类账账页格式

三栏式总分类账

科　目 ……………………

年		凭证		摘　　要	借　　方											√	贷　　方											√	借或贷	余　　额											√
月	日	字	号		亿	千	百	十	万	千	百	十	元	角	分		亿	千	百	十	万	千	百	十	元	角	分			亿	千	百	十	万	千	百	十	元	角	分	
				过　次　页																																					

3. 明细分类账的格式和登记方法

明细分类账是根据二级账户或明细账户开设账页，分类、连续地登记经济业务以提供明细核算资料的账簿，其格式有三栏式、多栏式、数量金额式和横线登记式(或称平行式)等多种。

(1)三栏式明细分类账。三栏式明细分类账是设有借方、贷方和余额 3 个栏目，用以分类核算各项经济业务，提供详细核算资料的账簿，其格式与三栏式总账格式相同，适用于只进行金额核算的资本、债权、债务明细账，如应收账款、应付账款、应交税费等往来结算账户。其基本格式如表 2－39 所示。

表 2－39　三栏式明细分类账账页格式

总页号	分页号

一级科目＿＿＿＿＿＿

子目或户名＿＿＿＿＿＿

三栏式明细分类账

科　目＿＿＿＿＿＿

年		凭证		摘要	借方											√	贷方											√	借或贷	余额											√
月	日	字	号		亿	千	百	十	万	千	百	十	元	角	分		亿	千	百	十	万	千	百	十	元	角	分			亿	千	百	十	万	千	百	十	元	角	分	
				过次页																																					

（2）多栏式明细分类账。多栏式明细分类账的账页的借方或贷方金额栏内按照明细项目设若干专栏，适用于成本、费用类科目的明细核算，如生产成本、管理费用、销售费用等账户。其基本格式如表 2－40 所示。

表 2－40　多栏式明细分类账账页格式

多栏式明细分类账

科　目＿＿＿＿＿＿

年		凭证编号	摘要	借方								贷方								借或贷	余额								（　）方																							
月	日																																												……							
				十	万	千	百	十	元	角	分	十	万	千	百	十	元	角	分		十	万	千	百	十	元	角	分	十	万	千	百	十	元	角	分	十	万	千	百	十	元	角	分	十	万	千	百	十	元	角	分

（3）数量金额式明细分类账。数量金额式明细分类账其借方（收入）、贷方（发出）和余额（结存）都分别设有数量、单价和金额 3 个专栏，适用于既要进行金额核算又要进行数量核算的存货明细账。如原材料、库存商品等存货账户。其基本格式如表 2－41 所示。

（4）横线登记式明细分类账。横线登记式明细分类账采用横线登记，即将每一相关的业务登记在一行，从而可依据每一行各个栏目的登记是否齐全来判断该项业务的进展情况。该明细分类账适用于材料采购、应收票据等明细账。

表 2－41 数量金额式明细分类账账页格式

总页号	分页号

数量金额式明细分类账

最高存量_______ 编 号________

最低存量_______ 存储地点___ 规格_______ 类 别________ 计量单位____________ 品 名_________

年		凭证		摘要	借方												贷方												余额											
月	日	种类	号数		数量	单价	千	百	十	万	千	百	十	元	角	分	数量	单价	千	百	十	万	千	百	十	元	角	分	数量	单价	千	百	十	万	千	百	十	元	角	分
				过 次 页																																				

四、对账

《会计法》第十七条规定："各单位应当定期将会计账簿与实物、款项及有关资料相互核对，保证会计账簿记录与实物及款项的实有数字相符、会计账簿记录与会计凭证的有关内容相符、会计账簿之间相对应的记录相符、会计账簿记录与会计报表的有关内容相符。"据此，会计对账的主要内容包括：账证核对、账账核对、账实核对。

1. 账证核对

账证核对主要是核对会计账簿记录与原始凭证、记账凭证、凭证字号、内容、金额是否一致，记账方向是否相符。保证账证相符，是会计核算的基本要求。由于会计账簿记录是根据会计凭证等资料编制的，两者之间存在逻辑联系。因此，通过账证核对，可以检查、验证会计账簿和会计凭证的内容是否正确无误，以保证会计资料真实、完整。各单位应当定期将会计账簿记录与其相应的会计凭证（包括时间、编号、内容、金额、记账方向等）逐项核对，检查是否相符。如果发现账证不符，应当及时查明原因，并按照规定予以更正。

2. 账账核对

账账核对是核对不同会计账簿之间的账簿记录是否相符，包括：总账有关账户的余额核对、总账与明细账核对、总账与日记账核对、会计部门的财产物资明细账与财产物资保管和使用部门的有关明细账核对等。通过定期核对，可以检查、验证会计账簿记录的正确性，便于发现问题，纠正错误，保证会计资料的真实、完整和准确无误。

（1）核对总分类账簿的记录。按照"资产＝负债＋所有者权益"这一会计等式和"有借必有贷，借贷必相等"的记账规律，总分类账簿各账户的期初余额、本期发生额和期末余额之间存在对应的平衡关系，各账户的期末借方余额合计和贷方余额合计也存在平衡关系。

（2）总分类账簿与所属明细分类账簿核对。总分类账各账户的期末余额应与其所属的各明细分类账的期末余额之和核对相符。

（3）总分类账簿与序时账簿核对。库存现金日记账和银行存款日记账期末余额应与总分类账的库存现金、银行存款期末余额核对相符。

(4)明细分类账簿之间的核对。例如，会计部门有关实物资产的明细账与财产物资保管部门或使用部门的明细账定期核对，以检查其余额是否相符。

3. 账实核对

账实核对是核对会计账簿记录与财产实有数额是否相符，包括：库存现金日记账账面余额与现金实际库存数相核对；银行存款日记账账面余额定期与银行对账单相核对；各种财产物资明细账账面余额与财产物资实存数额相核对；各种应收、应付明细账账面余额与有关债务、债权单位或个人相核对等。通过会计账簿记录的正确性，发现财产物资和现金管理中存在的问题，有利于查明原因、明确责任，有利于改进管理、提高效益，有利于保证会计资料真实、完整。

五、结账

结账，是在把一定时期内发生的全部经济业务登记入账的基础上，计算并记录本期发生额和期末余额，并将余额结转下期或新的账簿。结账的内容通常包括两个方面：一是结清各种损益类账户，并据以计算确定本期利润；二是结清各资产、负债和所有者权益账户，分别结出本期发生额的合计和余额。我国《会计基础工作规范》明确规定了结账程序及方法。

1. 结账的程序

结账前，应在会计期末(月末、季末、年末)将本期内所有发生的经济业务全部登记入账以后，计算出本期发生额和期末余额。

(1)将本期发生的经济业务事项全部登记入账，并保证其正确性。

(2)根据权责发生制的要求，调整有关账项，合理确定本期应计的收入和应计的费用。

(3)将损益类账户转入“本年利润”账户，结平所有损益类账户。

(4)结算出资产、负债和所有者权益账户的本期发生额和余额，并结转下期。

2. 结账的方法

结账时，应当结出每个账户的期末余额。

(1)对不需按月结计本期发生额的账户，每次记账以后，都要随时结出余额，每月最后一笔余额即为月末余额。月末结账时，只需要在最后一笔经济业务事项记录之下通栏划单红线，不需要再结计一次余额。

(2)库存现金、银行存款日记账和需要按月结计发生额的收入、费用等明细账，每月结账时，要结出本月发生额和余额，在摘要栏内注明“本月合计”字样，并在下面通栏划单红线。

(3)需要结计本年累计发生额的某些明细账户，每月结账时，应在“本月合计”行下结出自年初起至本月末止的累计发生额，登记在月份发生额下面，在摘要栏内注明“本年累计”字样，并在下面通栏划单红线。12 月末的“本年累计”就是全年累计发生额，全年累计发生额下通栏划双红线。

(4)总账账户平时只需结出月末余额。年终结账时，将所有总账账户结出全年发生额和年末余额，在摘要栏内注明“本年合计”字样，并在合计数下通栏划双红线。

年度终了结账时，有余额的账户，要将其余额结转下年，并在摘要栏注明“结转下年”字样；在下一会计年度新建有关会计账户的第一行余额栏内填写上年结转的余额，并在摘要栏注明“上年结转”字样。

第五节　财产清查

一、财产清查的概念

财产清查不仅是会计核算的一种重要方法，而且也是企业内部会计控制的一项重要制度。在日常会计工作中，由于各种原因，各项财产物资的账存数与实存数往往不相一致，因此，我们必须在账簿记录的基础上，运用财产清查这一专门方法，对各项财产物资进行定期或不定期的盘点核对，以做到账实相符，保证财产的安全与完整，进而确保会计信息的真实性。

财产清查是通过对实物、现金的实地盘点和对银行存款、往来款项的核对，来查明各项财产物资、货币资金和往来款项的实有数与账存数是否相符的一种专门方法。通过财产清查，可以发现账实是否相符，并明确账实不符的原因；而通过对财产清查结果的处理，可以做到账实相符，明确责任，进一步建立健全财产物资的管理制度，确保企业财产的完整无损。

二、财产清查的必要性

各企业一般拥有多种财产物资，如原材料、在产品、库存商品和固定资产等各项物资和现金、银行存款等各种货币资金，以及应收、应付等各项债权和债务。根据财产管理的要求，这些财产物资的增减变化及结存情况，都必须通过账簿记录来反映。在会计工作中，可以通过正确地填制凭证、登记账簿，并经过严格的检查，来保证账簿记录的正确性。但账簿记录的正确性，并不能保证账簿记录的客观真实性。在企业经营活动中，由于各种原因，各项财产物资的账存数与实存数往往不相一致。概括起来，造成账实不符的原因主要有以下几个方面：

(1)计量不准。在财产物资的收、发过程中，由于主观上计量、检验不准确，或客观上计量器具不精确等原因，造成财产物资数量、质量、品种上的差错，进而引起账实不符。

(2)自然损耗。在财产物资的保管过程中，有些挥发性的材料会发生自然损耗，也会导致材料短少，引起账实不符。

(3)记录出错。收、发财产物资时，有关凭证填制、账簿记录可能发生漏记、错记或计算错误，造成财产物资的账实不符。

(4)管理不善。在财产物资的保管中，由于管理不善或工作人员失职而发生的物资损坏、变质或短缺，也会使得账实不符。

(5)非法行为。在财产物资的保管中，因营私舞弊、贪污盗窃等非法行为所造成的财产损失，会使得账实不符。

(6)自然灾害。在财产物资的保管过程中，因发生不可抗拒的自然灾害而造成的损失，也会导致账实不符。

(7)未达事项。在财产物资的采购和结算管理中，因物资运输和凭证传递的脱节，会出现物资已到而账单未到，或账单已到而物资未到等未达事项，进而引起账实不符。

因此，为了掌握各项财产物资的真实情况，保证会计资料准确可靠，必须在账簿记录的基础上，运用财产清查这一专门方法，对各项财产物资进行定期或不定期的盘点核对，以做到账实相符，这对保证财产的安全与完整、明确有关人员的经济责任、改善经营管理和提高经营效益具有重要意义。

三、财产清查的作用

财产清查是实现会计客观性原则的重要手段之一，也是企业内部会计控制制度的重要组成部分。概括起来，财产清查有以下几个主要作用：

（一）保证会计核算资料的真实可靠

通过财产清查，可以查明各项财产物资的实有数，并据以调整账实差异，从而做到账实相符，以保证会计核算资料的真实可靠，提高会计信息的公信度。

（二）确保财产物资的安全与完整

通过财产清查，可查明各项财产物资的保管情况是否良好，有无短缺和毁损情况。对发现的问题，应查明原因，明确责任。如果是由于管理制度不完善造成的财产物资的溢缺，应及时修订和健全制度，改进财产物资的保管工作；如果是由于管理人员失职而造成的损失，应追究经济责任，给予必要的处分；如果是由于营私舞弊、贪污盗窃等不法行为引起的财产物资的短缺，应彻底追查责任，给予必要的惩罚，以堵塞漏洞，加强管理，确保财产的安全和完整。

（三）挖掘财产物资的潜力，加速资金周转

通过财产清查，可以查明各项财产物资的储备和利用情况，了解有无储备不足或超储积压或不配套的财产物资，以及财产物资的利用是否合理，以便采取措施加以解决，进而充分挖掘财产物资的潜力，加速资金周转。

（四）维护企业的各项规章制度

通过财产清查，可以查明单位有关业务人员是否遵守企业的各项规章制度；查明各项往来款项的结算是否正常，有无长期拖欠的情况；查明各项资金使用是否合理，以便采取措施，维护企业的各项规章制度。

四、财产清查的分类

财产清查并不仅仅是会计部门的工作，它涉及面较宽，清查范围可大可小，清查时间可定期或随机，因而应按一定标准对财产清查进行分类。

（一）按清查范围分类

按清查范围分类，财产清查可分为全面清查和局部清查。

1. 全面清查

全面清查是对属于本企业的各种实物财产、货币资金和往来款项等进行全面清理、盘点和核对。全面清查范围广，工作量大。一般来说，在以下几种情况下，需要进行全面清查：

（1）年终清查。年终决算之前，必须进行一次全面清查。

（2）单位异动清查。单位撤销、合并或改变隶属关系时，要进行一次全面清查，以明确经济责任。

（3）清产核资清查。清产核资是指清理财产和核定资金需要量。清产核资时，要进行一

次全面清查，以便摸清家底，确定资金数额，保证生产的正常资金需要。

2. 局部清查

局部清查是指根据需要对一部分财产物资进行清查。由于全面清查范围广、工作量大，不便经常进行。因此，流动性较大的财产物资，如原材料、在产品、库存商品等，除年终清查外，通常还要根据需要，在年度内轮流盘点或重点抽查；各种贵重物品，每月必须盘点1次；库存现金要天天核对；银行存款和银行借款，至少每月同银行核对1次；债权债务，每年至少与有关往来单位核对1～2次。

(二)按清查时间分类

按清查时间分类，财产清查可分为定期清查和不定期清查。

1. 定期清查

定期清查是按预先安排的时间对财产物资进行的清查，一般是在年度、季度、月度末结账后进行。定期清查的对象和范围，根据实际情况和需要，可以是全面清查，也可以是局部清查。

2. 不定期清查

不定期清查是财产清查的时间事先没有计划安排，而是根据经营管理的实际需要，临时安排所进行的财产清查。不定期清查常见于以下几种情况：

(1)更换财产物资、现金保管人员时；

(2)财产物资、现金发生非常损失时；

(3)有关单位对企业进行审计查账时。

五、财产清查的准备工作

财产清查的对象主要有：实物财产、货币资金和往来款项。不同的财产清查对象，将采用不同的清查方法。财产清查前，必须做好相应的准备工作。财产清查是一项复杂细致的工作，它涉及面广、工作量大，在进行财产清查之前，必须有领导、有组织、有步骤地认真做好各方面的准备工作。

(一)组织上的准备

在总会计师及有关主管领导的领导下，成立由财会部门牵头，有设备、技术、生产、行政及各有关部门参加的财产清查领导小组，具体负责财产清查的领导和组织工作。该领导小组有以下主要任务：

1. 制订清查计划

财产清查领导小组应研究制订财产清查计划，确定清查范围和对象，安排清查工作进度，提出清查工作的具体要求。

2. 组织清查工作

财产清查领导小组要做好具体组织和检查监督工作，在清查过程中，及时研究和处理清查中出现的问题。

3. 提交清查报告

在清查结束后，财产清查领导小组应将清查结果及其处理意见和建议，按企业管理权限，书面报告企业有关权力机构审批处理。

（二）业务上的准备

为了做好财产清查工作，有关业务部门应主动配合，积极做好以下各方面的业务准备工作：

1. 账簿准备

财会人员应在财产清查之前将所有的经济业务登记入账，将有关账簿登记齐全并结出余额。总分类账中反映货币资金、财产物资和债权债务的有关科目应与所属明细分类账核对清楚，做到账账相符、账证相符，为财产清查中衡量盘盈或盘亏提供可靠的账簿依据。

2. 实物准备

财产物资保管部门和人员，应将截止清查日的所有经济业务办理好凭证手续，全部登记入账，结出各科目的余额，并与会计部门的有关总分类账核对相符。同时，对所保管的各种财产物资，应整理清楚，排列整齐，挂上标签，标明品名、规格和结存数量，以便盘点核对。

3. 工具准备

财产清查前，应准备好各种必要的计量器具和有关清查的登记表册，并调试好各种计量器具的度量精度。

六、财产清查的方法

不同的财产清查对象，由于它们的外表形式和内在特质相异，应分别采用不同的清查方法。

（一）实物财产的清查方法

实物财产是指可以进行实地盘存的那些财产物资。实物性盘存类账户的核算内容一般都是实物财产。清查实物财产是指对各项实物财产（如固定资产、原材料、库存商品等）从数量、质量上进行清查，主要是盘点实物财产的实存数量。

1. 实物财产的盘存制度

盘存制度是指实物财产的盘存管理制度，主要有两种：永续盘存制和实地盘存制。前者的主要特点是以账管物，即根据实物财产的实际盘存数与账存数进行核对；后者的主要特点是以存定耗，即根据实物财产的实际盘存数来倒推出消耗数。会计主体一般都有大宗实物财产，有的会计主体还有收发非常频繁的小额实物财产，它们的管理要求一般不同，应分别采用不同的实物财产盘存制度。

（1）永续盘存制。永续盘存制又称账面盘存制，是指对于各项财产物资的增加数和减少数，平时都必须根据会计凭证在有关明细账簿中进行连续登记，随时结出余额并与财产物资的实地盘点数相核对的一种制度。永续盘存制下的账面期末余额计算公式为：

$$账面期末余额=账面期初余额+本期增加额-本期减少额$$

永续盘存制要求财产物资的进出应有严格的手续，并随时结出账面结存数，以便及时掌握财产物资的占用情况及动态。永续盘存制的目的是以账管物，即以账存数控制实存数，这有利于加强对财产物资的管理。其不足之处在于账簿中记录财产物资的增、减变动及结存情况都是根据有关会计凭证登记的，可能会发生账实不符的情况。因此，采用永续盘存制，就需要对各项财产物资进行定期清查，以查明账实是否相符，以及账实不符的原因。

（2）实地盘存制。它是指对于各项财产物资，平时在账上只登记增加数，不登记减少数，月末根据实地盘点数，倒推出本月各项财产物资的减少数的一种制度。实地盘存制下的本期减少数计算公式为：

本期减少数 = 账面期初余额 + 本期增加数 – 期末实地盘存数

实地盘存制是按此公式倒推计算出来的本期减少数，并据以编制记账凭证，再登记入账。所以，每月末对各项实物财产进行盘点的结果，是计算、确定本月实物财产减少数的依据。

例如，在职工食堂的会计核算中，一日三餐每个菜肴都要消耗各种调味品，如食油、食盐、酱油、味精等，这些调味品使用非常频繁，属于小额实物财产，一般采用实地盘存制。但要指出的是，企业会计一般不采用实地盘存制。

实地盘存制的目的是以存定耗，即以实地盘存数倒推减少数。它虽然在平时能简化记账工作，但不能随时提供每种实物财产的账面结存数，同时因其核算手续不严密，不能分清实物财产的正常消耗与责任差错、贪污盗窃之间的界限，漏洞较大，不利于加强实物财产的管理。因此，除了数额不稳定的鲜活商品或某些特殊核算内容以外，一般不得采用实地盘存制。

2. 实物财产的清查方法

对各项实物财产，都要从数量和质量上进行清查。由于各种实物财产的实物形态、体积、重量、堆放方式等不尽相同，因而应当采取不同的清查方法。实物财产的具体清查方法有以下几种：

(1)实地盘点法。它是通过逐一清点或用计量器具来确定实有数量的方法。这种方法适用范围广，清查质量高，但工作量大，适用于包装好的原材料、库存商品以及机器设备的清查。

(2)抽样盘存法。对于价值小、数量多、重量(体积)比较均匀的实物财产，一般不便于逐一清点。这时，可以采用测算其总体积(或总重量)，再抽样盘点其单位体积(或单位重量)，然后计算确定其总数量的方法。

(3)技术推算法。技术推算法是利用技术方法，如量方计尺等对财产物资的实存数进行推算的一种方法。这种方法适用于那些堆存量很大，不便于逐一点数或过磅，而单位价值又较低的物资。

对于实物质量的检查方法，可根据不同的实物，采用物理方法或化学方法进行检查。

为了明确经济责任，在进行盘点时，实物保管人员必须在场，对盘点结果应如实登记在盘存表上，并由盘点人员和实物保管人员签章。盘存表是记录盘点结果的书面说明，也是反映财产物资实有数的原始凭证，其一般格式如表 2 – 42 所示。

表 2 – 42　盘存表

单位名称：　　　　盘点时间：　　　　财产类别：　　存放地点：　　　　编号：

序号	名称	规格型号	计量单位	实存数量	单价	金额	备注

盘点人签章：　　　　　　　　　　实物保管人签章：

为了进一步明确实物盘点结果与有关账面结存是否相符，应将盘存表中所记录的实存数额与账面结存余额相对比。若发现某些财产物资账实不符时，应填制实存账存对比表，以确定财产物资盘盈或盘亏的数额。实存账存对比表是调整账簿记录的原始凭证，同时也是分析账实不符原因和明确经济责任的书面证明。其一般格式如表 2－43 所示。

表 2－43　实存账存对比表

单位名称：　　　　　　　　　　年　月　日　　　　　　　　　　金额单位：元

序号	类别及名称	规格及型号	计量单位	单价	实存		账存		实存账存对比				备注
									盘盈		盘亏		
					数量	金额	数量	金额	数量	金额	数量	金额	
合计													

单位主管：　　　盘点负责人：　　　实物负责人：　　　制表：

（二）货币资金的清查方法

管理货币资金的直接责任人是会计部门中的出纳人员，其清查内容主要有库存现金和银行存款，应分别采用不同的清查方法。

1. 现金的清查方法

现金的清查方法是实地盘点法，即通过实地盘点确定库存现金的实存数，再与库存现金日记账的账面期末余额进行核对，以查明现金的盈、亏情况。按清查的经常程度分类，现金的清查又分为日常清查和专门清查两种方法。

（1）现金的日常清查方法。日常清查是指出纳人员每日清点库存现金实有额，并与库存现金日记账的余额进行核对，用账管钱。这种经常性的现金清查工作，是出纳人员的分内职责。在现金收、支的内部控制制度下，这是一种省时、省力的清查方法。但如果长期只采用这种方法，则会由于各种原因而出现种种漏洞。因此，在坚持现金日常清查的前提下，还应该同其他实物财产一样，由财产清查人员定期或不定期地对现金进行专门清查。

（2）现金的专门清查方法。专门清查是指由专门的财产清查人员进行现金清查。在清查时，为了明确经济责任，出纳人员必须在场。在清查过程中应注意有无挪用、白条（借条、收据等）抵库或超过库存现金限额等违反现金管理制度规定的情况。现金盘点后，应根据盘点的结果填制库存现金盘点报告表。库存现金盘点报告表也是重要的原始凭证，它既起盘存表的作用，又起实存账存对比表的作用，应由盘点人和出纳人员共同签章方能生效。库存现金盘点报告表的格式如表 2－44 所示。

表 2－44　库存现金盘点报告表

单位名称：　　　　　　　　　　年　月　日　　　　　　　　　　金额单位：元

实存金额	账存金额	实存账存对比		备　注
		盘盈	盘亏	

盘点人签章：　　　　　　　　　　　　　　　　出纳人员签章：

上述现金的清查方法，同样适用于国库券、其他金融债券、公司债券、股票等有价证券的清查。

2. 银行存款的清查方法

银行存款与实物、现金的清查方法不同，它是采取与开户银行核对账目的方法进行清查，即将企业登记的银行存款日记账与开户银行登记的对账单进行逐笔核对。但即使银、企双方记账都没有错误，期末余额有时也会不一致。这是因为银、企双方之间往往会发生一些未达账项。所谓未达账项，也称未达账，是指由于结算凭证在开户银行和企业之间进行传递，造成一方先收到凭证而登记入账，另一方因尚未收到凭证等原因而未登记入账的会计事项。要注意的是，不可把错账当成未达账，未达账一般主要发生在月末那几日。未达账按归属可分为两类，即开户银行的未达账和企业的未达账。

在与银行核对账目之前，企业应事先详细检查银行存款日记账的正确性与完整性，然后再与开户银行的对账单进行逐笔核对。核对完之后，开户银行的未达账要到企业银行存款日记账上去找，企业的未达账要到开户银行的对账单上去找。未达账按归属和收付可分为以下4类：

(1)企业已收、银行未收款项。简称“企收银未收”。如送存开户银行的款项，企业已作为存款增加记入了当期的银行存款日记账，开户银行因尚未办妥手续而未记入当期的对账单。

(2)企业已付、银行未付款项，简称“企付银未付”。如企业开出付款凭证，已经作为存款减少记入了当期的银行存款日记账，开户银行因尚未支付或尚未办理转账手续而未记入当期的对账单。

(3)银行已收、企业未收款项，简称“银收企未收”。如银行已将企业委托代收的款项或存款利息作为存款的增加记入了当期的对账单，企业因尚未收到银行通知而未记入当期的银行存款日记账。

(4)银行已付、企业未付款项，简称“银付企未付”。如银行已将代付的款项作为企业存款的减少记入了当期的对账单，企业因尚未收到银行通知而未记入当期的银行存款日记账。

从未达账的归属看，上述第(1)类和第(2)类未达账属于开户银行的未达账，第(3)类和第(4)类未达账属于企业的未达账。从未达账引起的金额变化看，第(1)类和第(4)类未达账将引起企业银行存款日记账上的期末余额大于开户银行对账单上的期末余额，第(2)类和第(3)类未达账将引起企业银行存款日记账上的期末余额小于开户银行对账单上的期末余额。

正是因为存在上述 4 类未达账项，才使得银、企双方的期末余额不相等。但我们可以设想：如果银、企双方都在各自期末余额的基础上，排除各自的未达账项进行调节，则调节后的双方期末余额应该相等。这就是清查银行存款的理论依据，可用如下公式表示：

企业银行存款日记账上的期末余额 + 银收企未收未达账项 − 银付企未付未达账项 = 开户银行对账单的期末余额 + 企收银未收未达账项 − 企付银未付未达账项

此公式的左边是排除企业的未达账，右边是排除开户银行的未达账。因此，在核对银、企双方账目时，必须通过逐笔勾对来查明未达账项，再按此公式的原理编制银行存款余额调节表进行调节。

(三)往来款项的清查方法

往来款项的清查是指对各项应收、应付、预收、预付款项的清查，其清查对象是债权和债务。本单位的债权就是对方单位的债务，本单位的债务就是对方单位的债权，债权与债务是一种涉及双方的经济往来对等关系，因而一般采取函证核对法，即通过信函将本单位的往来款项对账单发给对方单位进行核对。

往来款项对账单一般一式二联，其中一联作为回单联。对方单位经核对相符后，在回单联上加盖公章退回，表明已核对无误；如果发现事项或金额不符，应在回单联上注明不符情况，或另编一份对账单，退回清查单位以便进一步核对。清查单位收到对方单位退回的对账单后，对于记账错误，应立即查明，并按规定的手续予以更正；对于未达事项，则可编制应收款项(或应付款项)余额调节表予以调整。清查结束后，应根据清查结果编制应收款项(或应付款项)清查报告表，表内应列示各项应收或应付款项的金额、拖欠的情况及原因等，并按企业管理权限，报请批准处理。

七、财产清查结果的处理程序

对于清查中发现财产管理和核算方面存在的问题，应认真分析研究，采取措施，建章建制，加强管理。对于存在的问题，一般应于期末前查明原因，并根据企业的管理权限，经批准后在期末结算前处理完毕。

对于清查中发现的财产盘亏和盘盈，必须按规定程序严肃认真地进行处理。其具体处理程序如下：

1. 查清账实不符原因

对于通过财产清查所确定的账实不符的差异，如财产物资的盘盈、盘亏、毁损等都要认真地进行调查和分析，查明其性质和产生的具体原因，以明确经济责任，并实事求是地提出处理意见，按企业管理权限报批。

2. 积极处理积压和坏账

在财产清查中发现的超储积压物资、呆滞商品以及多余物资，要积极组织外销，以充分发挥财产物资的应有效能；对于储备不足和不配套的物资，应提请有关部门注意，以便及时采购满足生产需要；对于长期不清和有争议的债权、债务，应当指定专人负责，查明原因，限期处理。

3. 及时调整账簿记录

为了做到账实相符，财会部门对于财产清查中发现的账实不符差异，必须及时调整账簿记录。具体应分两步进行：第一步，财产清查中发现的盘盈、盘亏和毁损，根据有关原始凭证(如盘存表等)编制记账凭证，即时进行账务处理。一方面如实调整盘存类账户的账面结存，使得各项财产物资的账存数与实存数完全一致；另一方面应记入对应账户“待处理财产损溢”。第二步，查清差异产生的原因，按企业管理权限报批，然后根据有关权力机构的批准编制记账凭证，据以登记入账。上述两步账务处理可归纳为：批准前的处理和批准后的处理。

4. 完善规章制度建设

财产清查的目的之一是改进财产物资的管理工作，提升企业管理水平，提高企业经济效益。所以，财产清查之后，必须针对所发现的问题和缺点，认真地总结经验教训。在此基础上提出改进工作的意见，并建立、健全必要的规章制度，以便有效利用财产物资和保证财产物资的安全与完整。

八、财产清查结果的账务处理

对于清查中发现的财产盘亏和盘盈，应查明原因，并根据企业的管理权限，经股东大会或董事会或经理(厂长)会议或类似机构批准后，在期末结算前处理完毕。

(一)财产清查结果的账务处理原则

为了反映和监督企业在财产清查中所发现的各项财产物资的盘盈、盘亏和毁损及其处理情况，应设置“待处理财产损溢”账户，它属于资产类账户。该账户的贷方登记财产物资的盘盈数以及经批准后转销的财产物资盘亏、毁损数，借方登记财产物资的盘亏、毁损数以及经批准后转销的财产物资盘盈数，期末一般无余额。为了详细反映财产清查情况，本账户可按盘盈、盘亏的资产种类和项目进行明细核算。

虽然财产清查账务处理的具体方法因情况不同而有很多区别，但也有其共性，即必须遵循一些共同的处理原则。按盘盈和盘亏账实不符的两种类型，这些原则主要反映在以下方面：

1. 盘亏和毁损的账务处理

当发现货币资金、存货、固定资产盘亏和毁损时，其账务处理分两步进行。第一步，按盘亏和毁损的净值借记“待处理财产损溢”账户，表示将待查清原因报批以后再处理；同时贷记有关盘亏和毁损的盘存类账户，以使其账实相符。第二步，查清原因并报批后，借记有关账户(如管理费用、营业外支出、其他应收款等)，同时贷记“待处理财产损溢”账户，表示批准后的转销。

2. 盘盈的账务处理

当发现货币资金、存货、固定资产盘盈时，其账务处理也分两步进行。第一步，按盘盈的价值借记有关盘存类账户，以使其账实相符；同时贷记“待处理财产损溢”账户，表示将待查清原因报批以后再处理。第二步，查清原因并报批后，借记“待处理财产损溢”账户，表示批准后的转销；同时贷记有关账户(如管理费用、营业外收入等)。

(二)财产清查结果账务处理的具体方法

1. 货币资金清查结果的账务处理

银行存款清查结果是通过银行存款余额调节表来处理的。所以，这里主要讨论现金清查结果的账务处理。

现金清查若发现账实不符，应通过“待处理财产损溢”账户来核算。发现盘盈或盘亏现金时，应遵循前述账务处理原则进行处理。而现金账实不符的转销情况有两种：已查明溢缺原因的，按规定进行转销；无法查明溢缺原因的，经报批后，作增加或冲减管理费用处理。

2. 存货清查结果的账务处理

造成存货账实不符的原因有很多，应根据不同的情况作不同的处理。一般的处理方法是：定额内的盘亏、毁损及自然损耗，应借记“管理费用”账户；责任事故造成的损失，应由过失人和保险公司赔偿的部分，借记“其他应收款”账户；由于自然灾害等原因发生的非常损失扣除残料价值和保险公司赔款后的净损失，借记“营业外支出”账户；如果发生盘盈，则一般冲减“管理费用”账户。

3. 固定资产清查结果的账务处理

固定资产盘亏、毁损时，按净值(账面原价减折旧额)借记“待处理财产损溢”账户，按已提折旧额借记“累计折旧”账户，按账面原价贷记“固定资产”账户。固定资产盘盈时，按估计原价借记“固定资产”账户，按新旧程度估计折旧额贷记“累计折旧”账户，按原价减折旧额贷记“待处理财产损溢”账户。对盘盈、盘亏的固定资产，经报批处理时，应依据盘亏、盘盈的不同原因作不同的处理。

固定资产盘亏的原因主要有：自然灾害、责任事故和丢失等。对不同的情况作不同的处理。一般方法是：自然灾害所造成的固定资产盘亏和毁损，在扣除保险公司赔款和残值收入后，经批准应列作营业外支出；丢失的固定资产，经批准列作营业外支出；责任事故所造成的固定资产盘亏和毁损，应由责任人酌情赔偿损失。固定资产盘盈的主要原因是以前取得固定资产时可能没有入账或处置固定资产时没有销账，所以固定资产的盘盈一般经批准列作前期差错处理。

4. 坏账损失的账务处理

坏账是指企业无法收回的应收款项(包括应收账款和其他应收款)。由于发生坏账而产生的损失，称为坏账损失。坏账损失包括：有确凿证据表明不能收回的应收款项(包括应收票据、应收账款、预付账款、其他应收款和长期应收款等)，如债务单位已撤销或破产；有证据表明收回可能性不大的应收款项；因债务人逾期未履行偿债义务，超过3年仍不能收回的应收款项。

对于在清查中发现的长期不清的往来债权，应及时清理。确实属于坏账的，应予以核销，核销时不必通过“待处理财产损溢”账户核算。根据企业会计制度规定，企业只能采用备抵法核算坏账损失。

备抵法是指企业定期或者每年年度终了，对应收款项中可能发生的坏账损失予以合理估计，计入当期费用；同时，将估计的坏账损失作为坏账准备金，待某一特定应收款项被确认为坏账时，再通过坏账准备金予以核销。这使得销售收入和与之相关的坏账损失能计入同一期间的损益，体现了配比原则，能较为真实地反映企业的财务状况。

为了核算企业提取的坏账准备，需要设置“坏账准备”账户。该账户贷方登记期末计提的坏账准备，借方登记批准作为坏账损失的金额；期末贷方余额反映已提取坏账准备的结余数，期末借方余额则反映坏账准备的超支数。企业提取坏账准备时，借记“管理费用”账户，贷记“坏账准备”账户；待某一特定应收款项被确认为坏账时，借记“坏账准备”账户，贷记“应收账款”或“其他应收款”等账户。计提坏账准备的方法有余额百分比法、账龄分析法和销货百分比法3种，企业可根据具体情况，采用不同的方法计提坏账准备。

第六节 财务报表

本章的内容学习至此，我们已经明确，在完整的会计循环过程中，就其各个步骤的基本内容而言，首先必须取得证明经济业务已发生或完成的原始凭证，会计人员要对其进行审核，根据审核无误的原始凭证，运用复式记账原理结合设置账户等会计核算方法据以编制记账凭证；其次，对所编制的记账凭证进行审核，并根据审核无误的记账凭证登记会计账簿；最后，还要通过对账与结账，将有关的账簿记录资料进行确认，并以财务报表的形式将会计信息报告给各方信息使用者。不难看出，财务报表是会计循环的最终端输出物，编制财务报表也就成为会计循环的最后一个工作步骤。

财务报表是对企业财务状况、经营成果和现金流量的结构性表述。根据《企业会计准则第 30 号——财务报表列报》的要求，一套完整的财务报表至少应当至少包括“四表一注”，即资产负债表、利润表、现金流量表、所有者权益变动表和附注。这里以校园文具店为例，简单说明资产负债表和利润表的编制方法。

一、资产负债表

资产负债表是反映企业某一特定日期财务状况的财务报表，即反映了某一特定日期关于企业资产、负债、所有者权益及其相互关系的信息。企业编制资产负债表的目的是通过如实反映企业在资产负债表日所拥有的资源、所承担的债务和所有者所拥有的权益金额及其结构情况，从而有助于使用者评价企业资产的质量以及短期偿债能力、长期偿债能力和利润分配能力等。

资产负债表遵循了“资产 = 负债 + 所有者权益”这一会计恒等式，全面地揭示企业在某一特定日期所拥有或控制的经济资源、所承担的债务以及偿债以后属于所有者的剩余权益。依据校园文具店有关资产、负债和所有者权益账户的记录结果，我们可以编制资产负债表(简表)(见表 2 – 45)

表 2 – 45 资产负债表(简表)

编制单位：校园文具店　　　　2 ×15 年 1 月 31 日　　　　单位：元

资产	金额	负债及所有者权益	金额
货币资金	191 600	短期借款	150 000
应收账款	1 037.5	应付账款	45 000
库存商品	24 500	预收账款	1 387.5
长期待摊费用	46 000	应付利息	750
		实收资本	50 000
		未分配利润	16 000
资产总计	263 137.5	负债及所有者权益总计	263 137.5

二、利润表

利润表是反映企业在某一会计期间经营成果情况的报表，反映了企业经营业绩的主要来源和构成。利润表是一张动态报表。企业编制利润表的目的是通过如实反映企业实现的收入、发生的费用以及应当计入当期利润的利得和损失等金额及其结构情况，判断企业在该期间内的投入与产出的比例趋势。依据校园文具店的有关损益类账户的发生额记录，我们可以编制利润表(表 2－46)

表 2－46　利润表(简表)

编制单位：校园文具店　　2×15 年 1 月　　单位：元

项　目	金额
营业收入	43 500
减：营业成本	20 500
管理费用	6 250
财务费用	750
营业利润	16 000

第七节　账务处理程序

一、记账凭证的账务处理程序

(一)记账凭证的账务处理程序及其特点

记账凭证账务处理程序，是指根据记账凭证直接逐笔登记总分类账的一种会计核算程序。根据记账凭证逐笔登记总分类账既是其特点，也是其名称的由来。它是最基本的账务处理程序，其他几种账务处理程序都是在记账凭证处理程序的基础上，根据企业经营管理的需要而发展起来的。

在记账凭证账务处理程序下：①记账凭证一般采用收款凭证、付款凭证和转账凭证 3 种格式(规模较小的企业也可以采用通用记账凭证)；②设置并采用“三栏式”的库存现金日记账和银行存款日记账；③明细分类账根据内容和管理上的要求，分别采用“甲式”、“乙式”和“多栏式”；④总分类账一般采用具有对方科目的“三栏式”。

(二)记账凭证账务处理程序的步骤

(1)根据原始凭证(或汇总原始凭证)编制记账凭证；

(2)根据收款凭证、付款凭证逐笔登记库存现金日记账和银行存款日记账；

(3)根据原始凭证、汇总原始凭证或记账凭证，逐笔登记各种明细账；

(4)根据记账凭证直接逐笔登记总分类账；

(5)月末，将总分类账与库存现金日记账、银行存款日记账及各种明细分类账的发生额及期末余额合计数进行核对；

(6)月末，根据核对无误的总分类账与明细分类账编制会计报表。

记账凭证账务处理程序的步骤如图 2－10 所示。

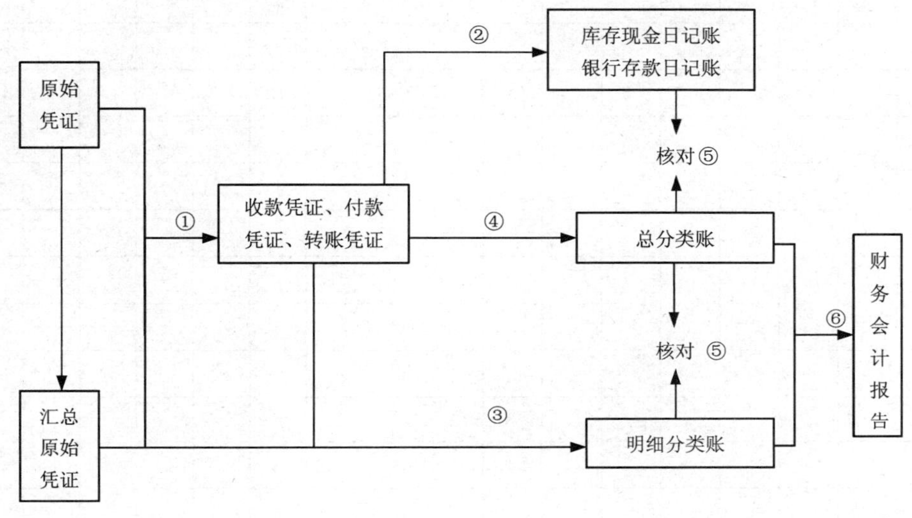

图 2－10

(三)记账凭证账务处理程序的优缺点及适用范围

记账凭证账务处理程序的优点是比较简单明了，易于理解，并且由于总分类账是根据记账凭证逐笔登记的，因而在总分类账中能够详细反映各项会计交易或事项的内容，便于了解交易或事项的动态。这种账务处理程序的缺点是登记总分类账的工作量比较大。它一般适用于规模小、会计交易或事项少、凭证不多的会计主体。为了减少记账凭证的数量，减轻登记总分类账的工作量，采用这种账务处理程序时，应尽量使用原始凭证汇总表，以减少记账凭证的数量。

二、科目汇总表账务处理程序

(一)科目汇总表账务处理程序及其特点

科目汇总表账务处理程序，是指定期根据记账凭证编制科目汇总表并根据汇总表登记总分类账的一种会计核算程序。根据科目汇总表定期登记总分类账既是其特点，也是其名称的由来。

在科目汇总表账务处理程序下：①记账凭证一般采用收款凭证、付款凭证和转账凭证 3 种格式；②设置并采用"三栏式"的库存现金日记账和银行存款日记账；③明细分类账根据内容和管理上的要求分别采用"甲式"、"乙式"和"多栏式"；④由于科目汇总表中，不能反映各个账户之间的对应关系，所以，总分类账一般采用普通"三栏式"。

科目汇总表式样如表 2－47 所示。

表 2－47 科目汇总表

年 月 日　　　　字 第 号

会计科目	借方金额							会计科目	贷方金额						
	万	千	百	十	元	角	分		万	千	百	十	元	角	分

（二）科目汇总表的编制

科目汇总表是指定期（如 5 天、10 天、15 天或 1 个月）根据所编制的记账凭证，按相同会计科目分借方和贷方汇总其发生额的表格。其编制过程和方法如下：

①将既定汇总期内的全部记账凭证按照相同科目归类汇总（可借助"T"字形账户作为工作底稿）；

②计算出每一会计科目的本期借方发生额和本期贷方发生额；

③将计算结果填入科目汇总表的"借方发生额"和"贷方发生额"栏内。

（三）科目汇总表账务处理程序的步骤

（1）依据原始凭证或原始凭证汇总表填制记账凭证；

（2）依据收款凭证、付款凭证逐笔登记库存现金日记账、银行存款日记账；

（3）依据原始凭证、原始凭证汇总表或记账凭证逐笔登记各种明细账；

（4）定期依据记账凭证编制科目汇总表；

（5）依据科目汇总表登记总分类账；

（6）月末，将总分类账与库存现金日记账、银行存款日记账及各种明细分类账的发生额及期末余额合计数进行核对；

（7）月末，根据核对无误的总分类账与明细分类账编制会计报表。

科目汇总表账务处理程序的步骤如图 2－11 所示。

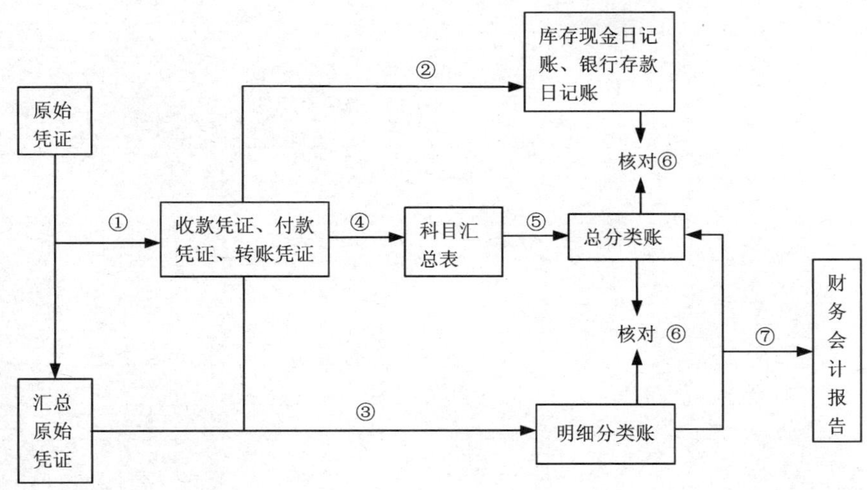

图 2－11

（四）科目汇总表账务处理程序的优缺点及适用范围

科目汇总表账务处理程序的优点是，由于采取了汇总登记总分类账的方式，因而简化了总分类账的登记工作，并且科目汇总表的编制方法比较容易、简便；通过编制科目汇总表，可以进行总分类账户本期借、贷发生额的试算平衡，保证记账工作的质量。它的缺点是，在科目汇总表和总分类账上，不能明确反映有关账户之间的对应关系，所以不便于分析会计交易或事项的情况，不便于查对账目。科目汇总表账务处理程序，一般适用于经营规模及业务量较大、记账凭证数量较多及会计机构或人员分工较细的单位。

第二篇　资金来源

第三章　所有者权益核算

第一节　所有者权益概述

一、所有者权益的性质

我国《企业会计准则——基本准则》规定："所有者权益是指企业资产扣除负债后由所有者享有的剩余权益。"这一定义说明了所有者权益的经济性质和构成。它可以通过对基本会计等式"资产＝负债＋所有者权益"的转换推导而得出，即：

所有者权益＝资产－负债

资产减去负债后的余额也称为净资产。因此所有者权益是体现在净资产中的权益，是所有者对净资产的要求权。所有者对企业的经营活动承担着最终的风险，与此同时，也享有最终的权益。如果企业在经营中获利，所有者权益将随之增长；反之，所有者权益将随之缩减。任何企业的所有者权益都是由企业投资者投入的资本及其增值所构成的。

企业资产的来源无外乎两个方面：负债和所有者权益。负债和所有者权益统称为权益，两者之间主要有以下区别：

(一) 性质不同

所有者权益是投资者享有的对投入资本及其运动所产生盈余(或盈亏)的权利；负债是在经营或其他活动中所发生的负债，是债权人要求企业清偿的权利。

(二) 享受权利不同

所有者享有参与收益分配、参与经营管理等多项权利，但对企业资产的要求权在顺序上置于债权人之后，即只享有对剩余资产的要求权；债权人享有到期收回本金及利息的权利，在企业清算时，有优先获取资产赔偿的要求权，但没有经营决策的参与权和收益分配权。

(三) 偿还期限不同

在企业持续经营的情况下，所有者权益一般不存在抽回的问题，即不存在约定的偿还日期，因而是企业的一项可以长期使用的资金，只有在企业清算时才予以退还；负债必须于一定时期偿还。为了保证债权人的利益不受侵害，法律规定债权人对企业资产的要求权先于投资者，因此债权又称为第一要求权。投资者具有对剩余财产的要求权，这种要求权又称剩余权益。

(四)风险不同

所有者能够获得多少收益，需视企业的盈利水平及经营政策而定，风险较大；债权人获取的利息一般按一定利率计算并且是预先可以确定的固定数额，无论盈亏，企业都要按期付息，风险相对较小。

二、公司制企业与权益股东

企业组织形式一般分为三种：独资企业、合伙企业和公司制企业。从会计的角度来看，不同组织形式的企业，对资产、负债、收入、费用和利润的会计处理几乎没有影响。但不同组织形式的企业，其所有者权益(业主权益)的会计处理则有明显的差异。这主要是因为法律对不同组织形式企业的所有者权益有不同的规定。

《中华人民共和国公司法》(以下简称《公司法》)定义的公司“是指依照本法在中国境内依法设立的有限责任公司和股份有限公司”。公司是企业法人，有独立的法人财产，享有法人财产权。公司以其全部财产对公司的债务承担责任。有限责任公司的股东以其认缴的出资额为限对公司承担责任；股份有限公司的股东以其认购的股份对公司承担责任。公司被认为是现代企业中最有生命力的组织形式。公司的特征为：

(一)股东对公司的债务只负有限责任

股东对公司的负债没有个人偿还的义务。股东对公司投资可能承担的最大损失是投资成本支出，而不必担心由于企业经营失败而失去投资以外的财产。公司的这一特点使其可以比独资和合伙企业拥有更广泛的投资者，并从这些投资者那里得到更多的资金。

(二)公司是独立的法律主体

公司一经政府批准成立，就具有独立于其所有者的法人地位和资格。公司可以用自己的名义取得资产、承担债务、签订合同、提起诉讼和被诉。

(三)公司是纳税主体

公司如有盈利，要缴纳企业所得税。然后，股东再就所分得的现金股利缴纳个人所得税。也就是说，公司的收益要经过重复课税。

(四)所有权与经营权分离

大部分公司制企业的投资人不亲自管理公司，而是由股东选举董事会，再由董事会聘任的总经理等专业管理人员负责经营。

(五)所有权可转让

公司的所有者可以出售或转让股份，特别是公开上市的股份有限公司，股东通常可以随意转让自己持有的股票。公司的持续经营不因股东的变更而受到影响，因而公司具有较为长久的存续期。

(六)严格的法律管制

由于所有者仅仅对公司债务负有限责任，为了保护债权人，各国政府对公司都实行比较严格的法律管制。

由于具有上述特点，特别是政府的严格法律管制，使得公司所有者权益会计业务比较复杂。其中许多程序是基于法律的规定，而不仅仅是依据会计管理。例如，所有者权益受公司法的限制，必须严格区分投入资本、资本公积和留存收益。法律往往还对公司的利润分配和停业清算以及股份公司回购自己的股份等事项都有严格的限制。另外，由于股东投资方式的多样性，也使得公司所有者权益会计处理中遇到的问题远多于独资企业和合伙企业。

公司的形式多种多样，其中主要的是股份有限公司和有限责任公司。需要说明的是，我国的国有独资企业和一人有限责任公司亦属于公司范畴。国有独资企业，是指由国家独立出资建立的企业，其性质与个人独资企业不同，而与有限责任公司相同。因此，国有独资企业又称国有独资有限责任公司。一人有限责任公司，是指只有一个自然人股东或者一个法人股东的有限责任公司，它是有限责任公司的一种特殊形式，而并非个人独资企业。

三、所有者权益的内容和分类

企业所有者(在股份制企业中就是企业的股东，为方便起见，下面将股东和企业所有者作为同一概念使用)拥有的权益，最初表现为投资者的投入资本。随着企业生产经营活动的开展，从企业净利润中提取的盈余公积以及未分配利润等形成的企业资本积累，最终也归企业所有者所有，与投入资本共同构成企业的所有者权益。由此可见，所有者权益按其形成来源的不同，主要有投入资本和留存收益两个部分。投入资本是投资者投入企业的资本金，包括实收资本和资本公积；留存收益是企业生产经营活动所产生的利润在向国家缴纳所得税后留存在公司的部分，包括盈余公积和未分配利润。

为了反映所有者权益的构成，便于投资者和其他会计信息使用者了解所有者权益的来源及变动情况，我国《企业财务会计报告条例》规定：“在资产负债表上，所有者权益应当按照实收资本(股本)、资本公积、盈余公积、未分配利润等项目列示。

对所有者权益进行这种分类至少能够提供两个方面的重要信息：

(一)能够清晰地反映企业所有者权益的结构

所有者权益中投入资本和作为准资本的资本公积，构成企业在一定规模下开展生产经营的最基础的启动资金，是企业存在的基本条件。盈余公积和未分配利润等留存收益中，来自于企业经营过程中的资本增值，反映了基本的资本累计情况，也是企业扩大生产经营规模的一个重要条件。将资本积累同投入资本相比，能够反映出企业的资本增值能力以及发展活动。此外，不同所有者的投资比例还是决定企业利润分配或风险分担的依据。

(二)能够反映利润分配政策上的影响因素

所有者投资的主要目的之一是获得理想的投资收益，因此，他们必然非常关心企业利润分配政策的制定。企业在制定利润分配政策时，既要考虑对投资人的回报，也不能放弃企业持续经营的长远利益。这种近期利益和长远利益的兼顾，就形成了企业利润分配政策的指导思想：企业用于分配的只能是来自本期和前期的累计利润，而不应是所有者的投入资本；企业可供分配的利润，既不能“分光吃净”，导致企业无力扩大再生产，也不能过分地压缩应分配的数额，导致投资者对企业丧失信心。要想妥善地处理好利润分配过程中的复杂关系，就需要对所有者权益按照构成、分层次地确定利润分配所涉及的范围。也就是说，所有者权益中什么项目可以用于分配、什么项目不能用于分配，以及可用于分配的项目能够分配到什么程度等问题，都可以通过对所有者权益的合理分类加以界定。

第二节 所有者投入核算

一、实收资本概述

（一）实收资本的界定

实收资本是指企业按照章程规定或合同、协议约定，接受投资者投入企业的各种资产的价值。实收资本的构成比例即投资者的出资比例或股东的持股比例，是确定投资者在企业所有者权益中份额的基础，也是企业进行利润或股利分配的主要依据。

投资者设立企业首先必须投入资本，这是由我国相关法律所规定的。我国《民法通则》规定，设立企业法人必须有必要的财产；我国《企业法人登记管理条例》规定，企业申请开业，必须具备符合国家规定并与其生产经营和服务规模相适应的资金数额；我国《公司法》规定，有限责任公司和股份有限公司的注册资本要符合最低限额要求。

（二）实收资本与注册资本的区别

注册资本是投资者以实现盈利为目的，用以进行公司生产经营、承担有限责任而向工商行政管理机关登记注册的资本总额。注册资本界定了投资者对企业承担的最大偿债责任，是企业有一定负债和偿还能力的自有资金，能承受一定的经营风险和财务风险。实收资本是指投资者按照企业章程或合同、协议的约定，实际投入企业的各种资产的价值，即企业收到的各投资者根据合同、协议、章程规定实际交纳的资本数额。投入资本是投资者作为资本实际投入企业的资金数额（可能超出合同、协议或章程规定的金额）。

我国《企业法人登记管理条例》规定，企业在经营期间的注册资本应当与实收资本相一致，企业实收资本比原注册资本数额增减超过20%时，应持资本使用证明或验资证明向原注册登记的国家工商行政管理机关申请变更登记。如擅自改变注册资本或抽逃资金等，将要受到工商行政管理机关的处罚。

一般情况下，投资者的投入资本，即构成企业的实收资本，也正好等于其在登记机关登记的注册资本。但并非在企业任何时点上，注册资本就一定等于会计账面"实收资本"，还有其他例外情况：

（1）在企业采取分次到资时，企业的会计账面"实收资本"小于或等于注册资本。

（2）在企业已增资还未办妥变更登记时，则企业的会计账面"实收资本"大于注册资本。

按正常的程序，已成立的企业若要办理增资变更登记，股东应先行缴纳股款（投资实物等），而会计则根据投资款缴款单（实物交接单等）进行增资账务处理，然后企业再持有关增资的协议、批文及验资报告等到工商管理部门办理变更登记。所以在企业已增资还未办妥变更登记时会出现注册资本小于投资者投入资金的情况。

（3）还有另外一种情况，就是股东多缴投资款而财务账务处理不当。正常的做法是，股东多缴的投资款应在会计账面上填列在"资本公积"账户上。

二、实收资本核算

除股份有限公司外，其他企业应设置“实收资本”账户，核算投资者投入资本的增减变动情况。

股份有限公司应设置“股本”账户，核算公司实际发行股票的面值总额。

（一）接受现金资产投资

企业接受以人民币表示的现金资产投资时，应以实际收到的金额或存入企业开户银行的金额，借记“银行存款”等账户，按投资合同或协议约定的投资者在企业注册资本中所占份额的部分，贷记“实收资本”账户，企业实际收到或存入开户银行的金额超过投资者在企业注册资本中所占份额的部分，贷记“资本公积——资本溢价”账户。

企业收到投资者以外币投入的资本，无论是否有合同约定汇率，均不得采用合同约定和即期汇率的近似汇率折算，而应采用交易日即期汇率折算。这样就不产生外币资本折算差额。

股份有限公司发行股票收到现金资产时，借记“银行存款”等账户，按每股股票面值和发行股份总额的乘积计算的金额，贷记“股本”账户，实际收到的金额与该股本之间的差额，贷记“资本公积——股本溢价”账户。

股份有限公司发行股票发生的手续费、佣金等交易费用，应从溢价中抵扣冲减“资本公积——股本溢价”。

（二）接受非现金资产投资

企业接受存货、固定资产、无形资产等非现金资产投资时，应按投资合同或协议约定的价值（价值不公允的除外）作为存货、固定资产、无形资产的入账价值。按投资合同或协议约定的投资者在企业注册资本或股本中所占份额的部分，作为实收资本或股本入账，投资合同或协议约定的价值（价值不公允的除外）超过投资者在企业注册资本或股本中所占份额的部分，计入资本公积。

对于投资者投入的长期股权投资，应当按照投资合同或协议约定的价值作为初始投资成本，但合同或协议约定的价值不公允的除外。投资者投入的长期股权投资，是指投资者以其持有的对第三方的投资作为出资投入企业。在确定投资者投入的长期股权投资的公允价值时，有关权益性投资存在活跃市场的，应参照活跃市场中的市价确定其公允价值；不存在活跃市场的，应将按照一定的估值技术等合理方法确定的价值作为其公允价值。

（三）实收资本或股本变动

企业按规定接受投资者追加投资时，核算原则与投资者初次投入时一样。企业采用资本公积或盈余公积转增资本时，应按转增的资本金额确认实收资本或股本。用资本公积转增资本时，借记“资本公积——资本溢价（或股本溢价）”账户，贷记“实收资本（或股本）”账户；用盈余公积转增资本时，借记“盈余公积”账户，贷记“实收资本（或股本）”账户；用资本公积或盈余公积转增资本时，应按原投资者各自出资比例计算确定各投资者相应增加的出资额。

企业按法定程序报经批准减少注册资本的，按减少的注册资本金额减少实收资本。股份有限公司采用收购本公司股票方式减资的，按股票面值和注销股数计算的股票面值总额，借记“股本”账户，按注销库存股的账面余额，贷记“库存股”账户，按其差额，借记“资本公积——股本溢价”账户。股本溢价不足冲减的，应借记“盈余公积”、“利润分配——未分配利润”账户。如果购回股票支付的价款低于面值总额的，应按股票面值总额，借记“股本”账户，按所注销的库存股账面余额，贷记“库存股”账户，按其差额，贷记“资本公积——股本溢价”账户。

(四)实收资本账务处理

1. 非股份有限公司实收资本的核算

(1)投资者以现金投入的资本。

借：银行存款

  贷：实收资本

(2)投资者以非现金资产投入的资本。

借：有关资产账户

  贷：实收资本

    资本公积

为发行股票而接受投资者投入的无形资产，应按投资合同或协议约定的价值确定，在投资合同或协议约定价值不公允的情况下，应按无形资产的公允价值入账。

借：无形资产

  贷：实收资本

(3)外商投资企业的股东投入的外币，无论是否有合同约定汇率，均应采用交易日即期汇率折算，不确认外币资本折算差额。

借：银行存款(按收到外币当日的汇率折合的人民币金额)

  贷：实收资本(按收到外币当日的汇率折合的人民币金额)

2. 股份有限公司股本的核算

(1)股份有限公司发行股票，收到现金等资产。

借：库存现金或银行存款(实际收到的金额)

  贷：股本(按股票面值和核定的股份总额的乘积计算的金额)

    资本公积——股本溢价

(2)按股东大会批准的利润分配方案分配股票股利。

借：利润分配——转作股本的普通股股利

  贷：股本(按股票面值和核定的股份总额的乘积计算的金额)

    资本公积——股本溢价

值得注意的是，由于分派股票股利是按各股东持股比例分配的，如果某股东按所持股份比例分得的股票股利中有不足1股的情况时，应采取适当的方法处理。如A股东持有本公司股票98股，股东大会决议按每10股送1股分派股票股利，这样A股东应得股票股利就是9.8股。这种情况下在实务中有两种处理方法：一是将不足一股的股票股利按照市价折算为现金股利发放，二是由股东相互转让凑成整股。但无论采用哪种方法都将改变公司股权结构，但不改变公司的负债和资产。

(3)境外上市公司以及在境内发行外资股的公司收到股款。

借：银行存款(按收到股款当日的汇率折合的人民币金额)

  贷：股本(按股票面值和核定的股份总额的乘积计算的金额)

    资本公积——股本溢价

(4)将发行的可转换债券转换为股本。

借：应付债券——债券面值

应付债券——债券溢价(未摊销的溢价)

应付债券——应计利息(已提的利息)

贷：股本(按股票面值和转换的股数计算的股票面值总额)

库存现金(用现金支付的不可转换股票的部分)

应付债券——债券折价(未摊销的折价)

资本公积——资本(或股本)溢价(差额)

(5)按法定程序减少注册资本。

借：实收资本(或股本)

贷：银行存款

(6)股份有限公司采用收购本公司股票方式减资，支付款超过面值总额。

借：股本

资本公积

盈余公积

利润分配——未分配利润

贷：库存股

(7)回购股票支付的价款低于面值总额。

借：股本

贷：库存股

资本公积

(8)投资者投入的长期股权投资。

【例3-1】 新世纪股份有限公司设立时，其主要出资方华夏股份有限公司以其持有的对中兴股份有限公司的长期股权投资作为出资投入新世纪股份有限公司。合同约定，作为出资的该项长期股权投资按中兴股份有限公司股票的市价经考虑相关调整因素后作价3 500万元。新世纪股份有限公司注册资本为16 000万元。华夏股份有限公司出资占新世纪股份有限公司注册资本的20%。取得该项投资后，新世纪股份有限公司根据其持股比例，可以派人参与中兴股份有限公司的财务和生产经营决策。

新世纪股份有限公司的会计处理如下：

借：长期股权投资 3 500

贷：实收资本 3 200

资本公积 300

三、资本公积的来源及用途

(一)资本公积的含义

资本公积是指由投资者投入但不能构成实收资本，或从其他特定来源取得、由投资人共同享有的部分。它属于投入资本的范畴，是所有者权益的重要组成部分。

资本公积与实收资本又有一定的区别。实收资本是投资者为谋求价值增值而对公司的一种原始投入，从法律上讲属于公司的法定资本，其无论是在来源上，还是在金额上，都有着比较严格的限制。加之投资者对公司的原始投入往往都是带有回报要求的，而不同来源形成的资本公积却是归所有投资者共同享有的。

（二）资本公积的来源

资本公积的形成来源主要是资本溢价。资本溢价是指投资者缴付的出资额大于注册资本而产生的差额，它是资本公积中最主要的项目。资本溢价的产生包括两种情况：一种是股份有限公司创办时发行股票，其发行价格超过股票面值的差额部分，与股份一起作为股东的资本投入公司，股票面值部分计入股本，超过股票面值的溢价计入资本公积，或者由于资产的不可分割性导致实际投入公司的资产价值超过按出资比例计算的出资额部分；另一种是公司创办后有新股东加入时，为了维护原来股东的权益，新股东一般要付出大于原股东的出资额，才能获得与原股东相同的投资比例，新股东投入资本中等于原股东投资比例的出资额部分，将其计入股本，大于原股东投资比例的出资额部分则计入资本公积。

（三）资本公积的用途

公司在经营过程中出于种种考虑，诸如增加投资者持有的股份，从而增加公司股票的流通量，激活股价，提高股票的交易量和资本的流动性，改变公司投入资本的结构，体现公司稳健、持续发展的潜力等，对于已形成的资本公积可以按照规定的用途予以使用。资本公积的主要用途就在于转增资本，即在办理增资手续后用资本公积转增资本，按股东原有股份比例发给新股或增加每股面值。

四、资本公积的核算

为了反映资本公积的形成和使用情况，企业需设置“资本公积”账户。该账户属于所有者权益类账户，贷方登记资本公积的增加数，借方登记资本公积的减少数，期末余额在贷方，反映资本公积的结余数。“资本公积”账户应当按资本公积的形成来源设置“资本溢价”或“股份溢价”、“其他资本公积”明细账，进行明细分类核算。

（一）资本溢价的核算

股份有限公司溢价发行股票，在收到款项时，按实际收到的金额借记“库存现金”、“银行存款”等账户，按股票面值与核定的股份总数的乘积计算的金额贷记“股本”账户，按扣除各种费用后的溢价额贷记“资本公积——股本溢价”账户。

有限责任公司收到投资者的投资，按实际收到的现金或非现金资产的价值借记“库存现金”、“银行存款”、“固定资产”等账户，按其在注册资本中所占的份额贷记“实收资本”账户，按其差额贷记“资本公积——资本溢价”账户。

【例 3－2】 华夏公司注册资本为 150 万元，由甲、乙、丙三方各出资 50 万元设立。现已经营多年，留存收益已达 90 万元。为扩大经营规模，三方决定将公司的注册资本增加到 200 万元，并吸收丁投资者加盟。同意其以现金 80 万元出资，占增资后公司全部资本的 25%。公司在收到丁投资者出资时的账务处理如下：

	借方	贷方
借：银行存款	800 000	
贷：实收资本——丁投资者		500 000
资本公积——资本溢价		300 000

（二）资本公积转增资本的核算

【例 3－3】 承例 3－2，华夏公司经批准，现按 10∶1 的比例，以资本公积 20 万元转增资本。相关账务处理如下：

借：资本公积——资本溢价　　200 000
　贷：实收资本——甲投资者（500 000×10%）　　50 000
　　　　　　——乙投资者（500 000×10%）　　50 000
　　　　　　——丙投资者（500 000×10%）　　50 000
　　　　　　——丁投资者（500 000×10%）　　50 000

第三节　留存收益核算

留存收益是指企业从历年实现的净利润中提取或形成的留存于企业内部的积累，是由企业内部所形成的资本。它来源于公司的经营生产活动所实现的净利润，在性质上与投资者投入资本一样属于所有者权益。

一、留存收益的内容

企业存在的目的是生产经营，获取利润，并发展壮大。企业所有者权益的增加，可以通过两个途径来实现：一是由投资者投资和其他资本性交易而来，二是由经营活动赚取利润而来。投资者投入企业的资本作为投入资本，通过公司的生产经营活动，不仅要保持原有投资的增值，即实现利润。企业利润总额扣除按国家规定上缴的所得税后，一般称为税后利润或净利润。税后利润可以按照法规、协议、合同、公司章程等有关规定进行分配。在分配税后利润时，一方面应按照规定提取盈余公积（法定盈余公积、任意盈余公积），将当年实现的利润留存于企业，形成内部积累，成为留存收益的组成部分；另一方面向投资者分配利润或股利，分配利润或股利后的剩余部分作为未分配利润。未分配利润同样作为企业留存收益的组成部分。

（一）盈余公积

1. 盈余公积的形成来源

盈余公积是企业按照规定从税后利润中提取的各种积累资金。提取盈余公积的主要目的是限制股利的过分分配，即向投资者表明，税后利润所代表的资财应提取一部分，以满足将来扩大企业生产规模、弥补日后发生的亏损的需要，而不能全部以股利的形式分派给投资者。否则，稍有盈余就“分光吃尽”，将会对企业的长期发展造成极为不利的影响。可见，盈余公积带有一定的强制性，并往往有指定的用途。

盈余公积根据其用途不同，可分为法定盈余公积金和任意盈余公积金两部分。我国《公司法》规定，股份公司应按照净利润的10%提取法定盈余公积金，提取的法定盈余公积金累计达到注册资本的50%时可以不再提取；任意盈余公积金是指提足法定盈余公积金后，企业按照公司章程规定或股东大会决议自行提取的盈余公积金。法定盈余公积金和任意盈余公积金的区别在于其各自计提的依据不同，前者以国家法律或行政规章为依据提取，后者则由公司自行决定提取。

2. 盈余公积的用途

盈余公积是企业专门用于维持和发展企业生产经营的准备金，其主要用途为：

(1)弥补亏损。按照现行税法规定，企业某年度发生的亏损，在其后五年内可以用实现的税前利润来弥补，从第六年开始，只能用税后利润弥补。如果企业发生的亏损用税后利润仍不足以弥补的，则可以用发生亏损以前所提取的盈余公积来加以弥补。用盈余公积弥补亏损时，应当由董事会提议，并经股东大会批准，或者类似的机构批准方可进行。

(2)转增资本。企业可以用提取的盈余公积转增资本，但是，转增时必须经投资人同意或股东大会决议批准并办理相应的增资手续，按照投资人原持股比例予以转增。用盈余公积转增资本后，留存的盈余公积不得少于转增前公司注册资本的25%。

(3)分配现金股利。企业在当年如果没有实现利润，原则上不得分配股利。但在特殊情况下，当企业累计的盈余公积比较多而未分配利润比较少时，为了维护企业形象，给投资者以比较均衡的投资回报，对于符合规定条件的企业，经股东大会作出特别决议，也可用盈余公积分派现金股利。

用盈余公积分配股利需要符合以下条件：①企业有未弥补亏损，应用盈余公积弥补亏损，弥补亏损后仍有结余的，方可分配股利；②用盈余公积分配股利的股利率不得超过股票面值的6%；③分配股利后盈余公积不得低于注册资本的25%；④企业可供分配的利润不足以按不超过股票面值的6%分配股利，可以用盈余公积补到6%，但分配后的盈余公积不得低于注册资本的25%。

(二)未分配利润

未分配利润是公司待分配或留待以后年度再进行分配的结存利润，从数量上来看，未分配利润是期初未分配利润，加上本期实现的税后利润，减去提取的各种盈余公积和分出的利润后的余额，即历年积存的净利润。未分配利润有两层含义：一是这部分税后利润没有分给投资者，留待以后年度处理；二是这部分税后利润未指定特定用途。这部分留待以后年度分配的利润，可用于企业扩大生产经营活动，也可用于弥补以后年度的亏损，还可以留待以后年度向投资者分配利润。相对于所有者权益的其他部分而言，企业对未分配利润的使用有较大的自主权。

二、留存收益的核算

(一)盈余公积的核算

为了反映盈余公积的增减变动情况，企业应设置“盈余公积”账户。该账户属于所有者权益类账户，贷方登记企业按照规定从净利润中提取而形成的盈余公积，借方登记企业将盈余公积用于弥补亏损，转增资本，以及分配现金股利或利润而减少的数额，期末余额在贷方，反映企业提取的尚未使用的盈余公积结余额。本账户应下设“法定盈余公积”和“任意盈余公积”明细账户。

1. 盈余公积形成的核算

企业按照税后利润的一定比例提取盈余公积时，借记“利润分配”账户，贷记“盈余公积——法定盈余公积”、“盈余公积——任意盈余公积”账户。

【例3-4】 华夏公司2015年实现税后利润100万元，按规定提取10%的法定盈余公积、4%任意盈余公积。相关账户处理如下：

借：利润分配——提取法定盈余公积　　100 000

　　　　　　——提取任意盈余公积　　40 000

贷：盈余公积——法定盈余公积 100 000

——任意盈余公积 40 000

2. 盈余公积使用的核算

企业按规定用盈余公积弥补亏损时，应借记“盈余公积”账户，贷记“利润分配——其他转入”账户；用盈余公积转增资本时，应借记“盈余公积”账户，贷记“实收资本”或“股本”账户；用盈余公积分派现金股利或利润时，应借记“盈余公积”账户，贷记“应付现金股利”账户。

这里需要说明的是，用盈余公积弥补亏损或转增资本时，只是在所有权权益内部不同项目之间的一种转换。这种转换表明其指定用途的金额发生变化，但并未影响所有者权益总额的增减。

【例3－5】 华夏公司经股东大会批准，用盈余公积30万元弥补当期亏损。相关账户账务处理如下：

借：盈余公积 300 000

贷：利润分配——其他转入 300 000

【例3－6】 华夏公司股东大会决议，本期将盈余公积50万元转增资本。相关账务处理如下：

借：盈余公积 500 000

贷：实收资本 500 000

(二)未分配利润的核算

前已述及，未分配利润是企业留待以后年度进行分配的结存利润，也是所有者权益的一个组成部分。在会计核算上，未分配利润是通过“利润分配”账户下的“未分配利润”明细账进行核算的。在会计期末，公司将本期实现的各项收入和发生的各项费用全部转入“本年利润”账户进行分配，结存于该账户的贷方余额即为未分配利润，如果出现借方余额则为未弥补亏损。

在对未分配利润进行核算时，应注意“利润分配——未分配利润”明细账户的余额反映的是企业历年累计未分配利润或累计未弥补亏损，而不仅仅是一个会计年度的结果。另外，公司实现的利润弥补亏损不必专门做会计分录，只需要在年末结账时，将实现的利润结转至“利润分配——未分配利润”账户贷方，结转后自然递减了借方的未弥补的亏损。用利润弥补亏损，无论是税前利润补亏，还是税后利润补亏，会计处理方法均相同，区别在于纳税申报时，税法规定准予税前利润补亏，可以作为应税利润减少的调整数；而税法规定准予税后利润补亏的，不能调整减少应税利润。

【例3－7】 华夏公司年初未分配利润为30万元，本年实现净利润100万元，经股东大会批准的利润分配方案为：本年提取法定盈余公积10万元，提取任意盈余公积5万元，向投资者分配现金股利45万元。相关账务处理如下：

(1)结转本年实现的净利润时：

借：本年利润 1 000 000

贷：利润分配——未分配利润 1 000 000

(2)按规定进行利润分配时：

借：利润分配——提取法定盈余公积 100 000

——提取任意盈余公积 50 000
——应付股利 450 000
贷：盈余公积——法定盈余公积 100 000
——任意盈余公积 50 000
应付股利 450 000

(3)派发现金股利时：

借：应付股利 450 000
贷：银行存款 450 000

(4)结转本年利润分配时：

借：利润分配——未分配利润 600 000
贷：利润分配——提取法定盈余公积 100 000
——提取任意盈余公积 50 000
——应付股利现金 450 000

经过上述分配处理，“利润分配——未未分配利润”账户的贷方余额为 70 万元(30 + 100 - 10 - 5 - 45)，即为公司年末未分配利润的数额。

第四章　负债核算

第一节　负债概述

一、负债及其特征

在会计基本等式“资产 = 负债 + 所有者权益”中，等式左方表明企业资金的分布形态，而右方的两个组成部分则表明企业资金的来源渠道，即资金提供者对企业资产拥有的权益。这些权益按其要求人的不同，分为所有者权益和债权人权益两部分，其中债权人的权益称为负债。

我国《企业会计准则——基本准则》对负债的定义是：“负债是指企业过去的交易或者事项形成的、预期会导致经济利益流出企业的现时义务。”负债主要具有以下特征：

（一）负债是由已经发生的经济业务引起的企业现时义务

负债是企业过去的交易或者事项所形成的一种后果。只有当企业实际已经承担了相应义务的交易或事项确实发生时，才能在会计处理中确认这项负债。

（二）负债是在将来某个时日履行的强制性责任

负债是一种具有强制性的责任，这种强制性源于相关的法律、合同等的规定。强制性规定包括负债的金额、偿还时间、利率，以及对不能按期偿还的惩罚措施等。某项可有可无的、不具有强制性的责任，不能确认为负债。

（三）负债要通过企业资产的流出或劳务的提供来清偿

不论何种原因产生的负债，企业都必须在未来某一特定时间偿还，这种义务的偿还即意味着企业经济利益的减少。尽管有时，企业可通过举借新债或转为所有者权益来结束一项现有资产，但其中，前一种情况只是负债期限的延展，而后一种情况则相当于以增加所有者权益来获得资产，并用以偿债。总之，负债的清偿代表着企业未来经济利益的牺牲或丧失。

（四）负债金额能够用货币计量或估计

任何一项负债都可以用货币进行计量，而这种计量可以是确定的偿还金额，也可以是不确定的金额，但可以合理地加以判断或估计。

二、负债的内容和分类

负债包括的内容很多，有不同偿还期限的负债，也有不同原因形成的负债。总的来看，下列这些项目均属于企业负债：短期借款、应付票据、应付账款、预收账款、应付职工薪酬、应交税费、应付利息、其他应付款、长期借款、应付债券、长期应付款、专项应付款、预计负债等。

为满足不同信息使用者的需要，会计上需要对不同偿还要求的负债进一步分类。负债按其偿还期限的长短，可以分为流动负债和非流动负债。流动负债是指企业将在一年或长于一年的一个营业周期内偿还的债务，非流动负债(亦称长期负债)是指偿还期限在一年或超过一年的一个营业周期以上的债务。这种分类与资产的分类相同，其目的是未来便于分析企业的财务状况和偿债能力。企业的流动资产和流动负债的相对比例，可以大致反映企业的短期偿债能力；同时，通过可用于支付的流动资产(包括库存现金、银行存款等)与近期需支付的流动负债(包括短期借款、应付账款)的对比，可以了解企业的清算能力。当然，将负债划分为流动负债和非流动负债以一年或者超过一年的一个营业周期为界限，并且在资产负债表中分别列示，也有利于有关信息使用者通过对报表的对比分析，正确评价企业的财务状况，进而对企业的偿债能力做出合理判断。

第二节　流动负债核算

一、短期借款

(一)短期借款概述

短期借款是指向银行或其他金融机构借入的期限在一年以下的各种借款。这部分借款一般是企业为维持正常生产经营所需资金而借入的或为抵偿某项债务而借入的款项。短期借款的债务人一般称该项为“流动资金借款”。

短期借款的核算主要包括取得、计提并支付利息和到期偿还 3 个方面。

企业应通过“短期借款”账户核算短期借款的取得、偿还情况，贷方登记取得借款的本金数额，借方登记偿还借款的本金数额，余额在贷方，表示尚未偿还的借款本金数额。本账户按照债权人的名称设置明细账户，并按借款种类、贷款人和币种进行明细核算。

(二)短期借款的核算

1. 借入短期借款

企业从银行或其他金融机构取得短期借款时，借记“银行存款”账户，贷记“短期借款”账户。

【例 4-1】 华夏股份有限公司于 2016 年 1 月 1 日向中国工商银行北京市分行借入一笔生产经营用短期借款，共计 200 000 元，期限为 9 个月，年利率为 6%。根据与中国工商银行北京市分行签署的借款协议，该项借款的本金到期后一次归还；利息分月预提，按季支付。华夏股份有限公司的有关会计处理如下：

1 月 1 日借入短期借款时：

借：银行存款 200 000

贷：短期借款——中国工商银行北京市分行 200 000

2. 短期借款利息的处理

在实际工作中，银行一般于每季度末收取短期借款利息，因此，企业的短期借款利息一般采用月末预提的方式进行核算。短期借款利息属于筹资费用，应记入“财务费用”账户。企业在资产负债表日计算确定的短期借款利息费用，借记“财务费用”账户，贷记“应付利息”账户。

实际支付利息时，根据已经预提的利息，借记“应付利息”账户，根据应计利息，借记“财务费用”账户，根据应付利息总额，贷记“银行存款”账户。

【例 4-2】 承例 4-1，利息按月预提，按季支付。华夏股份有限公司的有关会计处理如下：

(1)1 月末，计提 1 月份应计利息时：

借：财务费用 1 000

贷：应付利息 1 000

本例中，短期借款利息 1 000 元属于企业的筹资费用，应记入“财务费用”账户。

2 月末计提 2 月份利息费用的处理与 1 月份相同。

(2)3 月末支付第一季度银行借款利息时：

借：财务费用 1 000

应付利息 2 000

贷：银行存款 3 000

本例中，1 月至 2 月已经计提的利息为 2 000 元，应借记“应付利息”账户，3 月份发生的利息费用也为 1 000 元，直接借记“财务费用”账户；实际支付利息 3 000 元，贷记“银行存款”账户。

第二、三季度的会计处理同上。

3. 到期偿还短期借款

企业短期借款到期偿还本金时，借记“短期借款”账户，贷记“银行存款”账户。

【例 4-3】 承例 4-1，2016 年 10 月 1 日到期归还借款本金，并支付最后一个季度利息。华夏股份有限公司的有关会计处理如下：

10 月 1 日偿还银行借款本金时：

借：短期借款——中国工商银行北京市分行 200 000

贷：银行存款 200 000

如果上述借款期限是 8 个月，则到期日为 2016 年 9 月 1 日，8 月末之前的会计处理与上述相同。9 月 1 日偿还银行借款本金，同时支付 7 月和 8 月已提的未付利息：

借：短期借款——中国工商银行北京市分行 200 000

应付利息 2 000

贷：银行存款 202 000

二、交易性金融负债

（一）交易性金融负债的界定

金融负债满足下列条件之一的，应当界定为交易性金融负债：

（1）该金融负债的目的，主要是为了近期内出售或回购。

（2）属于进行集中管理的可辨认金融工具组合的一部分，且有客观证据表明企业近期采用短期获利方式对该组合进行管理。

（3）属于衍生工具。但是，被指定且为有效的套期工具的衍生工具、属于财务担保合同的衍生工具、与在活跃市场中没有报价且其公允价值不能可靠计量的权益工具投资挂钩并须通过交付该权益工具结算的衍生工具除外。

（二）交易性金融负债需设置的会计账户

企业应设置“交易性金融负债”账户来核算所承担的交易性金融负债的公允价值。企业持有的直接指定为以公允价值计量且其变动计入当期损益的金融负债及处置交易性金融负债，也在本账户核算。衍生金融负债在“衍生工具”账户核算。本账户可按交易性金融负债类别，分别“本金”、“公允价值变动”等进行明细核算。

（三）交易性金融负债的主要账务处理

1. 企业承担的交易性金融负债

应按实际收到的金额，借记“银行存款”账户，按发生的交易费用，借记“投资收益”账户，按交易性金融负债的公允价值，贷记“交易性金融负债——本金”账户。其会计分录如下：

借：银行存款

　　投资收益（交易费用：手续费、佣金等）

　　贷：交易性金融负债——本金

2. 资产负债表日计算票面利息

按交易性金融负债票面利率计算的利息，借记“投资收益”账户，贷记“应付利息”账户。

3. 资产负债表日公允价值变动

资产负债表日，交易性金融负债的公允价值高于其账面余额的差额，借记“公允价值变动损益”账户，贷记“交易性金融负债——公允价值变动”账户；公允价值低于其账面余额的差额做相反的会计分录，即：借记“交易性金融负债——公允价值变动”账户，贷记“公允价值变动损益”账户。其会计分录如下：

（1）公允价值大于账面余额：

借：公允价值变动损益

　　贷：交易性金融负债——公允价值变动

（2）公允价值小于账面余额：

借：交易性金融负债——公允价值变动

　　贷：公允价值变动损益

4. 处置交易性金融负债

应按该金融负债的账面余额，借记“交易性金融负债”账户，按实际支付的金额，贷记“银行存款”账户，按其差额，贷记或借记“投资收益”账户。同时，按该金融负债的公允价值变动，借记或贷记“公允价值变动损益”账户，贷记或借记“投资收益”账户。其会计分录如下：

借：交易性金融负债——本金

——公允价值变动

贷：银行存款（实际支付金额）

交易性金融负债——公允价值变动

投资收益（差额，也可以在借方）

借：公允价值变动损益

贷：投资收益

或者：

借：投资收益

贷：公允价值变动损益

本账户期末贷方余额，反映企业承担的交易性金融负债的公允价值。

【例4－4】 华夏股份有限公司与新世纪股份有限公司发生如下交易：2015 年 11 月 1 日新世纪股份有限公司投资 300 000 元购买华夏股份有限公司的债券。该债券在 2015 年 12 月 31 日的公允价值为 280 000 元，在 2016 年 12 月 31 日的公允价值为 290 000 元。2017 年 1 月 10 日新世纪股份有限公司以 285 000 元的价格将该债券回售给华夏股份有限公司。华夏股份有限公司应做如下会计处理：

(1)2015 年 11 月 1 日承担负债时：

借：银行存款　　300 000

贷：交易性金融负债——本金　　300 000

(2)2015 年 12 月 31 日，公允价值下跌，确认该笔债券的公允价值变动损益(280 000－300 000＝－20 000)时：

借：交易性金融负债——公允价值变动　　20 000

贷：公允价值变动损益　　20 000

(3)2016 年 12 月 31 日，公允价值上升，确认该笔债券的公允价值变动损益(290 000－280 000＝10 000)时：

借：公允价值变动损益　　10 000

贷：交易性金融负债——公允价值变动　　10 000

(4)2017 年 1 月 10 日处置交易性金融负债时：

借：交易性金融负债——本金　　300 000

贷：银行存款　　285 000

交易性金融负债——公允价值变动　　10 000

投资收益　　5 000

借：公允价值变动损益　　10 000

贷：投资收益　　10 000

假如：2017 年 1 月 10 日新世纪股份有限公司以 298 500 元的价格将该债券回售给华夏股份有限公司。华夏股份有限公司应做如下会计处理：

借：交易性金融负债——本金　　300 000

投资收益 8 500
贷：银行存款 298 500
交易性金融负债——公允价值变动 10 000
借：公允价值变动损益 10 000
贷：投资收益 10 000

三、应付票据

应付票据是指企业购买材料、商品和接受劳务等而开出、承兑的商业汇票，包括商业承兑汇票和银行承兑汇票。应付票据按照票面是否载明利率，分为带息汇票和不带息汇票。对于带息应付票据，通常应在期末对尚未支付的应付票据计提利息，计入财务费用。

（一）应付票据的会计处理

为了核算企业商业汇票的签发、承兑和支付情况，应设置“应付票据”账户。本账户可按债权人进行明细核算。“应付票据”账户期末贷方余额，反映企业尚未到期的商业汇票的票面金额。

（二）带息应付票据的处理

应付票据如为带息票据，其票据的面值就是票据的现值。由于我国商业汇票的期限较短，因此通常在资产负债表日，对尚未支付的应付票据计提利息，计入当期财务费用；票据到期支付票款时，尚未计提的利息部分，直接计入当期财务费用。

（三）不带息应付票据的处理

不带息应付票据，其面值就是票据到期时的应付金额。

不论企业应付票据是否带息，企业开出、承兑商业汇票或以承兑商业汇票抵付货款、应付账款等，应借记“材料采购”、“库存商品”、“应交税费”、“应付账款”等账户，贷记“应付票据”账户。

企业支付银行承兑汇票的手续费，借记“财务费用”账户，贷记“银行存款”账户。支付票据，借记“应付票据”账户，贷记“银行存款”账户。

企业开出并承兑的商业承兑汇票如果不能到期支付，应在票据到期时将应付票据的账面价值转入“应付账款”账户，待协商后再进行处理。如果重新签发新票据以清偿原应付票据的，再从“应付账款”账户转入“应付票据”账户。银行承兑汇票如果到期，企业无力支付到期票款，在接到银行转来的“××号汇票无款支付转入逾期贷款户”等有关凭证时，借记“应付票据”账户，贷记“短期借款”账户。对计提利息，按短期借款的利息处理方法处理。

【例4-5】 华夏公司从利达公司购入材料一批，货款400 000元，增值税68 000元，当日签发并承兑一张为期3个月、面额为468 000元的不带息商业承兑汇票结算，材料已验收入库。编制会计分录如下：

（1）购入原材料时：

借：原材料 400 000
应交税费——应交增值税（进项税额） 68 000
贷：应付票据——利达公司 468 000

（2）到期支付票款时：

借：应付票据——利达公司 468 000

贷：银行存款　　468 000

(3) 如果上述汇票到期，企业暂时无力支付：

借：应付票据——利达公司　　468 000

贷：应付账款——利达公司　　468 000

【例 4－6】　华夏公司从赛阳公司购入乙材料一批，货款 60 000 元，增值税 10 200 元，价税款当日签发并通过银行承兑一张为期 3 个月、面额为 70 200 元的带息银行承兑汇票结算。支付承兑手续费 35.1 元。汇票年利率 5%。材料已验收入库。编制会计分录如下：

(1) 向银行申请承兑，支付承兑手续费：

借：财务费用——手续费　　35.1

贷：银行存款　　35.1

(2) 持汇票购买材料：

借：原材料　　60 000

应交税费——应交增值税(进项税额)　　10 200

贷：应付票据——赛阳公司　　70 200

(3) 票据到期企业支付票据本息：

借：应付票据——赛阳公司　　70 200

财务费用——利息　　877.5

贷：银行存款　　71 077.5

(4) 若票据到期，企业无力付款，则由承兑银行承担付款责任代其付款：

借：应付票据——赛阳公司　　70 200

财务费用——利息　　877.5

贷：短期借款——逾期贷款　　71 077.5

四、应付账款

(一) 应付账款概述

应付账款是指企业因购买材料、商品或接受劳务供应等经营活动应支付的款项。应付账款，一般应在与所购买物资所有权相关的主要风险和报酬已经转移，或者所购买的劳务已经接受时确认。在实际工作中，为了使所购入物资的金额、品种、数量和质量等与合同规定的条款相符，避免因验收时发现所购物资存在数量或质量问题而对入账的物资或应付账款金额进行改动，在物资和发票账单同时到达的情况下，一般在所购物资验收入库后，再根据发票账单登记入账，确认应付账款。在所购物资已经验收入库，但是发票账单未能同时到达的情况下，企业应付物资供应单位的债务已经成立，在会计期末，为了反映企业的负债情况，需要将所购物资和相关的应付账款暂估入账，待下月初作相反分录予以冲回。

(二) 应付账款的核算

为了核算应付账款的发生、偿还及转销等情况，企业应设置“应付账款”账户。该账户贷方登记企业购买材料、商品或接受劳务等而发生的应付账款，或已冲销的无法支付的应付账款；借方登记偿还的应付账款，或开出商业汇票抵付应付账款的款项，或冲销无法支付的应付账款；期末余额一般在贷方，表示企业尚未支付的应付账款余额。本账户应当按照不同的债权人设置明细账户进行明细核算。企业应付各种赔款、应付租金、应付存入保证金等，不在本账户核算，而应在“其他应付款”账户核算。

1. 发生应付账款

企业购入材料、商品等或接受劳务所产生的应付账款，应按应付金额入账。购入材料、商品等验收入库，但货款尚未支付，根据有关凭证(发票账单、随货同行发票上记载的实际价款或暂估价值)，借记“材料采购”、“在途物资”等账户；按可抵扣的增值税税额，借记“应交税费——应交增值税(进项税额)”账户；按应付的价款，贷记“应付账款”账户。企业接受供应单位提供劳务而发生的应付未付款项，根据供应单位的发票账单，借记“生产成本”、“管理费用”等账户，贷记“应付账款”账户。

应付账款一般按应付金额入账，而不按到期应付金额的现值入账。如果购入的资产在形成一笔应付账款时是带有现金折扣的，应付账款的入账金额按发票上记载的应付金额的总值确定。在这种方法下，应按发票上记载的全部应付金额，借记有关账户，贷记“应付账款”账户，获得的现金折扣冲减财务费用。

【例4-7】 华夏股份有限公司为增值税一般纳税人。2016年2月1日该企业从海韵股份有限公司购入一批材料，货款10 000元，增值税额1 700元，对方代垫运杂费800元。材料已运到并验收入库(该企业材料按实际成本计价核算)，款项尚未支付。华夏股份有限公司的有关会计处理如下：

借：材料采购　　10 800
　　应交税费——应交增值税(进项税额)　　1 700
　　贷：应付账款——海韵股份有限公司　　12 500

【例4-8】 华夏股份有限公司于2016年2月8日，从海韵股份有限公司购入一批电视机并已验收入库，货款200 000元，增值税额34 000元。按照购货协议的规定，华夏股份有限公司如在20天内付清货款，将获得1%的现金折扣(假定计算现金折扣时需考虑增值税)。华夏股份有限公司的有关会计处理如下：

借：库存商品　　200 000
　　应交税费——应交增值税(进项税额)　　34 000
　　贷：应付账款　　234 000

本例中，华夏股份有限公司对海韵股份有限公司的应付账款附有现金折扣，应按照扣除现金折扣前的应付账款总额234 000元记入“应付账款”账户。

【例4-9】 根据为民自来水公司的水费通知单，华夏股份有限公司本月应支付水费6 000元，其中生产车间水费5 000元，企业行政管理部门水费1 000元，款项尚未支付。华夏股份有限公司的有关会计处理如下：

借：制造费用　　5 000
　　管理费用　　1 000
　　贷：应付账款——为民自来水公司　　6 000

2. 偿还应付账款

企业偿还应付账款或开出商业汇票抵付应付账款时，借记“应付账款”账户，贷记“银行存款”、“应付票据”等账户。

【例4-10】 承例4-7，2月11日，华夏股份有限公司用银行存款支付上述应付账款。华夏股份有限公司的有关会计处理如下：

借：应付账款——海韵股份有限公司　　12 500
　　贷：银行存款　　12 500

【例 4－11】　承例 4－8，华夏股份有限公司于 2016 年 2 月 26 日，按照扣除现金折扣后的金额，用银行存款付清了所欠海韵股份有限公司货款。华夏股份有限公司的有关会计处理如下：

借：应付账款——海韵股份有限公司　　234 000
　　贷：银行存款　　231 660
　　　　财务费用　　2 340

本例中，华夏股份有限公司在 2 月 26 日（即购货后的第 18 天）付清所欠海韵股份有限公司的货款，按照购货协议可以获得现金折扣。华夏股份有限公司获得的现金折扣＝234 000×1%＝2 340（元），实际支付的货款＝234 000－2 340＝231 660（元）。因此，华夏股份有限公司应付账款总额 234 000 元，应借记“应付账款”账户；获得的现金折扣 2 340 元，应冲减财务费用，贷记“财务费用”账户；实际支付的货款 231 660 元，应贷记“银行存款”账户。

3. 转销应付账款

企业转销确实无法支付的应付账款，应按其账面余额计入营业外收入，借记“应付账款”账户，贷记“营业外收入”账户。

【例 4－12】　2016 年 12 月 31 日，华夏股份有限公司确定一笔应付账款 5 000 元为无法支付的款项，应予转销。华夏股份有限公司的有关会计处理如下：

借：应付账款　　5 000
　　贷：营业外收入——其他　　5 000

本例中，华夏股份有限公司转销确实无法支付的应付账款 5 000 元，应按其账面余额记入“营业外收入——其他”账户。

五、预收账款

（一）预收账款概述

预收账款，是指企业按照合同规定向购货单位预收的款项。与应付账款不同，预收账款所形成的负债不是以货币偿还，而是以货物偿还。有些购销合同规定，销货企业可向购货企业预先收取一部分货款，待到发货后再收取其余货款。企业在发货前收取的货款，表明企业承担了会在未来导致经济利益流出企业的应履行的义务，这就成为企业的一项负债。

为了核算预收账款的发生和偿还情况，企业应设置“预收账款”账户。该账户的贷方登记预收货款的数额和购货单位补付货款的数额；借方登记企业向购货方发货后冲销的预收货款的数额和退回购货方多付货款的数额；期末余额一般在贷方，表示已预收货款但尚未向购货方发货的数额；期末如为借方余额，反映企业尚未转销的款项。本账户应按购货单位的名称设置明细账户，进行明细分类核算。预收货款业务不多的企业，可以不单独设置“预收账款”账户，其所发生的预收货款，可通过“应收账款”账户核算。

（二）预收账款的核算

企业向购货单位预收款项时，借记“银行存款”账户，贷记“预收账款”账户；销售实现时，按实现的收入和应交的增值税销项税额，借记“预收账款”账户，按照实现的营业收入，贷记“主营业务收入”账户，按照增值税专用发票上注明的增值税税额，贷记“应交税费——

应交增值税(销项税额)”等账户；企业收到购货单位补付的款项，借记“银行存款”账户，贷记“预收账款”账户；向购货单位退回其多付的款项时，借记“预收账款”账户，贷记“银行存款”账户。

【例4-13】 华夏股份有限公司为增值税一般纳税人。2016年5月8日，华夏股份有限公司与乙企业签订供货合同，向其出售一批产品，货款金额共计20 000元，应交纳增值税3 400元。根据供货合同规定，乙企业在购货合同签订一周内，应向华夏股份有限公司预付货款12 000元，剩余货款在交货后付清。2016年5月12日，华夏股份有限公司收到乙企业交来的预付款12 000元并存入银行。2016年5月19日，华夏股份有限公司将货物发到乙企业并开出增值税发票，乙企业验收合格后付清了剩余货款。华夏股份有限公司的有关会计处理如下：

(1)5月12日，华夏股份有限公司收到乙企业交来的预付款12 000元并存入银行：

借：银行存款　　12 000

　　贷：预收账款——乙企业　　12 000

(2)5月19日，华夏股份有限公司向乙企业发出商品时：

借：预收账款——乙企业　　23 400

　　贷：主营业务收入　　20 000

　　　　应交税费——应交增值税(销项税额)(20 000×17%)　　3 400

(3)5月25日，华夏股份有限公司收到乙企业补付的货款时：

借：银行存款　　11 400

　　贷：预收账款——乙企业(23 400-12 000)　　11 400

本例中，假若华夏股份有限公司只能向乙企业供货8 000元，则华夏股份有限公司应退回预收款2 640元。华夏股份有限公司的有关会计处理如下：

借：预收账款——乙企业　　12 000

　　贷：主营业务收入　　8 000

　　　　应交税费——应交增值税(销项税额)(8 000×17%)　　1 360

　　　　银行存款　　2 640

此外，在预收账款核算中值得注意的是，企业预收账款情况不多的，也可不设“预收账款”账户，将预收的款项直接记入“应收账款”账户的贷方。

【例4-14】 以例4-13的资料为例，假设华夏股份有限公司不设置“预收账款”账户，通过“应收账款”账户核算有关业务。华夏股份有限公司的有关会计处理如下：

(1)5月12日，华夏股份有限公司收到乙企业交来的预付款12 000元并存入银行：

借：银行存款　　12 000

　　贷：应收账款——乙企业　　12 000

(2)5月19日，华夏股份有限公司向乙企业发出商品时：

借：应收账款——乙企业　　23 400

　　贷：主营业务收入　　20 000

　　　　应交税费——应交增值税(销项税额)　　3 400

(3)5月25日，华夏股份有限公司收到乙企业补付的货款时：

借：银行存款　　11 400

贷：应收账款——乙企业 11 400

六、应付职工薪酬

（一）应付职工薪酬概述

应付职工薪酬是指企业根据有关规定应付给职工的各种薪酬，包括职工工资、奖金、津贴和补贴，职工福利费，医疗、养老、失业、工伤、生育等社会保险费，住房公积金，工会经费，职工教育经费，非货币性福利等因职工提供服务而产生的义务。

应付职工薪酬包括职工在职期间和离职后提供给职工的全部货币性薪酬和非货币性福利。提供给职工配偶、子女或其他被赡养人的福利等，也属于职工薪酬。

非货币性福利包括企业以自产产品发放给职工作为福利、将企业拥有的资产无偿提供给职工使用和为职工无偿提供医疗保健服务等。

这里的职工，不仅包括与企业订立劳动合同的所有人员（全职、兼职和临时职工），也包括未与企业订立劳动合同但由企业正式任命的企业治理层和管理层人员，如董事会成员、监事会成员和内部审计委员会成员等；还包括在企业的计划和控制下，虽未与企业订立劳动合同或未正式任命但为其提供与职工类似服务的人员，如劳务用工合同人员，也视同企业职工。

从广义上讲，职工薪酬是企业必须付出的人力成本，是吸引和激励职工的重要手段，也就是说，职工薪酬既是职工对企业投入劳动获得的报酬，也是企业的成本费用。具体而言，职工薪酬主要包括以下几方面的内容：

1. 职工工资、奖金、津贴和补贴

职工工资、奖金、津贴和补贴，是指按照国家统计局《关于工资总额组成的规定》构成工资总额的计时工资、计件工资、支付给职工的超额劳动报酬和增收节支的劳动报酬、为了补偿职工特殊或额外的劳动消耗和因其他特殊原因支付给职工的津贴，以及为了保证职工工资水平不受影响支付给职工的物价补贴等。企业按规定支付给职工的加班加点工资以及根据国家法律、法规和政策规定，在职工因病、工伤、产假、计划生育假、婚丧假、事假、探亲假、定期休假、停工学习、履行国家或社会义务等特殊情况下，按照计时工资或计件工资标准的一定比例支付的工资，也属于职工工资范畴。

2. 职工福利费

职工福利费，是指企业为职工提供的福利，例如为补助职工食堂、生活困难职工等从成本费用中提取的金额。

3. 社会保险费

社会保险费，是指企业按照国家规定的基准和比例计算，向社会保险经办机构缴纳的医疗保险费、养老保险费、失业保险费、工伤保险费和生育保险费，以及根据《企业年金试行办法》、《企业年金基金管理试行办法》等相关规定，向有关单位（企业年金基金账户管理人）缴纳的补充养老保险费。此外，以商业保险形式提供给职工的各种保险待遇也属于企业提供的职工薪酬。

4. 住房公积金

住房公积金，是指企业按照国务院《住房公积金管理条例》规定的基准和比例计算，向住房公积金管理机构缴存的住房公积金。

5. 工会经费和职工教育经费

工会经费和职工教育经费，是指企业为了改善职工文化生活，提高职工业务素质用于开展工会活动和职工教育及职业技能培训，根据国家规定的基准和比例，从成本费用中提取的金额。

6. 非货币性福利

非货币性福利，是指企业以自产产品或外购商品发放给职工作为福利，将自己拥有的资产无偿提供给职工使用，为职工无偿提供医疗保健服务等。

7. 辞退福利

辞退福利，是指在职工的合同到期之前解除劳务合同或职工自愿接受裁减而给予的补偿。

8. 其他与获得职工提供的服务相关的支出

其他与获得职工提供的服务相关的支出，是指除上述7种薪酬以外的其他为获得职工提供的服务而给予的薪酬，比如企业提供给职工以现金形式结算但以权益工具公允价值为基础确定的现金股票增值权等。

总之，从薪酬的涵盖时间和支付形式来看，职工薪酬包括企业职工在职期间和离职后给予的所有货币性薪酬和非货币性福利；从薪酬的支付对象来看，职工薪酬包括提供给职工本人及其配偶、子女或其他被赡养人的福利，比如支付给因公伤亡职工的配偶、子女或其他被赡养人的抚恤金。

（二）应付职工薪酬的核算

企业通过"应付职工薪酬"账户核算应付职工薪酬的提取、结算、使用等情况。本账户可按工资、职工福利、社会保险费、住房公积金、工会经费、职工教育经费、非货币性福利、辞退福利、股份支付等进行明细核算。

1. 应付职工薪酬的确认和计量

(1) 货币性职工薪酬的确认和计量。企业应当在职工为其提供服务的会计期间，将应付的职工薪酬确认为负债，除因解除与职工的劳动关系给予的补偿外，应当根据职工提供服务的受益对象，分别下列情况处理：

①应由生产产品、提供劳务负担的职工薪酬计入产品成本或劳务成本。生产产品、提供劳务中的直接生产人员和直接提供劳务人员发生的职工薪酬，计入产品成本或劳务成本。但非正常消耗的直接生产人员和直接提供劳务人员的职工薪酬，应当在发生时确认为当期损益。

②应由在建工程、无形资产负担的职工薪酬，计入建造固定资产或无形资产成本。自行建造固定资产和自行研究开发无形资产过程中发生的职工薪酬，能否计入固定资产或无形资产成本，取决于相关资产的成本确定原则。比如企业在研究阶段发生的职工薪酬不能计入自行开发无形资产的成本，在开发阶段发生的职工薪酬，符合无形资产资本化条件的，应当计入自行开发无形资产的成本。

③其他职工薪酬，计入当期损益。除直接生产人员、直接提供劳务人员、建造固定资产人员、开发无形资产人员以外的职工，包括公司总部管理人员、董事会成员、监事会成员等人员相关的职工薪酬，因难以确定直接对应的受益对象，均应当在发生时计入当期损益。

对于货币性职工薪酬，还应分别情况处理：

①工资。企业的工资应作如下会计处理：

借：生产成本——基本生产成本（产品生产人员工资）
　　制造费用（车间管理人员工资）
　　劳务成本（生产部门人员工资）
　　管理费用（管理人员工资）
　　销售费用（销售人员工资）
　　在建工程（在建工程人员工资）
　　研发支出（研发人员工资）
　　利润分配——提取的职工奖励及福利基金（外商投资企业提取的职工奖励及福利金）
　　贷：应付职工薪酬——工资

【例4-15】 华夏股份有限公司月末，分配职工工资1 000 000元，其中直接生产产品人员工资450 000元，车间管理人员工资80 000元，企业行政管理人员工资160 000元，专设销售机构人员工资120 000元，在建工程人员工资110 000元，新产品研发人员工资80 000元。华夏股份有限公司应作如下会计处理：

科目	借方	贷方
借：生产成本——基本生产成本	450 000	
制造费用	80 000	
管理费用	160 000	
销售费用	120 000	
在建工程	110 000	
研发支出	80 000	
贷：应付职工薪酬——工资		1 000 000

②职工福利和社会保险。对于社会保险等国家规定了计提基础和计提比例的，按照国家规定的标准计提；对于职工福利等国家没有规定计提基础和计提比例的，企业应根据历史经验数据和实际情况合理预计。

（2）对于货币性薪酬，在确定应付职工薪酬和应当计入成本费用的职工薪酬金额时，企业应当区分两种情况进行处理：

①具有明确计提标准的货币性薪酬。对于国务院有关部门、省、自治区、直辖市人民政府或经批准的企业年金计划规定了计提基础和计提比例的职工薪酬项目，企业应当按照规定的计提标准，计量企业应承担的职工薪酬义务金额和计入成本费用的职工薪酬。其中：A.“五险一金”。对于医疗保险费、养老保险费、失业保险费、工伤保险费、生育保险费和住房公积金，企业应当按照国务院、所在地政府或企业年金计划规定的标准计量应付职工薪酬义务金额和应相应计入成本费用的薪酬金额。B.工会经费和职工教育经费。企业应当按照国家相关规定，分别按照职工工资总额的2%和1.5%计量应付职工薪酬（工会经费、职工教育经费）义务金额和应相应计入成本费用的薪酬金额；从业人员技术要求高、培训任务重、经济效益好的企业，可根据国家相关规定，按照职工工资总额的2.5%计算应计入成本费用的职工教育经费。按照明确标准计算确定应承担的职工薪酬义务金额后，再根据受益对象计入相关资产的成本或当期费用。

②没有明确计提标准的货币性薪酬。对于国家（包括省、直辖市、自治区政府）相关法律法规没有明确规定计提基础和计提比例的职工薪酬，企业应当根据历史经验数据和自身实际

情况，计算确定应付职工薪酬金额和应计入成本费用的薪酬金额。

职工福利和社会保险的会计处理如下：

借：生产成本——基本生产成本（产品生产人员工资）
　　制造费用（车间管理人员工资）
　　劳务成本（生产部门人员工资）
　　管理费用（管理人员工资）
　　销售费用（销售人员工资）
　　在建工程（在建工程人员工资）
　　研发支出（研发人员工资）
　　利润分配——提取的职工奖励及福利基金（外商投资企业提取的职工奖励及福利金）
　　贷：应付职工薪酬——职工福利、社会保险

【例 4 -16】 华夏股份有限公司本月应向社会保险经办机构缴纳职工各项社会保险共计 100 000 元，其中直接生产产品人员社会保险 56 000 元，车间管理人员社会保险 5 000 元，企业行政管理人员社会保险 16 000 元，专设销售机构人员社会保险 10 000 元，在建工程人员社会保险 8 000 元，新产品研发人员社会保险 5 000 元。华夏股份有限公司应作如下会计处理：

借：生产成本——基本生产成本	56 000	
制造费用	5 000	
管理费用	16 000	
销售费用	10 000	
在建工程	8 000	
研发支出	5 000	
贷：应付职工薪酬——社会保险		100 000

（3）非货币性职工薪酬的确认和计量。企业在确认非货币性职工薪酬时，一方面计入相关资产成本或当期损益（难以认定受益对象的非货币性福利，直接计入当期损益），另一方面确认“应付职工薪酬——非货币性福利”。

第一，企业以自产产品发放给职工作为非货币性福利的，应按公允价值作为应付职工薪酬计入相关资产成本或当期费用；

第二，企业将住房无偿提供给职工使用的，应将计提的折旧作为应付职工薪酬计入相关资产成本或当期费用；

第三，企业将租赁的住房无偿提供给职工使用的，应将每期应付的租金作为应付职工薪酬计入相关资产成本或管理费用。

①以自产产品作为非货币性福利发放给职工。其会计处理如下：

借：管理费用、生产成本、制造费用
　　贷：应付职工薪酬——非货币性福利

【例 4 -17】 华夏股份有限公司共有职工 500 人，其中直接从事产品生产的有 210 人，车间管理人员 30 人，企业行政管理人员 80 人，专设销售机构人员 100 人，在建工程人员 60 人，新产品研发人员 20 人。本月该公司以自产的成本为 500 元的电饭煲作为节日福利发放给企业每位职工。该型号的电饭煲每台市场价为 800 元，适用增值税税率为 17%。华夏股份有限公司应作如下会计处理：

借：生产成本——基本生产成本　　196 560
　　制造费用　　28 080
　　管理费用　　74 880
　　销售费用　　93 600
　　在建工程　　56 160
　　研发支出　　18 720
　　贷：应付职工薪酬——非货币性福利　　468 000

②将企业拥有的房屋等资产无偿提供给职工使用。其会计处理如下：

借：管理费用、生产成本、制造费用
　　贷：应付职工薪酬——非货币性福利

③租赁住房等资产供职工无偿使用：

借：管理费用、生产成本、制造费用
　　贷：应付职工薪酬——非货币性福利

【例 4－18】 华夏股份有限公司为各部门经理每位提供小轿车免费使用，同时为每位副总裁租赁一套公寓免费使用。该公司部门经理共有 16 人，副总裁共有 5 人。假定小轿车每辆月折旧额为 2 000 元，每套公寓月租金为 6 000 元。华夏股份有限公司应作如下会计处理：

计提小轿车的折旧时：

借：管理费用　　32 000
　　贷：应付职工薪酬——非货币性福利　　32 000
借：应付职工薪酬——非货币性福利　　32 000
　　贷：累计折旧　　32 000

确认住房租金时：

借：管理费用　　30 000
　　贷：应付职工薪酬——非货币性福利　　30 000

(4)辞退福利的确认和计量。辞退福利包括两方面的内容：一是在职工劳动合同尚未到期前，不论职工本人是否愿意，企业决定解除与职工的劳动关系而给予的补偿。二是在职工劳动合同尚未到期前为鼓励职工自愿接受裁减而给予的补偿，职工有权利选择继续在职或接受补偿离职。辞退福利通常采取解除劳动关系时一次性支付补偿的方式，也有通过提高退休后养老金或其他离职后福利标准，或者在职工不再为企业带来经济利益后，将职工工资部分支付到辞退后未来某一期间的方式。在确定企业提供的经济补偿是否为辞退福利时，应当注意以下两个问题：

①有根据有关规定按工作类别或职位确定且即将实施的解除劳动关系或自愿接受裁减补偿金额。这里所称解除劳动关系和自愿接受裁减应当经过董事会或类似权力机构的批准；即将实施是指辞退工作一般应当在一年内实施完毕但因付款程序等原因使部分付款推迟到一年后支付的，视为符合辞退福利预计负债确认条件。

②企业不能单方面撤回解除劳动关系计划或裁减建议。如果企业能够单方面撤回解除劳动关系计划或裁减建议，则表明未来经济利益流出不是很可能，因而不符合负债确认条件。

由于被辞退的职工不再为企业带来未来经济利益，因此，对于满足负债确认条件的所有辞退福利，均应当于辞退计划满足预计负债确认条件的当期计入费用，不计入资产成本。需要注意的是，对于分期或分阶段实施的解除劳动关系计划或自愿裁减建议，企业应当将整个计划看作是由一个个单项解除劳动关系计划或自愿裁减建议组成。在每期或每阶段计划符合预计负债确认条件时，将该期或该阶段计划中由提供辞退福利产生的预计负债予以确认，计入该部分计划满足预计负债确认条件的当期管理费用，不能等全部计划都符合确认条件时再予以确认。

2. 发放职工薪酬的会计处理

(1) 支付职工工资、奖金、津贴和补贴：

①向银行提取现金时：

借：库存现金

  贷：银行存款

②发放时：

借：应付职工薪酬——工资

  贷：库存现金

③代扣代缴时：

借：应付职工薪酬——工资

  贷：其他应付款

    应交税费——应交个人所得税

【例4-19】 华夏股份有限公司根据工资结算汇总表结算本月应付职工工资总额800 000元，代扣房租、水电费共计50 000元，代扣个人所得税30 000元，实发工资720 000元。华夏股份有限公司应作如下会计处理：

向银行提取现金时：

借：库存现金 720 000

  贷：银行存款 720 000

发放时：

借：应付职工薪酬——工资 720 000

  贷：库存现金 720 000

代扣代缴时：

借：应付职工薪酬——工资 80 000

  贷：其他应收款——房租、水电费 50 000

    应交税费——应交个人所得税 30 000

(2) 支付职工福利费：

借：应付职工薪酬——职工福利

  贷：库存现金

(3) 支付工会经费、职工教育经费和缴纳社会保险费、住房公积金等：

借：应付职工薪酬——工会经费、职工教育经费、社会保险费、住房公积金

  贷：银行存款

【例4-20】 根据4-16的资料，公司以电汇方式为职工缴纳社会保险费100 000元。华夏股份有限公司应作如下会计处理：

借：应付职工薪酬——社会保险费 100 000

贷：银行存款　　100 000

(4)发放非货币性福利：

①企业用自产产品作为福利发放给员工：

借：应付职工薪酬——非货币性福利

　　贷：主营业务收入

　　　　应交税费——应交增值税(销项税额)

借：主营业务成本

　　贷：库存商品

【例4－21】　根据例4－17的资料，依税法的有关规定，公司将自产产品作为福利发给职工应视同销售核算增值税销项税额。华夏股份有限公司应作如下会计处理：

借：应付职工薪酬——非货币性福利　　468 000

　　贷：主营业务收入　　400 000

　　　　应交税费——应交增值税(销项税额)　　6 800

②将企业拥有的房屋等资产无偿提供给职工使用：

借：应付职工薪酬——非货币性福利

　　贷：累计折旧

③企业支付租赁住房等资产供职工无偿使用所发生的租金：

借：应付职工薪酬——非货币性薪酬

　　贷：银行存款

【例4－22】　根据例4－18的资料，公司支付房屋租金时，华夏股份有限公司应作如下会计处理：

借：应付职工薪酬——非货币性薪酬　　30 000

　　贷：银行存款　　30 000

七、应交税费

(一)应交税费概述

企业根据税法规定应交纳的各种税费包括增值税、消费税、城市建设维护税、资源税、企业所得税、土地增值税、房产税、车船税、土地使用税、教育费附加、矿产资源补偿费、印花税、耕地占用税等。

企业应通过“应交税费”账户，总括反映各种税费的应交、交纳等情况。该账户贷方登记应交纳的各种税费，借方登记实际交纳的税费；期末余额一般在贷方，反映企业尚未交纳的税费，期末余额如在借方，反映企业多交或尚未抵扣的税费。本账户按应交的税费项目设置明细账户进行明细核算。

企业代扣代缴的个人所得税等，也通过“应交税费”账户核算，而企业交纳的印花税、耕地占用税等不需要预计应交数的税金，不通过“应交税费”账户核算。

(二)增值税的核算

增值税是以商品(含应税劳务、应税行为)在流转过程中实现的增值额作为计税依据而征收的一种流转税。我国增值税相关法规规定，在我国境内销售货物，提供加工修理或修配劳务(以下简称应税劳务)，销售应税服务、无形资产、不动产(以下简称应税行为)，以及进口货物的企业单位和个人为增值税纳税人。其中，应税服务包括交通运输服务、邮政服务、电信服务、金融服务、现代服务、生活服务。

根据经营规模大小及会计核算健全程度，增值税纳税人分为一般纳税人和小规模纳税人。计算增值税的方法分为一般计税方法和简易计税方法。

增值税的一般计税方法，是先按当期销售额和适用的税率计算出销项税额，然后以该销项税额对当期购进项目支付的税款（即进项税额）进行抵扣，从而间接计算出当期的应纳税额。其计算公式如下：

当期应纳税额 = 当期销项税额 - 当期进项税额

公式中的“当期销项税额”是指纳税人当期销售货物、提供应税劳务、发生应税行为时按照销售额和增值税税率计算并收取的增值税额。销项税额的计算公式：

销项税额 = 销售额 × 增值税税率

公式中的“当期进项税额”是指纳税人当期购进货物、接受加工修理或修配劳务、购买应税服务、无形资产和不动产所支付或承担的增值税税额。通常包括：①增值税专用发票注明的增值税税额；②海关完税凭证上注明的增值税税额；③购进农产品，按照农产品收购发票或者销售发票注明的农产品买价和11%扣除率计算的进项税额；④接受境外单位或个人提供应税服务，从税务机关或者境内代理人取得的解缴税款凭证上注明的增值税税额。

增值税税率，如表3－1所示。

1. 一般纳税人的核算

（1）设置账户。为了核算企业应交增值税的发生、抵扣、交纳、退回及转出情况，企业应在“应交税费”账户下分别设置“应交增值税”、“未交增值税”、“预缴增值税”、“待抵扣进项税额”、“待认证进项税额”、“待转销项税额”等明细账户。

应交税费——未交增值税：核算一般纳税人月度终了从“应交增值税”或“预缴增值税”明细账户转入当月应交未交、多交或预缴的增值税额，以及当月交纳以前期间未交的增值税额。

应交税费——预缴增值税：核算一般纳税人转让不动产、提供不动产经营租赁服务、提供建筑服务、采用预收款方式销售自行开发的房地产项目等，按现行增值税制度规定应预缴的增值税额。

应交税费——待抵扣增值税额：核算一般纳税人已取得增值税扣税凭证并经税务机关认证，按照现行增值税制度规定准予以后期间从销项税额中抵扣的进项税额。

应交税费——待认证进项税额：核算一般纳税人由于未取得增值税扣税凭证或未经税务机关认证而不得从当期销项税额中抵扣的进项税额。

应交税费——待转销项税额：核算一般纳税人销售货物、提供加工修理修配劳务、提供服务、转让无形资产或不动产，已确认相关收入（或利得）但尚未发生增值税纳税义务而需要以后期间确认为销项税额的增值税额。

（2）取得资产、接受应税劳务或发生应税行为。

①一般纳税人购进货物、接受加工修理修配劳务或者服务、取得无形资产或者不动产，按应计入相关成本费用的金额，借记“在途物资”或“原材料”、“库存商品”、“生产成本”、“无形资产”、“固定资产”、“管理费用”等账户；按可抵扣的增值税额，借记“应交税费——应交增值税（进项税额）”账户；按应付或实际支付的金额，贷记“应付账款”、“应付票据”、

“银行存款”等账户。购进货物等发生的退货，应根据税务机关开具的红字增值税专用发票编制相反的会计分录。

表3－1　增值税税率

增值税税率	具体规定
基本税率17%	(1)纳税人销售或者进口货物(除适用低税率和零税率的外) (2)纳税人提供加工、修理修配劳务(以下称应税劳务) (3)有形动产租赁服务 【提示】有形动产租赁，包括有形动产融资租赁和有形动产经营性租赁 水路运输的光租业务和航空运输的干租业务，属于有形动产经营性租赁
低税率11%	(1)农产品(含粮食)、自来水、暖气、石油液化气、天然气、食用植物油、冷气、热水、煤气、居民用煤炭制品、食用盐、农机、饲料、农药、农膜、化肥、沼气、二甲醚、图书、报纸、杂志、音像制品、电子出版物 (2)交通运输服务 (3)邮政服务 (4)基础电信服务 (5)建筑服务 (6)不动产租赁服务 (7)销售不动产 (8)转让土地使用权
低税率6%	(1)现代服务(租赁服务除外) (2)增值电信服务 (3)金融服务 (4)生活服务 (5)销售无形资产(转让土地使用权除外)
零税率	(1)除国务院另有规定外，纳税人出口货物，税率为零 (2)财政部和国家税务总局规定的跨境应税行为，税率为零。主要包括国际运输服务；航天运输服务；向境外单位提供的完全在境外消费的下列服务：研发服务、合同能源管理服务、设计服务、广播影视节目(作品)制作和发行服务、软件服务、电路设计及测试服务、信息系统服务、业务流程管理服务、离岸服务外包业务、转让技术 (3)境内单位和个人以无运输工具承运方式提供的国际运输服务，由境内实际承运人适用增值税零税率；无运输工具承运业务的经营者适用增值税免税政策

企业购进农产品，除取得增值税专用发票或者海关进口增值税专用缴款书外，可以按照农产品收购发票或者销售发票上注明的农产品买价和11%的扣除率计算的进项税额，借记“应交税费——应交增值税(进项税额)”账户；按农产品买价扣除进项税额后的差额，借记“材料采购”、“在途物资”、“原材料”、“库存商品”等账户，按照应付或实际支付的价款，贷记“应付账款”、“应付票据”、“银行存款”等账户。

【例4－23】 华夏股份有限公司为增值税一般纳税人企业，适用的增值税税率为17%，原材料按实际成本核算，销售商品价格为不含增值税的公允价格。2016年6月份发生经济交易或事项以及相关的会计分录如下：

A. 5日，购入原材料一批，增值税专用发票上注明价款为120 000元，增值税税额为

20 400 元，材料尚未到达，全部款项已用银行存款支付。

借：在途物资　　120 000

　　应交税费——应交增值税（进项税额）　　20 400

　　贷：银行存款　　140 400

B. 10 日，收到 5 日购入的原材料并验收入库，实际成本 120 000 元。同日，与运输公司结清运输费用。增值税专用发票上注明运输费用 5 000 元，增值税税额为 550 元。运输费用和增值税税额已用转账支票支付。

借：原材料　　125 000

　　应交税费——应交增值税（进项税额）　　550

　　贷：银行存款　　5 550

　　　　在途物资　　120 000

C. 15 日，购入不需要安装设备一台。增值税专用发票上注明的价款为 180 000 元，增值税税额为 30 600 元。款项尚未支付。

借：固定资产　　180 000

　　应交税费——应交增值税（进项税额）　　30 600

　　贷：应付账款　　210 600

D. 20 日，购入免税农产品一批。价款 200 000 元，规定的扣除率为 11%。货物尚未到达，货款已用银行存款支付。

借：在途物资　　178 000

　　应交税费——应交增值税（进项税额）　　22 000

　　贷：银行存款　　200 000

进项税额 = 购买价款 × 扣除率 = 200 000 × 11% = 22 000（元）

E. 25 日，生产车间委托外单位修理机器设备。增值税专用发票上注明修理费用 20 000 元，增值税税额 3 400 元。款项已用银行存款支付。

借：管理费用　　20 000

　　应交税费——应交增值税（进项税额）　　3 400

　　贷：银行存款　　23 400

②购进不动产或不动产在建工程的进项税额的分年抵扣。《国家税务总局关于发布〈不动产进项税额分期抵扣暂行办法〉的公告》（国家税务总局公告 2016 年第 15 号）第二条第一款规定，增值税一般纳税人 2016 年 5 月 1 日起后取得并在会计制度上按固定资产核算的不动产，以及 2016 年 5 月 1 日以后发生的不动产在建工程，其进项税额应按照本办法有关规定分 2 年从销项税额中抵扣，第一年抵扣比例为 60%，第二年抵扣比例为 40%。第四条第二款规定，上述进项税额中，60% 的部分于取得抵税凭证的当期从销项税额中抵扣；40% 的部分为待抵扣进项税额，于取得扣税凭证的当月起第 13 个月从销项税额中抵扣。

《增值税会计处理规定》（财会〔2016〕22 号）规定，会计处理时，新增“应交税费——待抵扣进项税额”科目核算待抵扣的进项税额。待抵扣进项税额记入“应交税费——待抵扣进项税额”科目，并于可抵扣当期转入“应交税费——应交增值税（进项税额）”科目。

【例 4－24】 承例 4－23，2016 年 6 月 10 日，该公司购进一幢简易办公楼，并于当月投入使用。6 月 25 日纳税人取得该大楼的增值税专用发票并认证相符。专用发票上注明的价款为 800 000 元，增值税进项税额为 88 000 元。款项已用银行存款支付。不考虑其他相关因素。

本月该办公楼应抵扣的进项税额 = 88 000 × 60% / 12 = 4 400（元）

借：固定资产　　800 000

　　应交税费——应交增值税（进项税额）　　4 400

　　　　　　——待抵扣进项税额　　83 600

　贷：银行存款　　888 000

③货物等已验收入库但尚未取得增值税扣税凭证。企业购进的货物等已到达并验收入库，但尚未收到增值税扣税凭证的，应按货物清单或相关合同协议上的价格暂估入账。应按计入相关成本费用的金额，借记"原材料"、"库存商品"、"无形资产"、"固定资产"等账户；按未来可抵扣的增值税额，借记"应交税费——待认证进项税额"账户；按应付或实际支付的金额，贷记"应付账款"、"应付票据"、"银行存款"等账户。待取得相关增值税扣税凭证并认证后，贷记"应交税费——待认证进项税额"账户。

【例 4 - 25】　承例 4 - 23，2016 年 6 月 25 日，该公司购进原材料一批已验收入库，但尚未收到增值税扣税凭证，款项也未支付。随货同行的材料清单列明的原材料销售价格为 260 000 元，估计未来可抵扣的增值税额为 44 200 元。

第一步，暂估入账。该企业应编制如下会计分录：

借：原材料　　260 000

　　应交税费——待认证进项税额　　44 200

　贷：应付账款　　304 200

下月初，取得相关增值税专用发票上注明的价款为 260 000 元，增值税税额为 44 200 元。增值税专用发票已认证。全部款项以银行存款支付。

第二步，取得相关增值税扣税凭证并经认证后：

借：应付账款　　304 200

　　应交税费——应交增值税（进项税额）　　44 200

　贷：应交税费——待认证进项税额　　44 200

　　　银行存款　　304 200

④进项税额转出。企业已单独确认进项税额的购进货物、加工修理修配劳务或者服务、无形资产或者不动产但其事后改变用途（如用于简易计税方法计税项目、免征增值税、非增值税应税项目等），或发生非正常损失，企业应将已记入"应交税费——应交增值税（进项税额）"账户的金额转入"应交税费——应交增值税（进项税额转出）"账户。这里所说的"非正常损失"，是指因管理不善造成被盗、丢失、霉烂变质，以及被执法部门没收或者强令自行销毁货物。进项税额转出的会计处理为，借记"应交税费——应交增值税（进项税额转出）"账户。属于转作待处理财产损失的进项税额，应与非正常损失的购进货物、在产品或库存商品、固定资产和无形资产的成本一并处理。

【例 4 - 26】　承例 4 - 23，2016 年 6 月份发生进项税额转出事项及相关会计分录如下：

A. 10 日，库存材料因管理不善发生意外火灾损失，有关增值税专用发票确认的成本为 20 000 元，增值税税额为 3 400 元。

借：待处理财产损溢——待处理流动资产损溢　　23 400

　贷：原材料　　20 000

应交税费——应交增值税(进项税额转出) 3 400

B. 18 日，领用一批外购原材料用于集体福利消费。该批原材料的成本为 60 000 元，购入时支付的增值税进项税额为 10 200 元。

借：应付职工薪酬——非货币性福利 70 200

贷：原材料 60 000

应交税费——应交增值税(进项税额转出) 10 200

(3)销售货物、提供应税劳务、发生应税行为。

①企业销售货物、提供加工修理修配劳务或服务、转让无形资产或不动产时，按照不含税收入和增值税税率计算确认“应交税费—应交增值税(销项税额)”。发生销售退回的，应根据税务机关开具的红字增值税专用发票做相反的会计分录。会计上收入或利得确认时点先于增值税纳税义务发生时点的，应将相关销项税额记入“应交税费——待转销项税额”账户，待实际发生纳税义务时再转入“应交税费——应交增值税(销项税额)”账户。

【例 4-27】 承例 4-23，2016 年 6 月份，该公司发生与销售相关的交易以及相关会计分录如下：

A. 15 日，销售产品一批。开具增值税专用发票且注明的价款为 500 000 元，增值税税额为 85 000 元。提货单和增值税专用发票已交给买方，款项尚未收到。

借：应收账款 585 000

贷：主营业务收入 500 000

应交税费——应交增值税(销项税额) 85 000

B. 28 日，为外单位代加工电脑桌 500 个，每个收取加工费 80 元，已加工完成。开具增值税专用发票且注明的价款为 40 000 元，增值税税额为 6 800 元。款项已收到并存入银行。

借：银行存款 46 800

贷：主营业务收入 40 000

应交税费——应交增值税(销项税额) 6 800

②视同销售。企业将自产或委托加工的货物用于集体福利或个人消费，将自产、委托加工或购买的货物作为投资、分配给股东或投资者、无偿赠送他人等，税法上视为视同销售行为，且应计算确认增值税销项税额，借记“在建工程”、“长期股权投资”、“应付职工薪酬”、“营业外支出”等账户，贷记“应交税费——应交增值税(销项税额)”账户等。

【例 4-28】 承例 4-23，2016 年 6 月份，该公司将自己生产的产品用于自行建造职工俱乐部。该批产品的成本为 200 000 元，计税价格为 300 000 元。

借：在建工程 251 000

贷：库存商品 200 000

应交税费——应交增值税(销项税额) 51 000

企业在建工程领用自产的产品的销项税额 = 计税价格 × 适用税率

= 300 000 × 17% = 51 000(元)

6 月 25 日，用一批原材料对外进行长期股权投资。该批原材料实际成本为 600 000 元，双方协商不含税价值为 750 000 元。

借：长期股权投资 877 500

贷：其他业务收入 750 000

应交税费——应交增值税(销项税额)　　127 500

借：其他业务成本　　600 000

贷：原材料　　600 000

(4)交纳增值税。企业当月交纳增值税，借记“应交税费——应交增值税(已交税金)”账户，贷记“银行存款”账户。企业交纳以前期间未交的增值税，借记“应交税费——未交增值税”账户，贷记“银行存款”账户。

【例4-29】　承例4-23至例4-28，2016年6月份，甲公司发生销项税额合计为261 800元，进项税转出合计13 600元，进项税额为85 350元。该公司当月应交增值税计算结果如下：

应交增值税 = 261 800 + 13 600 - 85 350 = 190 050(元)

当月，该公司用银行存款交纳增值税150 000元：

借：应交税费——应交增值税(已交税金)　　150 000

贷：银行存款　　150 000

(5)月末转出多交增值税和未交增值税。月度终了，企业应当将当月应交未交或多交的增值税自“应交增值税”明细账户转入“未交增值税”明细账户。对于当月应交未交的增值税，借记“应交税费——应交增值税(转出未交增值税)”账户，贷记“应交税费——未交增值税”账户。对于当月多交的增值税，借记“应交税费——未交增值税”账户，贷记“应交税费——应交增值税(转出多交增值税)”账户。

【例4-30】　承例4-29，月末，该公司将尚未交纳的其余增值税税款40 050元结转。

借：应交税费——应交增值税(转出未交增值税)　　40 050

贷：应交税费——未交增值税　　40 050

次月初，该公司交纳上月未交增值税40 050元时：

借：应交税费——未交增值税　　40 050

贷：银行存款　　40 050

2. 小规模纳税人核算

小规模纳税人核算增值税采用简化的方法，即购进货物、接受应税劳务和发生应税行为支付的增值税，一律不予抵扣，直接计入有关货物或劳务的成本。销售货物、提供应税劳务和发生应税行为时，按照不含税的销售额和规定的增值税征收率计算应交纳的增值税，但不得开具增值税专用发票。

不含税销售额 = 含税销售额/(1 + 征收率)

应纳税额 = 不含税销售额 × 征收率

销售货物(服务)时，借记“银行存款”等账户，贷记“主营业务收入”、“应交税费——应交增值税”账户；交纳增值税时，借记“应交税费——应交增值税”账户，贷记“银行存款”账户核算。

【例4-31】　某企业为增值税小规模纳税人，适用增值税税率为3%，原材料按实际成本核算。该企业发生经济交易：购入原材料一批，取得的专用发票中注明货款30 000元，增值税5 100元，款项以银行存款支付，材料验收入库。销售产品一批，开具的普通发票中注明的货款(含税)为51 500元，款项已存入银行。用银行存款交纳增值税1 500元。该企业应编制如下会计分录：

(1)购入原材料：

借：原材料　　35 100

　　贷：银行存款　　35 100

(2)销售产品：

不含税销售额 = 含税销售额/(1 + 征收率) = 51 500/(1 + 3%) = 50 000(元)

应纳增值税 = 不含税销售额 × 征收率 = 50 000 × 3% = 1 500(元)

借：银行存款　　51 500

　　贷：主营业务收入　　50 000

　　　　应交税费——应交增值税　　1 500

(3)交纳增值税：

借：应交税费——应交增值税　　1 500

　　贷：银行存款　　1 500

(三)消费税的核算

中国现行消费税是对在中国境内从事生产、委托加工和进口应税消费品的单位和个人就其应税消费品征收的一种税。它选择部分消费品征税，因而属于特别消费税。目前应税消费品被定为 14 类货物，即烟、酒、高档化妆品、贵重首饰及珠宝玉石、鞭炮及焰火、成品油、摩托车、小汽车、高尔夫球及球具、高档手表、游艇、木制一次性筷子、实木地板和电池等 14 个税目。

消费税实行价内征收，其计算方法有从价定率计税、从量定额计税和复合计税 3 种，如表 3 - 2 所示。

表 3 - 2　消费税的计算

3 种计税方法	计税公式
从价定率计税	应纳税额 = 销售额 × 比例税率
从量定额计税 (啤酒、黄酒、成品油)	应纳税额 = 销售数量 × 单位税额
复合计税 (白酒、卷烟)	应纳税额 = 销售额 × 比例税率 + 销售数量 × 单位税额

企业交纳的消费税记入“税金及附加”账户；按规定应交的消费税，在“应交税费”账户下设置“应交消费税”明细账户核算。

1. 直接对外销售应税消费品

企业将生产的应税消费品直接对外销售的，其应交纳的消费税，通过“税金及附加”账户核算。

【例 4 - 32】　华夏股份有限公司对外销售自产的汽车，价款 700 000 元(不含增值税)，适用的消费税税率为 3%，款项已存入银行。华夏股份有限公司应作如下会计处理：

借：税金及附加　　21 000

　　贷：应交税费——应交消费税　　21 000

2. 自产自用应税消费品

企业将生产的应税消费品用于在建工程、非生产机构等其他方面，按规定应交纳的消费税，借记“固定资产”、“在建工程”、“营业外支出”等账户，贷记“应交税费——应交消费税”账户；将自产应税消费品用于对外投资、分配给职工等，应该借记“税金及附加”账户，贷记“应交税费——应交消费税”账户。

【例4-33】 华夏股份有限公司在建工程领用自产柴油50 000元，应纳增值税10 200元，应纳消费税6 000元。华夏股份有限公司应作如下会计处理：

借：在建工程　66 200

　贷：库存商品　50 000

　　应交税费——应交增值税（销项税额）　10 200

　　　　　——应交消费税　6 000

本例中，企业将生产的应税消费品用于在建工程时，按规定应交纳的消费税6 000元应记入“在建工程”账户。

【例4-34】 华夏股份有限公司下设的职工食堂享受企业提供的补贴，本月领用自产的木制一次性筷子。该产品的账面价值6 000元，市场价值8 000元（不含增值税），适用的消费税税率为5%，增值税税率为17%。华夏股份有限公司应作如下会计处理：

借：管理费用　9 760

　贷：应付职工薪酬——非货币性福利　9 760

借：应付职工薪酬——非货币性福利　9 760

　贷：主营业务收入　8 000

　　应交税费——应交增值税（销项税额）　1 360

　　　　　——应交消费税　400

借：主营业务成本　6 000

　贷：库存商品　6 000

3. 委托加工应税消费品的账务处理

委托加工应税消费品在会计处理时，需要交纳消费税的委托加工物资，于委托方提货时由受托方代收代交税款。受托方按应扣税款金额，借记“应收账款”“银行存款”等账户，贷记“应交税费——应交消费税”账户。

委托加工应税消费品收回后，直接用于销售的，委托方应将受托方代收代交的消费税计入委托加工物资的成本，借记“委托加工物资”、“生产成本”、“自制半成品”等账户，贷记“应付账款”、“银行存款”等账户，待其销售时，不需要再交纳消费税；委托加工应税消费品收回后用于连续生产应税消费品，按规定准予抵扣的，委托方应按已由受托方代收代交的消费税款，借记“应交税费——应交消费税”账户，贷记“应付账款”、“银行存款”等账户，待用委托加工物资生产出应纳消费税的产品销售时，再交纳消费税。受托加工或翻新金银首饰按规定由受托方交纳消费税，受托方应于向委托方交货时，按规定应交纳的消费税，借记“税金及附加”账户，贷记“应交税费——应交消费税”账户。

【例4-35】 华夏股份有限公司委托新世纪股份有限公司代为加工一批烟丝。烟叶成本为900 000元，加工费为80 000元，由新世纪股份有限公司代收代交的消费税为420 000元（不考虑增值税）。烟丝已经加工完成，并由该公司收回验收入库，加工费和相关税费以银行存款支付。该公司采用实际成本法进行原材料的核算。华夏股份有限公司应作如下会计处理：

(1)如果该公司将委托加工的烟丝收回后直接用于对外销售：

借：委托加工物资　　900 000
　　贷：原材料　　900 000
借：委托加工物资　　500 000
　　贷：银行存款　　500 000
借：原材料　　1 400 000
　　贷：委托加工物资　　1 400 000

新世纪股份有限公司对应收取的受托加工代收代交消费税的会计处理如下：

借：银行存款　　420 000
　　贷：应交税费——应交消费税　　420 000

(2)如果该公司将委托加工应税消费品收回后用于连续生产卷烟(应税消费品)，按规定准予抵扣加工环节已纳的消费税：

借：委托加工物资　　900 000
　　贷：原材料　　900 000
借：委托加工物资　　80 000
　　贷：银行存款　　80 000
借：应交税费——应交消费税　　420 000
　　贷：银行存款　　420 000
借：原材料　　980 000
　　贷：委托加工物资　　980 000

新世纪股份有限公司对应收取的受托加工代收代交消费税的会计处理如下：

借：银行存款　　420 000
　　贷：应交税费——应交消费税　　420 000

4. 进口应税消费品的账务处理

为了简化核算手续，进口应税消费品应纳的消费税不通过"应交税费——应交消费税"账户核算，而是直接计入进口消费品的成本，即应按进口消费品的成本连同消费税额直接计入进口消费品的成本，借记"固定资产"、"原材料"、"材料采购"等账户，按采购成本和交纳的消费税贷记"银行存款"等账户。

【例4-36】 华夏股份有限公司进口一辆小汽车，组成计税价格为300 000元，适用的消费税税率为15%，缴纳进口环节消费税金45 000元，款项以银行存款支付。华夏股份有限公司应作如下会计处理(假设不考虑其他相关税费)：

借：固定资产　　345 000
　　贷：银行存款　　345 000

(四)其他应交税费的核算

1. 应交城市维护建设税及教育费附加

(1)应交城市维护建设税。城市维护建设税是国家为了加强城市的维护建设，扩大和稳定城市维护建设资金的来源而开征的一种税。城市维护建设税的计税依据是企业实际交纳的增值税、消费税的税额，规定税率因纳税人所在地区不同而异，市区为7%，县城和镇为5%，其他地点为1%。其计算公式为：

应交城市维护建设税 =（实际交纳的增值税 + 实际交纳的消费税）× 适用税率

企业按规定计算应交的城市维护建设税，借记“税金及附加”、“其他业务支出”等账户，贷记“应交税费——应交城市维护建设税”账户。实际上交时，借记“应交税费——应交城市维护建设税”账户，贷记“银行存款”账户。

【例 4－37】 华夏股份有限公司本月实际交纳增值税 1 000 000 元，交纳消费税 200 000 元。城市维护建设税适用税率为 7%。华夏股份有限公司应作如下会计处理：

应交城市维护建设税 =（1 000 000 + 200 000）× 7% = 14 070（元）

借：应交税费——应交城市维护建设税　　14 070

　　贷：银行存款　　14 070

（2）应交教育费附加。教育费附加的计税依据是纳税人实际缴纳增值税、消费税的税额。附加率为 3%。企业按规定计算出应交的教育费附加，借记“税金及附加”账户，贷记“应交税费——应交教育费附加”账户。实际上交时，借记“应交税费——应交教育费附加”账户，贷记“银行存款”账户。

2. 应交关税

关税完税价格是海关计征关税所使用的计税价格，是海关以进出口货物的实际成交价格为基础审定的价格。企业计算缴纳进出口关税，应设置“应交税费——应交关税”账户进行核算。

（1）自营进口关税的核算。

①计算应纳关税额时：

借：材料采购等账户

　　贷：应交税费——应交关税

②缴纳税款时：

借：应交税费——应交关税

　　贷：银行存款

（2）企业自营出口关税的核算。

①计算应纳关税额时：

借：税金及附加等账户

　　贷：应交税费——应交关税

②缴纳税款时：

借：应交税费——应交关税

　　贷：银行存款

（3）代理进出口关税的核算。代理进出口是外贸企业接受委托，办理对外洽谈和签订进出口合同，执行合同并办理运输、开证、付汇全过程的进出口业务。受托企业不负担进出口盈亏，只按规定收取一定比例的手续费，并代委托方缴纳关税。

受托企业进出口商品计算应纳关税时，借记“应收账款”等有关账户，贷记“应交税费——应交关税”账户；代缴关税时，借记“应交税费——应交关税”账户，贷记“银行存款”账户；收到委托单位的税款时，借记“银行存款”账户，贷记“应收账款”账户。

3. 应交资源税

销售应税产品借记“税金及附加”账户，贷记“应交税费——应交资源税”账户；自产自用等形式的借记“生产成本”、“制造费用”等账户，贷记“应交税费——应交资源税”账户。

外购液体盐加工固体盐的，购入液体盐可以抵扣的资源税借记“应交税费——应交资源税”账户，加工成固体盐出售时借记“税金及附加”账户贷记“应交税费——应交资源税”账户，将差额上交时借记“应交税费——应交资源税”账户贷记“银行存款”账户。

4. 应交土地增值税

土地增值税按照转让房地产所取得的增值额和规定的税率计算征收，通过“应交税费——应交土地增值税”账户核算。企业转让的土地使用权连同地上建筑物及其附着物一并在“固定资产清理”等账户核算的，转让时应交的土地增值税，借记“固定资产清理”账户，贷记“应交税费——应交土地增值税”账户；土地使用权在“无形资产”账户核算的，按实际收到的金额，借记“银行存款”账户，按应交的土地增值税，贷记“应交税费——应交土地增值税”账户，同时冲减“无形资产”账面价值，将其差额计入营业外收支。实际交纳土地增值税时，借记“应交税费——应交土地增值税”账户，贷记“银行存款”账户。

5. 应交房产税、城镇土地使用税、车船税和矿产资源补偿费

(1)房产税。房产税是国家对在城市、县城、建制镇和工矿区征收的由产权所有人缴纳的一种税。房产税依照房产原值一次减除10%至30%后的余额计算征收。没有房产原值作为依据的，由房产所在地税务机关参考同类房产核定；房产出租的，以房产租金收入为房产税的计税依据。

(2)城镇土地使用税。城镇土地使用税是国家为了合理利用城镇土地，调节土地级差收入，提高土地使用效益，加强土地管理而开征的一种税。土地使用税以纳税人实际占用的土地面积为计税依据，依照规定税额计算征收。

(3)车船使用税。车船使用税是由拥有并且使用车船的单位和个人交纳的一种税。车船使用税按照适用税额计算交纳。

(4)矿产资源补偿费。矿产资源补偿费是补偿矿产资源国家所有的费用，是和销售收入及回采率有关的费用。矿产资源补偿费按照矿产品销售收入的一定比例计征，由采矿权人缴纳。

企业按规定计算结转应交的房产税、土地使用税和车船使用税时，借记“税金及附加”账户，贷记“应交税费——应交房产税(应交土地使用税、车船使用税)”账户；实际交纳时，借记“应交税费——应交房产税(应交土地使用税、车船使用税)”账户，贷记“银行存款”账户。企业应交的矿产资源补偿费借记“管理费用”账户，贷记“其他应交款”账户；实际交纳时，借记“其他应交款”账户，贷记“银行存款”账户。

【例4－38】 华夏股份有限公司拥有办公楼一栋、宿舍楼两栋。这三栋楼房的评估值为980万元，房产税采取从价计征，减除率为30%，适用年税率为1.2%。企业占地面积30 000平方米，土地使用税年税额为每平方米1.2元。企业还拥有载货车一辆，净吨位4吨，车船使用税适用单位年税额为每吨45元；小客车一辆，适用单位年税额为每辆180元；三轮摩托车两辆，适用单位年税额为每辆80元；两轮摩托车五辆，适用单位年税额每辆52元。华夏股份有限公司应作如下会计处理：

$$本月应交房产税 = 9\ 800\ 000 \times (1 - 30\%) \times 1.2\% / 12 = 6\ 860(元)$$

$$本月应交土地使用税 = 30\ 000 \times 1.2 / 12 = 3\ 000(元)$$

$$本月应交车船使用税 = (4 \times 45 + 1 \times 180 + 2 \times 80 + 5 \times 52) / 12 = 65(元)$$

结转本月应交的房产税、土地使用税和车船使用税时：

借：税金及附加　　9 925

　　贷：应交税费——应交房产税　　6 860

　　　　　　　　——应交土地使用税　　3 000

　　　　　　　　——应交车船使用税　　65

以银行存款交纳时：

借：应交税费——应交房产税　　6 860

　　　　　　——应交土地使用税　　3 000

　　　　　　——应交车船使用税　　65

　　贷：银行存款　　9 925

6. 耕地占用税和车辆购置税

(1)耕地占用税。耕地占用税是国家为了利用好土地资源，加强土地管理，保护农用耕地而征收的税种。企业交纳的耕地占用税，由于是以实际占用的耕地面积计税，按照规定税额一次征收的，不存在与税务机关结算和清算的问题，因此，不需要通过"应交税费"账户核算。企业按规定计算交纳耕地占用税时，借记"在建工程"账户，贷记"银行存款"账户。

【例 4 - 39】 华夏股份有限公司建造一幢厂房，用银行存款交纳耕地占用税 20 000 元。华夏股份有限公司应作如下会计处理：

借：在建工程　　20 000

　　贷：银行存款　　20 000

(2)车辆购置税。这是对在我国境内购买、进口、自产、受赠、获奖或者以其他方式取得并自用应税车辆(汽车、摩托车、电车、挂车、农用运输车)的单位和个人征收的一种税。车辆购置税实行一次征收制度，具有特定的用途，即筹集的资金全部用于公路建设；购置已征车辆购置税的车辆，不再征收。从 2001 年 1 月 1 日起车辆购置附加费改成车辆购置税，与车辆购置附加费相比，车辆购置税的税率是 10%，与车辆购置附加费的征收率一样，征收环节也一样。不同的是，一个是收费，一个是收税；一个是由交通部门征收，一个是由税务机关征收。购买车辆需要交纳车辆购置税，按车辆价款的 10% 计算税额，计入外购车辆的成本，借记"固定资产"账户，贷记"银行存款"账户。

企业购置的减税、免税车辆改制后用途发生变化的，按规定应补交的车辆购置税，借记"固定资产"账户，贷记"银行存款"账户。

【例 4 - 40】 华夏股份有限公司购买汽车一辆，价款为 200 000 元，车辆购置税为 20 000 元，用银行存款支付。华夏股份有限公司应作如下会计处理：

借：固定资产　　220 000

　　贷：银行存款　　220 000

7. 印花税和契税

(1)印花税。印花税是对书立、领受购销合同等凭证行为征收的税款。企业交纳的印花税，是由纳税人根据规定自行计算应纳税额以购买并一次贴足印花税票的方法交纳的税款。一般情况下，企业需要预先购买印花税票，待发生应税行为时，再根据凭证的性质和规定的比例税率或者按件计算应纳税额，将已购买的印花税票粘贴在应纳税凭证上。并在每枚税票的骑缝处盖戳注销或者划销，办理完税手续。企业交纳的印花税，不会发生应付未付税款的情况，不需要预计应纳税金额，同时也不存在与税务机关结算或清算的问题，因此，企业交纳的印花税也不需要通过“应交税费”账户核算。于购买印花税票时，直接借记“税金及附加”账户，贷记“银行存款”账户。

(2)契税。这是对境内土地房屋因买卖、典当、赠与或交换而发生产权转移时，以当事人双方签订契约时土地房屋的价格(买价、典价、赠与房价、交换差价)作为计税依据，向产权承受人征收的一种税。企业取得土地使用权、房屋按规定交纳的契税，由于是按实际取得的不动产的价格计税，按照规定的税额一次性征收的，不存在与税务机关结算或清算的问题，因此，也不需要通过“应交税费”账户核算。企业按规定计算交纳的契税，借记“固定资产”、“无形资产”、“管理费用”等账户，贷记“银行存款”账户。

【例4-41】 华夏股份有限公司购买办公大楼一栋，价款为10 000 000元，按规定计算交纳的契税为30 000元，用银行存款支付。华夏股份有限公司应作如下会计处理：

借：固定资产——办公楼　　10 030 000

　　贷：银行存款　　10 030 000

【例4-42】 华夏股份有限公司取得一块土地的使用权，使用期限为30年，该土地的使用费为10 000 000元，按规定计算交纳的契税为30 000元，用银行存款支付。华夏股份有限公司应作如下会计处理：

借：无形资产——土地使用权　　10 030 000

　　贷：银行存款　　10 030 000

【例4-43】 华夏股份有限公司接受赠与房产。根据房产价值，该公司应当缴纳的契税为24 000元。实际交纳时，应作如下会计处理：

借：管理费用　　24 000

　　贷：银行存款　　24 000

8. 应交所得税

(1)应交企业所得税。企业的生产、经营所得和其他所得，依照企业所得税的有关规定需要交纳企业所得税。企业当期按照一定方法计算的当期所得税，借记“所得税费用”账户，贷记“应交税费——应交企业所得税”账户。

(2)应交个人所得税。企业按规定计算的代扣代交的职工个人所得税，借记“应付职工薪酬”账户，贷记“应交税费——应交个人所得税”账户；企业实际交纳个人所得税时，借记“应交税费——应交个人所得税”账户，贷记“银行存款”等账户。

八、应付股利(或利润)

应付股利(或利润)是指企业根据股东大会或类似机构审议批准的利润分配方案确定分配给投资者的现金股利或利润。

企业应设置“应付股利”账户，核算企业确定或宣告支付但尚未实际支付的现金股利或利润。该账户贷方登记应支付的现金股利或利润，借方登记实际支付的现金股利或利润，期末贷方余额反映企业应付未付的现金股利或利润。该账户应按照投资者设置明细账户进行明细核算。

企业根据股东大会或类似机构审议批准的利润分配方案，确认应付给投资者的现金股利或利润时，借记“利润分配——应付现金股利或利润”账户，贷记“应付股利”账户；向投资者实际支付现金股利或利润时，借记“应付股利”账户，贷记“库存现金”、“银行存款”等账户。

【例4-44】 甲股份有限责任公司2016年度实现净利润7 000 000元。经过董事会审议批准，决定2016年度分配股利4 000 000元。股利已经用银行存款支付。甲股份有限责任公司的有关会计处理如下：

借：利润分配——应付现金股利或利润　　4 000 000

　　贷：应付股利　　4 000 000

借：应付股利　　4 000 000

　　贷：银行存款　　4 000 000

此外，需要说明的是，企业董事会或类似机构通过的利润分配方案中拟分配的现金股利或利润不作账务处理，不作为应付股利核算，但应在附注中披露。企业分配的股票股利不通过“应付股利”账户核算。

九、其他应付款

其他应付款是指企业除应付账款、应付票据、预收账款、应付职工薪酬、应交税费、应付利息、应付股利等经营活动以外的其他各项应付、暂收款项，如应付租入包装物的租金、经营租入固定资产的应付租金、出租或出借包装物收取的押金、应付及暂收其他单位的款项、存入保证金等。企业应设置“其他应付款”账户，核算其他应付款的增减变动及结存情况，并按照其他应付款的项目和对方单位（或个人）设置明细账户进行明细核算。该账户贷方登记发生的各种应付、暂收款项，借方登记偿还或转销的应付、暂收款项，期末余额在贷方，表示应付未付的其他应付款项。本账户应按应付、暂收款项的项目和对方单位或个人设置明细账户，进行明细分类核算。

企业发生各种应付、暂收款项时，借记“银行存款”、“管理费用”等账户，贷记“其他应付款”账户；支付或退回有关款项时，借记“其他应付款”账户，贷记“银行存款”等账户。

【例4-45】 华夏股份有限公司从2016年1月1日起，以经营租赁方式租入管理用办公设备一批，每月租金50 000元，按季支付。3月31日，华夏股份有限公司以银行存款支付应付租金。华夏股份有限公司的有关会计处理如下：

（1）1月31日计提应付经营租入固定资产租金：

借：管理费用　　50 000

　　贷：其他应付款　　50 000

（2）2月底计提应付经营租入固定资产租金的会计处理同上。

（3）3月31日支付租金：

借：其他应付款　　100 000

　　管理费用　　50 000

　　贷：银行存款　　150 000

第三节　非流动负债核算

非流动负债是指偿还期在一年或超过一年的一个营业周期以上的债务。它是企业向债权人筹集的、可供长期使用的资金。非流动负债是指流动负债以外的负债，主要包括长期借款、应付债券等。企业为了满足生产经营的需要，特别是为了拓展企业的经营规模，有必要购买大型机械设备、地产，增建或扩建厂房等。这些都需要企业投入大量的需长期占用的资金，而企业所拥有的生产经营资金是无法满足这些需要的，因此需要筹集长期资金。筹集长期资金的方式有两种：一是由投资者投入新的资本(或由股东追加投资，增发新股)；二是举借非流动负债，即"举债经营"，主要有签发长期应付票据、发行企业债券以及向银行或其他金融机构举借长期借款。

一、长期借款

(一)长期借款概述

长期借款是指企业向银行或其他金融机构借入的、偿还期限超过一年以上的各种借款，一般用于固定资产的购建、改扩建工程、大修理工程、对外投资以及为了保持长期经营能力等方面。它是企业长期负债的重要组成部分，必须加强管理与核算。

由于长期借款的使用关系到企业的生产经营规模和效益，企业除了要遵守有关的贷款规定、编制借款计划并要有不同形式的担保外，还应监督借款的使用、按期支付长期借款的利息以及按规定的期限归还借款本金等。因此，长期借款会计处理的基本要求是反映和监督企业长期借款的借入、借款利息的结算和借款本息的归还情况，促使企业遵守信贷纪律、提高信用等级，同时也要确保长期借款发挥效益。

(二)长期借款的核算

企业应通过"长期借款"账户，核算长期借款的借入、归还等情况。该账户可按照贷款单位和贷款种类设置明细账，分别"本金"、"利息调整"等进行明细核算。该账户的贷方登记长期借款本息的增加额，借方登记本息的减少额，贷方余额表示企业尚未偿还的长期借款。

1. 取得长期借款

企业借入长期借款，应按实际收到的金额，借记"银行存款"账户，贷记"长期借款——本金"账户。

【例4-46】 华夏股份有限公司于2014年11月30日从银行借入资金2 000 000元，借款期限为3年，年利率为8.4%(到期一次还本付息，不计复利)。所借款项已存入银行。华夏股份有限公司用该借款于当日购买不需安装的设备一台，价款1 900 000元，另支付运杂费及保险等费用100 000元，设备已于当日投入使用。华夏股份有限公司的有关会计处理如下：

(1)取得借款时：

借：银行存款　　2 000 000

　　贷：长期借款——本金　　2 000 000

(2)支付设备款和运杂费、保险费时：

借：固定资产　　2 000 000

　　贷：银行存款　　2 000 000

2. 长期借款的利息

长期借款计算确定的利息费用，应当按以下原则计入有关成本、费用：属于筹建期间的，计入管理费用；属于生产经营期间的，计入财务费用。如果长期借款用于购建固定资产的，在固定资产尚未达到预定可使用状态前，所发生的应当资本化的利息支出数，计入在建工程成本；固定资产达到预定可使用状态后发生的利息支出，以及按规定不予资本化的利息支出，计入财务费用。长期借款按合同利率计算确定的应付未付利息，借记“在建工程”、“制造费用”、“财务费用”、“研发支出”等账户，贷记“应付利息”账户。

【例4-47】 承例4-46，华夏股份有限公司于2014年12月31日计提长期借款利息。华夏股份有限公司的有关会计处理如下：

借：财务费用　　14 000

　　贷：应付利息(2 000 000×8.4%/12)　　14 000

2014年12月31日计提的长期借款利息=2 000 000×8.4%/12=14 000(元)

2015年1月至2016年10月每月末预提利息分录同上。

3. 归还长期借款

企业归还长期借款的本金时，应按归还的金额，借记“长期借款——本金”账户，贷记“银行存款”账户；按归还的利息，借记“应付利息”账户，贷记“银行存款”账户。

【例4-48】 承例4-46，2016年11月30日，华夏股份有限公司偿还该笔银行借款本息。华夏股份有限公司的有关会计处理如下：

借：财务费用　　14 000

　　长期借款——本金　　2 000 000

　　应付利息　　490 000

　　贷：银行存款　　2 504 000

本例中，2014年11月30日至2016年10月31日已经计提的利息为490 000元，应借记“应付利息”账户；2016年11月应当计提的利息14 000元，应借记“财务费用”账户；长期借款本金2 000 000元，应借记“长期借款——本金”账户；实际支付的长期借款本金和利息2 504 000元，贷记“银行存款”账户。

二、应付债券

(一)应付债券概述

应付债券是指企业为筹集(长期)资金而发行的债券。债券是指企业向社会公开筹集资金而发行的、约定在一定时间内还本付息的有价证券。企业通过发行债券取得资金是以将来履行归还购买债券者的本金和利息的义务作为保证的。企业应当设置企业债券备查簿，详细登记每一企业债券的票面金额、债券票面利率、还本付息期限与方式、发行总额、发行日期和编号、委托代售单位、转换股份等资料。企业债券到期结清时，应当在备查簿内逐笔注销。企业发行的超过一年期以上的债券，构成了企业的非流动负债。

企业债券发行价格的高低一般取决于债券票面金额、债券票面利率、发行当时的市场利率以及债券期限的长短等因素。债券发行有面值发行、溢价发行和折价发行3种情况。企业债券按其面值出售的，称为面值发行。此外，债券还可能按低于或高于其面值的价格出售，即折价发行或溢价发行。折价发行是指债券以低于其面值的价格发行，而溢价发行则是指债券按高于其面值的价格发行。本章只介绍按照面值发行的应付债券的核算。

(二)应付债券的核算

1. 设置的账户

企业应设置“应付债券”账户，核算应付债券发行、计提利息、还本付息等情况。应付债券可按"面值"、"利息调整"、"应计利息"等进行明细核算。该账户贷方登记应付债券的本金和利息，借方登记归还的债券本金和利息，期末贷方余额反映尚未偿还的应付债券。

2. 发行债券

企业发行债券，无论是面值发行，还是溢价发行或折价发行，均应按实际收到的金额，借记"银行存款"、"库存现金"等账户；按债券票面金额，贷记"应付债券——面值"科目；实际收到的款项与票面价值存在差额的，还应借记或贷记"应付债券——利息调整"科目。

【例 4－49】 华夏股份有限公司于 2014 年 7 月 1 日发行三年期、到期一次还本付息、年利率为 8%（不计复利）、发行面值总额为 20 000 000 元的债券。该债券按面值发行。华夏股份有限公司的有关会计处理如下：

借：银行存款　　20 000 000

　　贷：应付债券——面值　　20 000 000

3. 债券的利息

发行长期债券的企业，应按期计提利息。对于按面值发行的债券，在每期采用票面利率计提利息时，应当按照与长期借款相一致的原则计入有关成本费用，借记"在建工程"、"制造费用"、"财务费用"、"研发支出"等账户；其中，对于分期付息、到期一次还本的债券，其按票面利率计算确定的应付未付利息记入"应付利息"账户；对于一次还本付息的债券，其按票面利率计算确定的应付未付利息记入"应付债券——应计利息"账户。

【例 4－50】 承例 4－49，华夏股份有限公司发行债券所筹资金用于建造固定资产，至 2014 年 12 月 31 日时工程尚未完工，计提本年长期债券利息。企业按照《企业会计准则第 17 号——借款费用》的规定，该期债券产生的实际利息费用应全部资本化，作为在建工程成本。华夏股份有限公司的有关会计处理如下：

借：在建工程　　800 000

　　贷：应付债券——应计利息　　800 000

本例中，至 2014 年 12 月 31 日，企业债券发行在外的时间为 6 个月，该年应计的债券利息为：20 000 000 × 8%/12 × 6 = 800 000（元）。由于该长期债券为到期时一次还本付息，因此利息 800 000 元应记入"应付债券——应计利息"账户。

4. 债券还本付息

长期债券到期，企业支付债券本息时，借记"应付债券——面值"和"应付债券——应计利息"、"应付利息"等账户，贷记"银行存款"等账户。

【例 4－51】 承例 4－49 和例 4－50，2017 年 7 月 1 日，华夏股份有限公司偿还债券本金和利息。其有关会计处理如下：

借：应付债券——面值　　20 000 000

　　　　　　——应计利息　　4 800 000

　　贷：银行存款　　24 800 000

本例中，2014 年 7 月 1 日至 2017 年 7 月 1 日，华夏股份有限公司长期债券的应计利息 = 20 000 000 × 8% × 3 = 4 800 000（元）。

第三篇　资金占用

第五章　流动资产核算

第一节　货币资金核算

货币资金是停留在货币形态，可以随时用作购买手段和支付手段的资金。它是企业资产的重要组成部分，是企业资产中流动性最强的一种资产。按其用途和存放地点的不同，可分为库存现金、银行存款和其他货币资金。

一、库存现金

库存现金是流动性最强的一种货币资产。现金的概念有广义和狭义之分。广义的现金，指全部货币资金，包括库存现金、银行存款及其他货币资金；本节讲述狭义的现金，仅指企业的库存现金。

（一）现金的管理

根据国务院发布的《现金管理暂行条例》的规定，现金管理制度包括库存现金限额的规定、现金收支的规定、现金使用范围的规定和现金内部控制制度。

1. 现金的限额管理

银行为每个开户单位核定库存现金的最高限额称为库存现金限额。库存现金限额由开户银行根据开户单位3至5天的日常零星开支所需要的现金核定。边远地区和交通不发达地区最多不超过15天。

企业日常零星开支需要量，不包括发放工资、预支差旅费等大额或临时需要支付的现金。

企业应根据开户银行核定的现金限额，对库存现金进行限额管理。

2. 现金的日常收支管理

企业经营活动中发生的现金收入，应及时送存开户银行。企业需要支付现金的，应从银行提取或从库存现金中支付，不得从取得的现金收入中支付，即不得“坐支”现金。

企业在组织现金收支工作中，还应做到以下五不准：

（1）不准“白条抵库”；

（2）不准“公款私存”；

（3）不准设置“小金库”；

(4)不准谎报用途套用现金；

(5)不准用银行账户代其他单位和个人存取现金。

3. 现金使用范围的规定

根据国务院发布的《现金管理暂行条例》的规定，除以下可用现金支付的项目外，企业的付款均需通过银行转账结算。

(1)职工工资、津贴；

(2)个人劳务报酬；

(3)根据国家规定颁发给个人的科学技术、文化艺术、体育等各种奖金；

(4)各种劳保、福利费用以及国家规定的对个人的其他支出；

(5)向个人收购农副产品和其他物资的价款；

(6)出差人员必须随身携带的差旅费；

(7)结算起点以下的零星支出；

(8)中国人民银行确定需要支付现金的其他支出。

4. 现金的内部牵制制度

现金的内部牵制主要指现金收入和现金支出的内部控制。

(1)现金的收、支与保管由出纳专人负责；

(2)建立收据与发票的领用制度；

(3)现金收付应以原始凭证编制收付款记账凭证；

(4)出纳人员应做到日清月结

(二)现金的核算

为了总括反映企业库存现金的收支和结存情况，应设置"库存现金"总账账户，由不从事出纳工作的会计人员负责登记。该账户借方登记现金的增加，贷方登记现金的减少，期末借方余额，表示企业实际持有的库存现金的数额。

企业还应设置"现金日记账"进行序时核算，由出纳人员根据审核无误的记账凭证逐日逐笔进行序时登记。每日终了，应计算当日现金收入、支出合计数和余额，并与实际库存现金进行核对，做到"日清月结"，期末，"现金日记账"的余额应与"库存现金"总账账户的余额核对相符。

新世纪股份有限公司发生下列业务：

【例5-1】 出纳开出现金支票，提取现金6 000元。

借：库存现金　　6 000

　贷：银行存款　　6 000

【例5-2】 采购员王某预借差旅费3 000元，出纳付给其现金。

借：其他应收款——王某　　3 000

　贷：库存现金　　3 000

【例5-3】 王某出差归来，报销差旅费2 600元，交回剩余现金400元。

借：管理费用　　2 600

　库存现金　　400

　贷：其他应收款——王某　　3 000

(三)现金的清查

库存现金的清查包括出纳人员每日的清点核对和清查小组定期和不定期的清查。现金清查的基本方法是实地盘点，即把库存现金的实有数与账面数相核对。

出纳人员的每日清查是指出纳人员在每日营业终了时要清点库存现金，并将库存现金实有数与现金日记账的当天余额核对，不允许用白条(借条、收据等)抵充现金。若发现现金短缺或溢余，应及时查明原因，并按规定处理，不能擅自用盘点的余款抵补以前的短款。对于超过库存限额的现金，应及时送存银行。为了加强对现金保管工作的监督，防止贪污盗窃、挪用现金等非法行为发生，清查小组应定期和不定期地对现金进行清查。清查小组清查时应有出纳人员在场进行现金实地清点。清查结果要编制现金盘点报告单，列明实存、账存与溢缺金额，并由出纳人员和盘点人员签字盖章。如果有溢缺，要查明原因，及时报请领导，妥善处理。

财产清查中发现的有待查明原因的现金短缺或溢余，应通过“待处理财产损溢”账户下设“待处理流动资产损溢”明细账户进行核算。属于现金短缺，应按实际短缺金额，借记“待处理财产损溢——待处理流动资产损溢”账户，贷记“库存现金”账户；属于现金溢余，应按实际溢余金额，借记“库存现金”账户，贷记“待处理财产损溢——待处理流动资产损溢”账户。待查明原因后再处理，属于责任人或保险公司赔偿的，借记“其他应收款——应收现金短缺”账户，贷记“待处理财产损溢——待处理流动资产损溢”账户；属于无法查明的其他原因，根据管理权限，经批准后处理，借记“管理费用——现金短缺”，贷记“待处理财产损溢——待处理流动资产损溢”账户。属于现金溢余，应支付给有关人员或单位的，借记“待处理财产损溢——待处理流动资产损溢”账户，贷记“其他应付款——应付现金长款”账户；属于无法查明原因的，借记“待处理财产损溢——待处理流动资产损溢”账户，贷记“营业外收入”账户。

【例5-4】 新世纪股份有限公司期末进行现金清查时，发现溢余现金150元，原因待查。

借：库存现金　150
　　贷：待处理财产损溢——待处理流动资产损溢　150

【例5-5】 经批准上述溢余现金转作营业外收入。

借：待处理财产损溢——待处理流动资产损溢　150
　　贷：营业外收入　150

【例5-6】 如果新世纪股份有限公司期末进行现金清查时，发现短缺现金80元，原因待查。

借：待处理财产损溢——待处理流动资产损溢　80
　　贷：库存现金　80

【例5-7】 经查，上述短缺现金实属出纳人员责任，经批复应由出纳员个人承担。

借：其他应收款　80
　　贷：待处理财产损溢——待处理流动资产损溢　80

【例5-8】 收到出纳员赔偿的现金80元存入银行。

借：库存现金　80
　　贷：其他应收款　80

二、银行存款

银行存款是指企业存放在银行或其他金融机构的货币资金，包括人民币存款和外币存款。按照国家的有关规定，凡是独立核算的企业都必须在当地银行开立和使用基本存款账户、一般存款账户、临时存款账户和专用存款账户。其中，基本存款账户是指企业办理日常转账结算和现金收付的账户；一般存款账户是指在基本存款账户以外的银行借款转存、与基本存款账户的企业不在同一地点的附属非独立核算单位开立的账户，本账户可以办理转账结算和现金缴存，但不能支取现金；临时存款账户是指企业因临时生产所需而开立的账户，本账户既可以办理转账结算又可以根据国家现金管理规定存取现金；专用存款账户是指企业因特定用途需要所开立的账户。

（一）银行存款的管理

银行存款管理的具体要求如下：

（1）严格执行银行账户管理规定。独立核算的企业都必须在当地银行开立账户。企业开立的账户，只供本企业经营业务范围内的资金收付，不得出租、出借或转让给其他单位及个人使用。银行存款账户必须有足够的资金保证支付，不准签发空头、空白和远期的支款凭证。

（2）贯彻内部控制制度，实行钱账分管的原则。银行存款由财会部门负责人或指定专人负责管理。票据及各种付款凭证应指定专人保管，并由专人负责审批、签发。尽量做到审批和签发由两个或两个以上的人员办理，不能由一人兼管。

（3）银行存款收付必须使用银行统一规定的结算凭证并注明款项的来源和用途，不得弄虚作假套取银行信用。

（4）重视与银行的业务往来，经常与银行核对账目。企业要定期与银行核对账目，发现不符的账项，应及时查明原因，进行正确处理。

（二）银行支付结算办法及账务处理

银行支付结算是指单位或个人在社会经济活动中使用票据、信用卡和汇兑、托收承付、委托收款等结算方式进行货币支付及其资金清算的行为。主要有银行汇票、银行本票、商业汇票、支票、信用卡、汇兑、委托收款和托收承付结算等八种。

1. 银行汇票

银行汇票是出票银行签发的，由其在见票时按照实际结算金额无条件支付给收款人或者持票人的票据。

银行汇票具有使用灵活、票随人到、兑现性强等特点，适用于先收款后发货或钱货两清的商品交易。单位和个人各种款项结算，均可使用银行汇票。

银行汇票可以用于转账，填明“现金”字样的银行汇票也可以用于支取现金。

银行汇票的付款期限为自出票日起 1 个月内。超过付款期限不获付款的，持票人须在票据权利时效内向出票银行作出说明，并提供本人身份证件或单位证明，持银行汇票和解讫通知向出票银行请求付款。银行汇票票样如图 5 – 1 所示。

企业支付购货款等款项时，应向出票银行填写“银行汇票申请书”，填明收款人名称、支付金额、申请人、申请日期等事项并签章。银行受理银行汇票申请书，收妥款项后签发银行汇票，并用压数机压印出票金额，然后将银行汇票和解讫通知一并交给申请人。申请使用现

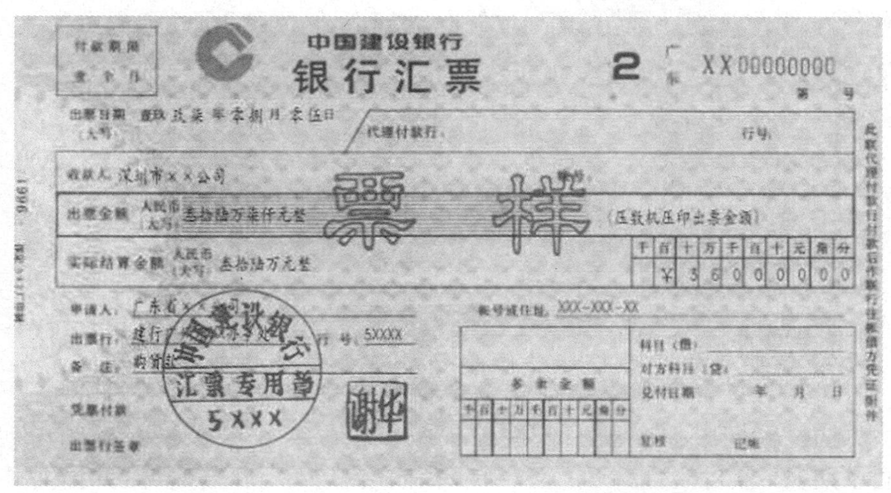

中国建设银行
银行汇票　2　XX00000000
第　号
付款期限 壹个月
出票日期（大写）
代理付款行：　行号：
收款人：深圳市××公司
出票金额 人民币（大写）叁拾陆万柒仟元整
票样
（压数机压印出票金额）
实际结算金额 人民币（大写）叁拾陆万元整

千	百	十	万	千	百	十	元	角	分
	¥	3	6	0	0	0	0	0	0

申请人：
账号或住址：XXX-XXX-XX
出票行：　行号：5XXXX
备注：
汇票专用章
5XXX
凭票付款
出票行签章
谢华
多余金额
科目（借）
对方科目（贷）
兑付日期　年　月　日
复核　记账
此联代理付款行付款后作联行往账借方凭证附件

图 5－1　银行汇票票样

金银行汇票的，其申请人和收款人必须都是个人。

申请人或者收款人为单位的，银行不予签发现金银行汇票。申请人取得银行汇票后即可持银行汇票向填明的收款单位办理结算。由于这部分资金已具有一定的用途，属于其他货币资金，其具体账务处理见其他货币资金部分。

银行汇票的收款人可以将银行汇票背书转让给他人。背书转让以不超过出票金额的实际结算金额为限，未填写实际结算金额或实际结算金额超过出票金额的银行汇票不得背书转让。

收款企业在收到付款单位送来的银行汇票时，应在出票金额以内，根据实际需要的款项办理结算，并将实际结算金额和多余金额准确、清晰地填入银行汇票和解讫通知的有关栏内，银行汇票的实际结算金额低于出票金额的，其多余金额由出票银行退交申请人。收款企业在办理时应填写进账单并在汇票背面“持票人向银行提示付款签章”处签章，签章应与预留银行的印鉴相同，然后，将银行汇票和解讫通知、进账单一并交开户银行办理结算，银行审核无误后，办理转账。企业应根据银行盖章退回的进账单第一联，编制收款凭证，并借记“银行存款”账户，贷记“应收账款”等账户。

持票人应妥善保管银行汇票，一旦丧失，失票人可以凭人民法院出具的其享有票据权利的证明，向出票银行请求付款或退款。银行汇票结算程序如图 5－2 所示。

2. 银行本票

银行本票是银行签发的，承诺自己见票时无条件支付确定的金额给收款人或者持票人的票据。

银行本票由银行签发并保证兑付，而且见票即付，具有信誉高、支付功能强等特点。用银行本票购买材料物资，销货方可以见票付货，购货方可以凭票提货；债权债务双方可以凭票清偿；收款人将本票交存银行，银行即可为其入账。无论单位或个人，在同一票据交换区域支付各种款项，都可以使用银行本票。

银行本票分定额本票和不定额本票。定额本票面值分别为 1 000 元、5 000 元、10 000 元

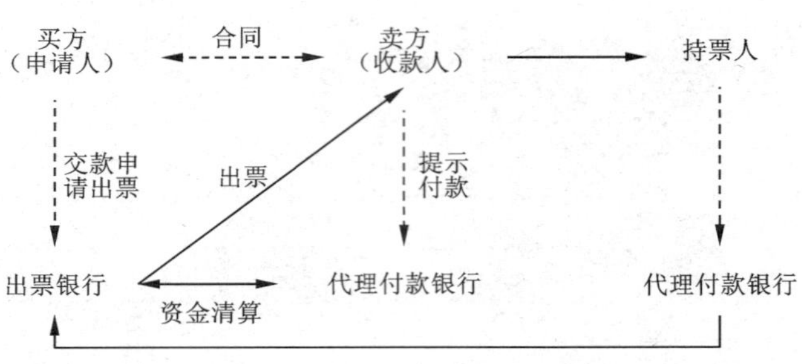

图 5－2　银行汇票结算程序

和 50 000 元。在票面划去转账字样的，为现金本票，现金本票只能用于支取现金。

银行本票的付款期限为自出票日起最长不超过 2 个月，在付款期内银行本票见票即付。超过提示付款期限不获付款的，在票据权利时效内向出票银行作出说明，并提供本人身份证或单位证明，可持银行本票向银行请求付款。

企业支付购货款项时，应向银行提交"银行本票申请书"，填明收款人名称、申请人名称、支付金额、申请日期等事项并签章。申请人或收款人为单位的，银行不予签发现金银行本票。出票银行受理银行本票申请书后，收妥款项签发银行本票。不定额银行本票用压数机压印出票金额，出票银行在银行本票上签章后交给申请人。申请人取得银行本票后，即可向收款单位办理结算。由于这部分款项已经具有一定的用途，属于其他货币资金，其账务处理见其他货币资金部分。

收款企业收到银行本票后提示付款时在本票背面"持票人向银行提示付款签章"处加盖预留银行印鉴，同时填写进账单，进账单连同银行本票一并交开户银行转账，并借记"银行存款"账户，贷记"应收账款"等账户。

收款单位可以根据需要在票据交换区域内背书转让银行本票。

银行本票如果丧失，只有现金银行本票才能到银行办理挂失止付手续，转账的银行本票只能到法院办理公示催告或提起诉讼。

3. 商业汇票

商业汇票是出票人签发的，委托付款人在指定日期无条件支付确定的金额给收款人或者持票人的票据。

采用商业汇票结算须是在银行开立存款账户的法人以及其他组织之间须有真实的交易关系或债权债务关系，才能使用商业汇票。

商业汇票的付款期限由交易双方商定，但最长不得超过 6 个月。商业汇票的提示付款期限自汇票到期日起 10 日内。

商业汇票可以由付款人签发并承兑，也可以由收款人签发交由付款人承兑。

定期付款或者见票后定期付款的商业汇票，持票人应当在汇票到期日前向付款人提示承兑；见票后定期付款的汇票，持票人应当自出票日起 1 个月内向付款人提示承兑。汇票未按规定期限提示承兑的，持票人丧失对其前手的追索权。

付款人应当在收到提示承兑的汇票之日起 3 日内承兑或者拒绝承兑。付款人拒绝承兑的，必须出具拒绝承兑的证明。

商业汇票可以背书转让。符合条件的商业承兑汇票的持票人可持未到期的商业承兑汇票连同贴现凭证，向银行申请贴现。

商业汇票按承兑人不同分为商业承兑汇票和银行承兑汇票两种。商业承兑汇票、银行承兑汇票分别如图 5 -3、图 5 -4 所示。

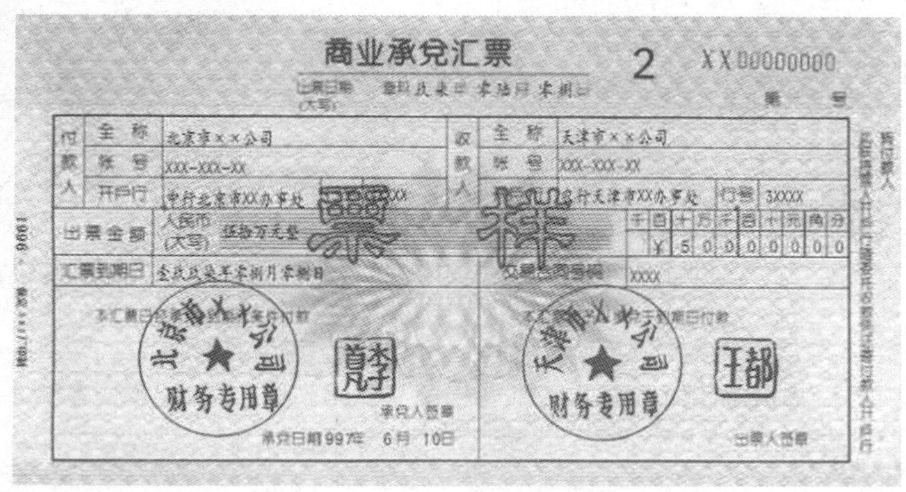

商业承兑汇票 2 XX00000000

付款人 全称	北京市××公司	收款人 全称	天津市××公司
付款人 账号	XXX-XXX-XX	收款人 账号	XXX-XXX-XX
付款人 开户行	中行北京市XX办事处	收款人 开户行	农行天津市XX办事处 行号 3XXXX
出票金额	人民币（大写） 伍拾万元整		¥ 5 0 0 0 0 0 0 0
汇票到期日		交易合同号码	XXXX

财务专用章

承兑人签章

承兑日期1997年 6月 10日

财务专用章

出票人签章

图 5 -3　商业承兑汇票票样

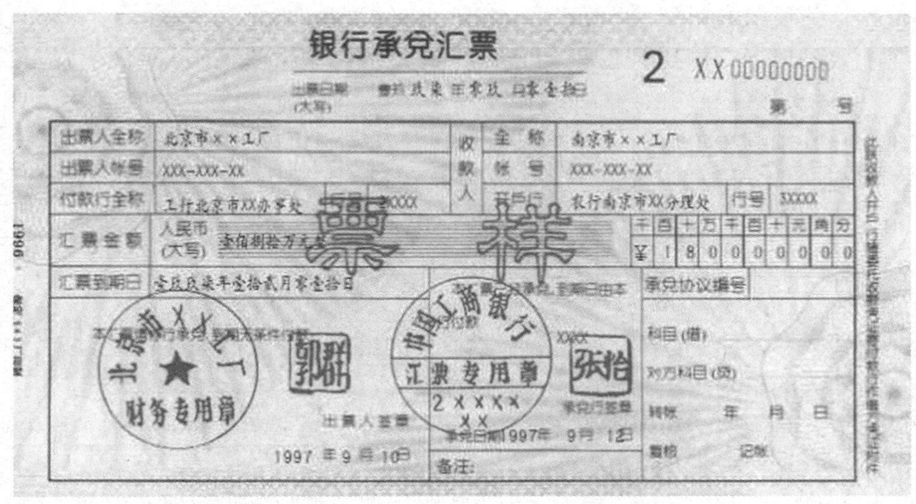

银行承兑汇票 2 XX00000000

出票人全称	北京市××工厂	收款人 全称	南京市××工厂
出票人账号	XXX-XXX-XX	收款人 账号	XXX-XXX-XX
付款行全称	工行北京市XX办事处	收款人 开户行	农行南京市XX分理处 行号 3XXXX
汇票金额	人民币（大写）		¥ 1 8 0 0 0 0 0 0 0
汇票到期日			承兑协议编号

财务专用章

出票人签章

1997 年 9 月 10日

中国工商银行 汇票专用章 2XXXX XX

承兑行签章

承兑日期1997年 9月 12日

备注：

科目（借）

对方科目（贷）

转账 年 月 日

复核 记账

图 5 -4　银行承兑汇票票样

(1)商业承兑汇票是由银行以外的付款人承兑的，可以由付款人签发并承兑，也可以由收款人签发并交由付款人承兑。付款人承兑商业汇票，应在汇票正面记载“承兑”字样和承兑日期并签章。承兑不得附有条件，否则视为拒绝承兑。

购货企业签发、承兑商业汇票并交给销货企业时，应编制记账凭证，并借记“材料采购”、“应交税费——应交增值税(进项税额)”等账户，贷记“应付票据”账户。

购货企业收到开户银行的付款通知，应在当日通过银行付款；购货企业在接到通知的次日起三日内未通知银行付款的，视同付款人承诺付款，银行将于第四日上午开始营业时，将票款划给销货企业或贴现银行。购货企业应根据银行转来的付款通知，编制付款凭证，并借记“应付票据”账户，贷记“银行存款”账户。

销货企业收到购货企业交来的承兑汇票时，应编制记账凭证，借记“应收票据”账户，贷记“主营业务收入”、“应交税费——应交增值税(销项税额)”等账户。

汇票到期，销货企业将票据交存开户银行办理收款手续，收到银行收款通知时，编制收款凭证，进行账务处理，借记“银行存款”账户，贷记“应收票据”账户。

(2)银行承兑汇票由银行承兑，应由在承兑银行开立存款账户的存款人签发。

承兑银行按票面金额向出票人收取万分之五的手续费。

购货企业应于汇票到期前将票款足额交存其开户银行，以备承兑银行在汇票到期日或到期日后的见票当日支付票款。

销货企业应在汇票到期时将汇票连同进账单送交开户银行以便转账收款。承兑银行凭汇票将承兑款项无条件转给销货企业，如果购货企业于汇票到期日未能足额交存票款，承兑银行除凭票向持票人无条件付款外，对出票人尚未支付的汇票金额按照每天万分之五计收罚息。

购货企业签发银行承兑汇票，经开户银行承兑时，应交纳承兑手续费。交纳时编制付款凭证，并借记“财务费用”账户，贷记“银行存款”账户。

购货企业将银行承兑汇票交给销货企业时，应编制记账凭证，借记“材料采购”、“应交税费——应交增值税(进项税额)”等账户，贷记“应付票据”账户。

购货企业收到银行支付到期汇票的付款通知时，应编制付款凭证，并借记“应付票据”账户，贷记“银行存款”账户。

销货企业在收到购货企业的银行承兑汇票时，应编制记账凭证，并借记“应收票据”账户，贷记“主营业务收入”、“应交税费——应交增值税(销项税额)”等账户。

销货企业将到期的汇票连同进账单送交开户银行办理转账收款时，应编制收款凭证，并借记“银行存款”账户，贷记“应收票据”账户。

4. 支票

支票是出票人签发的，委托办理支票存款业务的银行在见票时无条件支付确定的金额给收款人或者持票人的票据。

支票结算方式是同城结算中应用比较广泛的一种结算方式。单位和个人在同一票据交换区域的各种款项结算，均可以使用支票。

支票由银行统一印制，可分为现金支票、转账支票、普通支票和划线支票。银行转账支票如图5－5所示。

支票上印有“现金”字样的为现金支票，现金支票只能用于支取现金。支票上印有“转账”字样的为转账支票，转账支票只能用于转账。未印有“现金”或“转账”字样的为普通支票，普通支票可以用于支取现金，也可以用于转账。在普通支票左上角划两条平行线的，为划线支票。划线支票只能用于转账，不得支取现金。

支票的提示付款期限为自出票日起10日内，中国人民银行另有规定的除外。超过提示

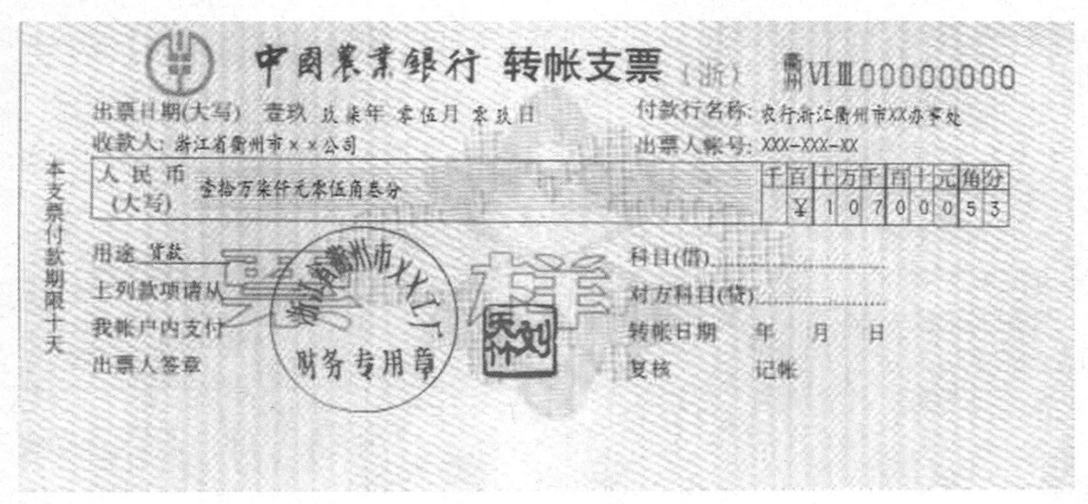

中国农业银行 转帐支票（浙） VI Ⅲ00000000

本支票付款期限十天

出票日期(大写) 壹玖 玖柒年 零伍月 零玖日　付款行名称：农行浙江衢州市XX办事处

收款人：浙江省衢州市××公司　出票人帐号：XXX-XXX-XX

人民币(大写) 壹拾万柒仟元零伍角叁分	千	百	十	万	千	百	十	元	角	分
		¥	1	0	7	0	0	0	5	3

用途 货款　科目(借)

上列款项请从　对方科目(贷)

我帐户内支付　转帐日期 年 月 日

出票人签章　复核 记帐

财务专用章

图 5－5 转账支票票样

付款期限的，持票人开户银行不予受理，付款人不予付款。转账支票可以根据需要在票据交换区域内背书转让。

采用支票结算方式的，对于付款的支票，企业应根据支票存根和有关原始凭证（收款人开出的收据或发票等）编制付款凭证，进行账务处理：借记有关账户，贷记“银行存款”账户。

对于收款的支票，企业委托开户银行收款时，应作委托收款背书，在支票背面背书人签章栏签章，记载“委托收款”字样、背书日期，在被背书人栏记载开户银行名称，并将支票和填制的进账单送交开户银行，根据银行盖章退回的进账单第一联和有关原始凭证编制收款凭证，进行账务处理：借记“银行存款”账户，贷记有关账户。

5. 信用卡

信用卡是指商业银行向个人和单位发行的凭以向特邀单位购物、消费和向银行存取现金，且具有消费信用的特制载体卡片。

信用卡按使用对象分为单位卡和个人卡，按信誉等级分为金卡和普通卡。

凡在中国境内金融机构开立基本存款账户的单位可申领单位卡。单位卡可申领若干张，持卡人资格由申领单位法定代表人或其委托的代理人书面指定和注销。持卡人不得出租或转借信用卡。单位卡账户的资金一律从基本存款账户转账存入，在使用过程中，需要向其账户续存资金的，也一律从基本存款账户转账存入，不得交存现金，不得将销货款收入的款项存入其账户。单位卡一律不得用于10 万元以上的商品交易、劳务供应款项的结算，不得支取现金。

信用卡在规定的限额内允许善意透支，透支金额金卡最高不得超过10 000 元，普通卡最高不超过5 000 元。透支期限最长为60 天。透支利息，自签单日或银行记账日起 15 日内按日息万分之五计算，超过 15 日按日息万分之十计算，超过 30 日或超过规定限额的，按日息万分之十五计算，透支计息不分段，按最后期限或者最高透支额的最高利率档次计息。超过规定限额或规定期限，并且经发卡银行催收无效的透支行为称为恶意透支。持卡人使用信用卡不得恶意透支。

单位或个人申领信用卡，应按规定填制申请表，连同有关资料一并送交发卡银行。符合条件并按银行要求交存一定金额的备用金后，银行为申领人开立信用卡存款账户，并发给信用卡。

企业取得信用卡时，应根据银行有关凭证借记“其他货币资金——信用卡存款”账户，贷记“银行存款”账户。企业在特邀单位使用信用卡付款时，根据特邀单位退还的信用卡签购单第一联和发票等凭证借记有关费用账户，贷记“其他货币资金——信用卡存款”账户。

若信用卡丧失，持卡人应立即持有效证明，并按规定提供有关情况，向发卡银行挂失。

6. 汇兑

汇兑是汇款人委托银行将其款项支付给收款人的结算方式。单位和个人的款项结算，均可使用汇兑结算方式。

汇兑分为信汇、电汇两种。信汇是汇款人委托银行通过邮寄方式将款项划转给收款人。电汇是指汇款人委托银行通过电报将款项划给收款人。这两种汇兑方式由汇款人根据需要选择使用。汇兑结算方式适用于异地之间的各种款项结算。

这种结算方式划拨款项简便、灵活。

企业采用这一结算方式，付款单位汇出款项时，应填写银行印发的汇款凭证，列明收款单位名称、汇款金额及汇款的用途等项目，送达开户银行，委托银行将款项汇往收汇银行。收汇银行将汇款收进单位存款账户后，向收款单位发出收款通知。

付款企业应根据取回的汇款凭证回单联，据以进行账务处理，借记有关账户，贷记“银行存款”账户。

7. 委托收款

委托收款是收款人委托银行向付款人收取款项的结算方式。无论单位还是个人都可凭已承兑商业汇票、债券、存单等付款人债务证明办理同城或异地款项收取。委托收款适用于收取电费、电话费等付款人众多、分散的公用事业费等有关款项。

委托收款结算款项划回的方式分为邮寄和电报两种。

企业委托开户银行收款时，应填写银行印制的委托收款凭证和有关的债务证明。在委托收款凭证中写明付款单位的名称、收款单位名称、账号及开户银行、委托收款金额的大小写、款项内容、委托收款凭据名称及附寄单证张数等。企业的开户银行受理委托收款后，将委托收款凭证寄交付款单位开户银行，由付款单位开户银行审核，并通知付款单位。

付款单位应在收到委托付款通知次日起 3 日内，主动通知银行是否付款。如果不通知银行，银行视同企业同意付款并在第四日从单位账户中付出此笔委托收款款项。付款人账户不足支付的，付款人的开户银行将通过被委托银行向收款人发出未付款项通知书。如果付款人在 3 日内审查有关债务证明后，认为债务证明或与此有关的事项符合拒付款的规定，应出具拒绝付款理由书和委托收款凭证第五联及持有的债务证明，向银行提出拒绝付款。

付款单位在收到付款通知时，借记“应付账款”账户，贷记“银行存款”账户。

委托收款企业收到银行收款通知时，借记“银行存款”账户，贷记“应收账款”账户。

8. 托收承付

托收承付是指根据购销合同由收款人发货后委托银行向异地付款人收取款项，由付款人向银行承认付款的结算方式。

使用托收承付结算方式的收款单位和付款单位，必须是国有企业、供销合作社以及经营管理较好，并经开户银行审查同意的城乡集体所有制企业。办理托收承付结算的款项，必须是商品交易，以及因商品交易而产生的劳务供应的款项。代销、寄销、赊销商品的款项，不得办理托收承付结算。

托收承付款项划回方式分为邮寄和电报两种，由收款人根据需要选择使用；收款单位办理托收承付，必须具有商品发出的证明或其他证明。托收承付每笔的金额起点为10 000元。新华书店系统每笔的金额起点为1 000元。

付款人开户银行收到托收凭证及其附件后，应及时通知付款人付款。承付货款分为验单付款和验货付款两种，由收付双方选用。

验单付款承付期为3天，从付款人开户银行发出通知的当日算起。购货企业在承付期内，未向银行表示拒付，银行即视为承付，并在承付期满的次日上午银行营业时将款项从付款人账户内付出，划给收款人。

验货付款承付期为10天，从运输部门向付款人发出提货通知的次日算起，对收付双方在合同中明确规定，并在托收凭证上注明验货付款期限的，银行将按此期限办理，付款人在收到提货通知后，应向银行交验提货通知。付款人在银行发出承付通知的次日起10天内未收到提货通知的，应在第10天将货物尚未到达的情况通知银行。在第10天付款人未通知银行的，银行视作已经验货，于10天期满的次日上午银行开始营业时将款项划给收款人。在第10天付款人通知银行货物未到，而以后收到提货通知没有及时送交银行，银行仍按10天期满的次日作为划款日期，并按超过的天数，计扣逾期付款赔偿金。

对下列情况，付款人可以在承付期内向银行提出全部或部分拒付。

(1)没有签订购销合同或合同未订明托收承付结算方式的款项；

(2)未经双方事先达成协议，收款人提前交货或因逾期交货付款人不再需要该项货物的款项；

(3)未按合同规定的到货地址发货的款项；

(4)代销、寄销、赊销商品的款项；

(5)验单付款，发现所列货物的品种、规格、数量、价格与合同不符，或货物已到，经验货与合同或发货清单不符；

(6)验货付款，经验货与合同或发货清单不符；

(7)货款已支付或计算有错误。

不属于上述情况，购货企业不得提出拒付。

购货企业提出拒绝付款时，必须填写“拒绝付款理由书”，注明拒绝付款理由，向开户银行办理拒付手续。银行同意部分或全部拒绝付款的，应在拒绝付款理由书上签注意见，并将拒绝付款理由书、拒付证明、拒付商品清单和有关单证邮寄收款人开户银行转交销货企业。

购货企业承认付款，根据托收结算凭证和所附的发票账单、运单等单据，编制付款凭证，并借记“材料采购”、“应交税费——应交增值税(进项税额)”等账户，贷记“银行存款”账户。

销货企业收到银行转来的收款通知单后，根据托收结算凭证的回联及有关单据，编制收款凭证，并借记“银行存款”账户，贷记“应收账款”账户。

(三)银行存款的核算

为了准确掌握银行存款实际金额，防止银行存款账目发生差错，企业应按期对账。

银行存款日记账的核对主要包括3个环节：一是银行存款日记账与银行存款收、付款凭证要互相核对，做到账证相符；二是银行存款日记账与银行存款总账要互相核对，做到账账相符；三是银行存款日记账与银行开出的银行存款对账单要互相核对，以便准确地掌握企业可运用的银行存款实有数。为了及时了解银行存款的收支情况，避免银行存款账目发生差错，企业要经常与银行核对。核对时如发现双方余额不一致，要及时查找原因，属于记账差错的，应立即更正。除记账错误外，还可能是由于未达账项引起。所谓未达账项是指由于企业和银行取得有关凭证的时间不一致，而发生的一方已经取得凭证登记入账，另一方由于未取得凭证尚未入账的款项。具体有以下 4 种情况：

(1)企业已收款入账，银行尚未收款入账。如企业已将销售产品收到的支票送存银行，而银行尚未入账的款项。

(2)企业已付款入账，银行尚未付款入账。如企业开出支票购货，对方尚未到银行办理转账手续的款项。

(3)银行已收款入账，企业尚未收款入账。如银行收到采用托收承付方式购货的款项，企业由于未收到银行的收款通知尚未入账。

(4)银行已付款入账，企业尚未付款入账。如银行代企业支付的公共事业费用。

对于上述未达账项，应通过编制"银行存款余额调节表"进行检查核对，如没有记账错误，调节后的双方余额应相等。

【例 5-9】 新世纪股份有限公司 5 月 31 日的银行存款日记账余额为 345 000 元。银行对账单上的余额为 340 000 元。经核对，发现以下未达账项：

(1)5 月 28 日新世纪股份有限公司委托银行代收款 2 000 元，银行已收入账，新世纪股份有限公司由于尚未收到银行收款通知，所以尚未入账。

(2)5 月 29 日新世纪股份有限公司开出转账支票 1 500 元，持票单位尚未到银行办理转账，银行尚未登记入账。

(3)5 月 30 日银行代企业支付电话费 1 000 元，新世纪股份有限公司尚未接到银行通知，尚未登记入账。

(4)5 月 31 日新世纪股份有限公司送存支票 7 500 元，银行尚未登入新世纪股份有限公司账户。

根据上述内容，编制银行存款余额调节表，如表 5-1 所示。

表 5-1 银行存款余额调节表

项　目	金　额	项　目	金　额
企业银行存款日记账余额	345 000	银行对账单余额	340 000
加：银行已收，企业未收	2 000	加：企业已收，银行未收	7 500
减：银行已付，企业未付	1 000	减：企业已付，银行未付	1 500
调节后银行存款余额	346 000	调节后的银行存款余额	346 000

经过上述调整，企业可动用的银行存款余额数为 346 000 元。需要注意的是，银行存款余额调节表只是用来核对企业与银行双方记账有无差错，并不能作为调整银行存款余额的原始凭证。

三、其他货币资金

（一）其他货币资金概述

其他货币资金是指企业除现金和银行存款以外的各种货币资金，主要包括银行汇票存款、银行本票存款、信用卡存款、信用证保证金存款、存出投资款、外埠存款等。

为反映和监督其他货币资金的收支和结存情况，应设置“其他货币资金”账户。其性质是资产类账户，借方反映企业其他货币资金的增加，贷方反映其他货币资金的减少，借方余额反映企业其他货币资金结余数额。本账户应按“外埠存款”、“银行汇票”、“银行本票”、“信用证存款”、“信用卡存款”、“存出投资款”和“在途货币资金”等设置明细账户，进行明细分类核算。

（二）其他货币资金核算

1. 外埠存款核算

外埠存款是企业到外地临时或零星采购时，汇往采购地银行开立采购专户的款项。采购资金存款不计利息，除采购员差旅费可以支取少量现金外，一律转账，采购专户只付不收，付完即结束账户。

（1）企业将款项委托开户银行汇往采购地开立专户时，根据汇款凭证作如下会计分录：

借：其他货币资金——外埠存款

　　贷：银行存款

（2）收到采购员交来的供货单位发票、账单等报销凭证时作如下会计分录：

借：材料采购

　　应交税费——应交增值税（进项税额）

　　贷：其他货币资金——外埠存款

（3）采购结束后，将多余的外埠存款转回企业所在地开户银行时，根据银行收账通知作如下会计分录：

借：银行存款

　　贷：其他货币资金——外埠存款

【例 5－10】　新世纪股份有限公司委托开户行将 10 000 元采购资金汇往采购地某银行开设采购专户，收到汇兑结算凭证回单，编制如下会计分录：

借：其他货币资金——外埠存款　　10 000

　　贷：银行存款　　10 000

【例 5－11】　新世纪股份有限公司收到采购员转来的供货单位的发票账单等原始凭证。凭证列示购买材料货款 8 000 元，增值税 1 360 元。编制如下会计分录：

借：材料采购　　8 000

　　应交税费——应交增值税（进项税额）　　1 360

　　贷：其他货币资金——外埠存款　　9 360

【例 5－12】　新世纪股份有限公司收到银行转回的多余款 640 元，编制如下会计分录：

借：银行存款　　640

　　贷：其他货币资金——外埠存款　　640

2. 银行汇票存款核算

银行汇票存款是指企业为取得银行汇票按规定存入银行的款项。

(1)付款单位(购货单位)办理银行汇票后，根据银行汇票委托书存根作会计分录：

借：其他货币资金——银行汇票存款

　　贷：银行存款

(2)付款单位(购货单位)采购货物，用银行汇票支付款项后，根据发票等有关凭证作如下会计分录：

借：材料采购

　　应交税费——应交增值税(进项税额)

　　贷：其他货币资金——银行汇票

(3)付款单位银行汇票款未用完由收款单位开户银行转回时，根据银行转来的多余款收账通知作如下会计分录：

借：银行存款

　　贷：其他货币资金——银行汇票存款

【例 5－13】 新世纪股份有限公司 2016 年 3 月 5 日向银行申请签发银行汇票存入 200 000 元。3 月 15 日采购 A 材料 150 000 元，增值税率 17%，运杂费 3 000 元，以银行汇票支付货款。剩余款项已退回。编制会计分录如下：

①取得汇票时：

借：其他货币资金——银行汇票存款　　200 000

　　贷：银行存款　　200 000

②使用时：

借：材料采购——A 材料　　153 000

　　应交税费——应交增值税(进项税额)　　25 500

　　贷：其他货币资金——银行汇票存款　　178 500

③余款退回时：

借：银行存款　　21 500

　　贷：其他货币资金——银行汇票存款　　21 500

3. 银行本票存款核算

银行本票是企业为取得银行本票按规定存入银行的款项。

(1)付款单位向银行申请办理银行本票后，根据银行盖章退回的银行本票申请书存根作会计分录：

借：其他货币资金——银行本票存款

　　贷：银行存款

(2)付款单位用银行本票支付购货款项时，根据取得的发票等凭证作会计分录：

借：材料采购

　　贷：其他货币资金——银行本票存款

(3)付款单位的银行本票因过期等原因未曾使用而要求银行退票时，应填制一式二联进账单，连同本票一并送银行，根据银行退回的进账单回单联作如下会计分录：

借：银行存款

贷：其他货币资金——银行本票存款

【例 5－14】 新世纪股份有限公司申请办理银行本票用于偿还应付账款 50 000 元，银行受理后开出定额本票一张。

企业收到银行本票时：

借：其他货币资金——银行本票存款 50 000

贷：银行存款 50 000

收到收款单位开出的收据时：

借：应付账款 50 000

贷：其他货币资金——银行本票 50 000

4. 信用证保证金存款核算

信用证保证金存款是指企业为取得信用证按规定存入银行的保证金款项。

(1) 根据开户银行退回的由企业提交的保证金回单，编制会计分录：

借：其他货币资金——信用证保证金

贷：银行存款

(2) 收到开证银行交来的信用证来单通知书及所付发票账单，经核对无误，编制会计分录：

借：材料采购

应交税费——应交增值税（进项税额）

贷：其他货币资金——信用证保证金

(3) 企业未用完的信用证保证金余额，转回开户银行，编制会计分录：

借：银行存款

贷：其他货币资金——信用证保证金

5. 存出投资款核算

存出投资款核算是指企业已存入证券公司但尚未进行短期投资的其他货币资金。

(1) 企业向证券公司划出资金时，根据有关凭证：

借：其他货币资金——存出投资款

贷：银行存款

(2) 购买股票或债券时：

借：交易性金融资产——股票等

贷：其他货币资金——存出投资款

第二节 应收款项核算

应收及预付款项泛指企业拥有的将来获取现金、商品或劳务的权利，包括：应收票据、应收账款、应收股利、应收利息、其他应收款、预付账款。本章讨论的是指除应收股利和应收利息之外的其他四项内容，这两项将在有关投资的章节中讨论。

一、应收票据

（一）应收票据概述

应收票据是指企业在采用商业汇票结算方式下，因销售商品或提供劳务而收到商业汇票所形成的债权。商业汇票是一种由出票人签发的，委托付款人在指定日期无条件支付确定金额给收款人或者持票人的票据。

根据承兑人不同，可把商业汇票分为商业承兑汇票和银行承兑汇票。

根据票面是否带息，可把商业汇票分为带息商业汇票和不带息商业汇票。

带息商业汇票是指汇票到期时，承兑人按票据面额及应计利息之和向收款人或被背书人付款的票据。

$$票据到期值=票据面值+票据应计利息$$

不带息商业汇票是指汇票到期时，承兑人只按票据面额向收款人或被背书人付款的票据。

在我国，商业票据的期限一般较短（6个月），利息金额相对来说不大，因此，应收票据一般按其面值计价。即企业收到票据时，按照应收票据面值入账。但对于带息票据，按照现行制度规定，应于期末（指中期期末和年度终了）按应收票据的票面价值和确定的利率计提利息，计提的利息应计入应收票据的票面价值。

（二）应收票据核算

应收票据核算包括票据取得、票据收回等经济业务。核算中应设置“应收票据”账户，借方登记取得的应收票据面值和按票面利率计提的利息，贷方登记到期收回票款或到期前向银行贴现的应收票据账面价值，余额在借方，表示尚未到期收回的票据。本账户按照商业汇票种类设置明细账，并设置“应收票据备查簿”，逐笔登记每一张票据的种类、号数、签发日期、票面金额、合同号、承兑人、被背书人的姓名或单位、到期日、贴现日、贴现率等。

1. 应收票据收取

企业因销售产品等收到已承兑的商业汇票时，借记“应收票据”账户，贷记“应收账款”、“主营业务收入”、“应交税费——应交增值税（销项税额）”等账户。

【例5－15】 新星工厂销售产品给新世纪股份有限公司，货款50 000元，增值税8 500元，货已发出，收到新世纪股份有限公司交来的半年期限的商业承兑汇票一张，作如下会计分录：

借：应收票据	58 500	
贷：主营业务收入		50 000
应交税费——应交增值税（销项税额）		8 500

2. 应收票据到期兑现

企业持有的商业汇票到期收回票款时，若为不带息汇票，应按票面金额，借记“银行存款”账户，贷记“应收票据”账户；若为带息汇票，首先应计算票据到期值，按到期值收到票款时，借记“银行存款”账户，按票面金额贷记“应收票据”账户，按其差额贷记“财务费用”账户。

$$应收票据利息=应收票据票面金额\times票面利率\times期限（按日、月表示均可）$$

$$应收票据到期值=应收票据面值+应收票据利息$$

票据利率一般指年利率，票据期限指签发日至到期日的时间间隔。票据的期限有按月表示和按日表示两种。按月表示，无论月份大小，应以到期月份中与出票日相同的那一天为到期日。按日表示，应从出票日起按实际经历天数计算。通常出票日和到期日，只能计算其中一天，即“算头不算尾”或“算尾不算头”。

【例 5-16】 承例 5-15，票据在半年后到期，收回款项 58 500 元，存入银行。根据收账通知作如下会计分录：

借：银行存款　　58 500

　贷：应收票据　　58 500

【例 5-17】 新世纪股份有限公司 2016 年 11 月 1 日销售甲产品给中兴股份有限公司，货款 100 000 元，增值税 17 000 元，货已发出。收到中兴股份有限公司交来的一张三个月到期、面额为 117 000 元的带息银行承兑汇票，票面年利率为 10%。

(1)收到票据时作如下会计分录：

借：应收票据　　117 000

　贷：主营业务收入　　100 000

　　应交税费——应交增值税(销项税额)　　17 000

(2)2016 年 12 月 31 日计提票据利息(117 000×10%/12×2)：

借：应收票据　　1 950

　贷：财务费用　　1 950

(3)2017 年 2 月 1 日收到应收票据本息(117 000+117 000×10%/12×3)，会计分录如下：

借：银行存款　　119 925

　贷：应收票据　　118 950

　　财务费用　　975

企业持有的银行承兑汇票，因其承兑人是银行，到期一般都能收回。但持有的商业承兑汇票到期，若承兑企业无力偿还，票款就会被拒付。若被拒付的是不带息票据，则持票人应将被拒付的票据按票面金额转入“应收账款”账户，借记“应收账款”账户，贷记“应收票据”账户。若是带息应收票据，将被拒付的票据按票面金额加利息转入“应收账款”账户，借记“应收账款”账户，并冲减应收票据账面值，贷记“应收票据”账户，两者差额贷记“财务费用”账户。

3. 应收票据贴现

企业持有的应收票据在到期前，如果出现资金短缺，可以持未到期的应收票据向其开户银行申请贴现，以便获得所需资金。贴现指票据持有人将未到期的票据背书后，转让给银行，银行受理后从票据到期值中扣除按银行贴现率计算确定的贴现利息后，将余额付给贴现人的业务活动。票据贴现的计算公式如下：

贴现利息＝票据到期值×贴现率×贴现期

贴现天数＝贴现日至票据到期日实际天数－1

贴现所得额＝票据到期值－贴现息

【例 5-18】 新世纪股份有限公司收执的衡阳兴海公司签发的不带息商业承兑汇票一张：签发日为 3 月 23 日，到期日为 9 月 23 日，票面金额为 110 000 元。因新世纪股份有限公司资金短缺，于5月2日向银行申请贴现，贴现率为12%，则：

贴现天数 =30 +30 +31 +31 +23 -1 =144(天)

贴现利息 =110 000 ×12%/360 ×144 =5 280(元)

贴现金额 =110 000 -5 280 =104 720(元)

作如下会计分录：

借：银行存款　　104 720

　　财务费用　　5 280

　　贷：应收票据　　110 000

如果贴现的商业承兑汇票到期，承兑人的银行账户不足支付，银行即将已贴现的票据退回申请贴现企业，同时将贴现企业账户中的票款划回。此时，贴现企业应将所付票据本息转作应收账款，借记“应收账款”账户、贷记“银行存款”账户。如果申请贴现企业的银行存款余额不足，银行将作为逾期贷款处理，贴现企业应借记“应收账款”账户、贷记“短期借款”账户。

4. 应收票据背书转让

商业汇票的持有人在票据到期前为了购买商品或偿还债务等原因可将票据背书转让给其他企业，票据的所有权即索取票款的权利，则从原来的票据持有人转让给票据的被背书人(即票据背书转让的受让人)。票据到期后，被背书人持商业汇票到其开户银行办理收取票款的结算。如果背书转让的票据到期，承兑人(付款人)不能兑付，背书人负有连带的付款责任。

企业办理票据背书转让手续后，应按票面金额，借记“材料采购”、“原材料”或“应付账款”等账户，按取得的专用发票上注明的增值税，借记“应交税费——应交增值税(进项税额)”账户，按应收票据的账面价值贷记“应收票据”账户，若有差额借记或贷记“银行存款”账户。

背书转让的商业汇票到期，原承兑人(付款人)不能兑付，背书转让企业履行连带付款责任时，应借记“应收账款”账户，贷记“银行存款”账户。

【例5 -19】 新世纪股份有限公司原欠B公司购料款40 000元，由于资金不足，决定用持有的衡阳兴海公司所签发的半年期、面额为30 000元的不带息商业承兑汇票抵付，其余部分用银行存款偿付。公司根据有关凭证作如下会计分录：

借：应付账款——B公司　　40 000

　　贷：应收票据　　30 000

　　　　银行存款　　10 000

【例5 -20】 上述背书转让的面值为30 000元的商业汇票到期，衡阳兴海公司无款支付，则该公司负连带付款责任。根据有关凭证作如下会计分录：

借：应收账款——C公司　　30 000

　　贷：银行存款　　30 000

二、应收账款

应收账款是指企业因销售商品、提供劳务等业务，应向购货单位或接受劳务单位收取的款项。主要包括出售产品、商品、材料，提供劳务等向有关债务人收取的价款及代购货方垫付的运杂费。

（一）应收账款入账价值的确认

应收账款入账价值包括销售货物提供劳务的价款、增值税以及代购货方垫付的包装费、运杂费等。在确认时，应分别考虑有关的折扣、折让因素。

1. 在没有销售折扣情况下，应按购销双方在成交时的实际金额入账。

2. 在采用销售折扣的情况下，应区分商业折扣和现金折扣。

(1) 商业折扣是指销货企业为了鼓励客户多购商品而在商品标价上给予的折扣。例如，购买 10 件以上给予客户 10% 的折扣，或买 10 件送 1 件。商业折扣是企业最常用的销售方式。其入账价值在交易发生时即已确定，所以商业折扣对应收账款的入账价值没有什么实质性的影响。因此，在存在商业折扣的情况下，应收账款入账金额应按扣除商业折扣以后的实际售价确认。

(2) 现金折扣是指为了鼓励客户提前偿还货款而向债务人提供的债务扣除。现金折扣一般采用“折扣/付款期限”的符号表示。例如买方在 10 天内付款可按售价的 2% 给予折扣，用符号“2/10”表示；20 内付款按售价给予 1% 的折扣，用符号“1/20”表示；在 30 天内付款，则不给折扣，用符号“n/30”表示。

存在现金折扣情况下，应收账款入账金额的确认有两种方法，一种是总价法，另一种是净价法。

总价法：是将未减去现金折扣前的金额作为应收账款入账价值。现金折扣只有在客户折扣期内支付才予以确认。在这种方法下，销售方把给予客户的现金折扣视为融资理财费用，会计上作为财务费用处理。

净价法：是将扣减最大现金折扣后的金额作为实际售价，据以确认应收账款的入账金额。这种方法是把客户取得的折扣视为正常现象，认为客户一般都会提前付款，而将客户超过折扣期限而多收的收入，视为提供信贷所获收入。

（二）应收账款核算

1. 应收账款在没有商业折扣情况下的核算

企业因销售商品、提供劳务发生的应收账款，在没有折扣的情况下，按实现的销售收入和收取的增值税借记“应收账款”账户，按实现的销售收入贷记“主营业务收入”或“其他业务收入”账户，按规定应收取的增值税贷记“应交税费——应交增值税（销项税额）”账户，企业代垫的运杂费，借记“应收账款”账户、贷记“银行存款”账户；收回款项时，借记“银行存款”账户，贷记“应收账款”账户。

企业应收账款改为应收票据结算时，在收到票据时借记“应收票据”账户，贷记“应收账款”账户。

【例 5-21】 新世纪股份有限公司采用托收承付结算方式向甲企业销售商品一批，货款 20 000 元，增值税额 3 400 元，以银行存款代垫运杂费 400 元，已办理托收手续。作会计分录如下：

科目	借方	贷方
借：应收账款	23 800	
贷：主营业务收入		20 000
应交税费——应交增值税（销项税额）		3 400
银行存款		400

【例 5－22】 承例 5－21，接到银行收款通知，上述款项已收到入账。作会计分录如下：

借：银行存款　　23 800

　　贷：应收账款　　23 800

2. 应收账款在有商业折扣情况下的核算

应收账款在有商业折扣的情况下，应按扣除商业折扣后的金额入账。

【例 5－23】 新世纪股份有限公司以商业折扣方式赊销商品一批，售价金额 10 000 元，企业给予 10% 的商业折扣，增值税税率 17%，作会计分录如下：

借：应收账款　　10 530

　　贷：主营业务收入　　9 000

　　　　应交税费——应交增值税（销项税额）　　1 530

3. 应收账款在有现金折扣情况下的核算

采用现金折扣时，给予客户的折扣可通过“财务费用”账户核算。期末终了，将该账户转入“本年利润”账户。

【例 5－24】 新世纪股份有限公司为增值税一般纳税人企业，适用的增值税率为 17%。2015 年 3 月 1 日，新世纪股份有限公司向华夏有限公司销售商品一批，按价目表上标明的价格计算，不含增值税的售价总额为 20 000 元。为鼓励华夏有限公司及早付清款项，新世纪股份有限公司规定的现金折扣条件为 2/10、1/20、n/30。

该公司采用总价法核算。

借：应收账款　　23 400

　　贷：主营业务收入　　20 000

　　　　应交税费——应交增值税（销项税额）　　3 400

（1）现金折扣含增值税额的计算。

假定华夏有限公司 3 月 10 日付款：

借：银行存款　　22 932

　　财务费用　　468

　　贷：应收账款　　23 400

假定华夏有限公司 3 月 20 日付款：

借：银行存款　　23 166

　　财务费用　　234

　　贷：应收账款　　23 400

假定华夏有限公司 3 月 30 日付款：

借：银行存款　　23 400

　　贷：应收账款　　23 400

（2）现金折扣不含增值税额的计算。

假定华夏有限公司 3 月 10 日付款：

借：银行存款　　23 000

　　财务费用　　400

　　贷：应收账款　　23 400

假定华夏有限公司 3 月 20 日付款：

借：银行存款　　23 200
　　财务费用　　200
　　贷：应收账款　　23 400

假定华夏有限公司3月30日付款：

借：银行存款　　23 400
　　贷：应收账款　　23 400

三、其他应收款

其他应收款是指企业在商品交易业务以外发生的各种应收、暂付款项。主要包括：应收的各种赔款、罚款、应收出租包装物的租金、存出保证金、应向职工收回的各种垫付款项等。

为反映和监督其他应收款业务，企业应设置"其他应收款"账户，用来反映其他应收款的增减变化和结余情况。该账户借方登记其他应收款的增加额，贷方登记其他应收款的减少额，余额在借方，表示尚未收回的款项。该账户可按其他应收款的项目分类，并按不同的债务人设置明细分类账户，进行明细分类核算。关于备用金业务的核算，若备用金业务不单独设置的，可在"其他应收款"账户下设"备用金"明细账户进行核算。

【例5－25】　新世纪股份有限公司会计部门7月1日对总务部门核定2 000元的备用金定额，签发现金支票一张。

借：其他应收款——备用金(总务)　　2 000
　　贷：银行存款　　2 000

7月30日备用金负责人持有关凭证合计1 500元，到会计部门报销。

借：管理费用　　1 500
　　贷：现金　　1 500

四、坏账损失的确认及会计处理

(一)坏账损失的含义及确认

坏账是指企业无法收回或收回的可能性极小的应收款项。由于发生坏账而产生的损失，称为坏账损失。

企业确认坏账损失时，应遵循财务报告的目标和会计核算的原则，具体分析各项应收款项的特性、金额大小、信用期限、债务人的信誉和当时的经营情况等因素。一般来讲，企业的应收账款如果符合下列条件之一的，应确认为坏账损失：

(1)债务人死亡，以其遗产清偿后仍然无法收回的应收账款；

(2)债务人破产，以其破产财产清偿后仍然无法收回的应收账款；

(3)债务人较长时期内未履行其偿债义务，并有足够的证据表明无法收回或收回的可能性极小的应收账款。

(二)坏账损失核算

坏账损失的核算方法一般有两种：直接转销法和备抵法。

1. 直接转销法

直接转销法是指在实际发生坏账时，确认坏账损失，计入当期损益，同时注销该笔应收账款。

直接转销法的优点是账务处理简单，但是，这种方法忽视了坏账损失与赊销业务的联系，在转销坏账损失的前期，对于坏账的情况不做任何处理，显然不符合权责发生制及收入与费用相配比的原则，而且核销手续繁杂，致使企业发生大量陈账、呆账、常年挂账，得不到处理，虚增了利润，也夸大了前期资产负债表上应收账款的可实现价值。因此，我国企业会计准则规定，企业不得直接采用转销坏账核算坏账损失的方法。但小企业会计准则规定，小微企业可采用直接转销法核算坏账损失（坏账损失计入“营业外支出”）。

【例 5－26】 甲企业为小企业，应收乙公司的账款 10 000 元已超过 3 年。屡催无效，断定无法收回，甲企业对该客户的应收账款作坏账损失处理：

（1）确认坏账损失，应做如下处理：

借：营业外支出　　10 000

　　贷：应收账款　　10 000

（2）如果已冲销的应收账款以后又收回，应做如下处理：

借：应收账款　　10 000

　　贷：营业外支出　　10 000

同时：

借：银行存款　　10 000

　　贷：应收账款　　10 000

2. 备抵法

备抵法是按其估计坏账损失，形成坏账准备，当某一应收账款全部或者部分被确认为坏账损失时，应根据其金额重建坏账准备，同时转销相应的应收账款金额。

采用备抵法核算坏账损失，应设置“坏账准备”账户。“坏账准备”账户属于“应收账款”账户的备抵账户，其期末余额在贷方。

企业按期计提坏账准备时，将估计的坏账损失计入“资产减值损失”，同时确认应计提的坏账准备；实际发生坏账时，一方面冲销已计提的坏账准备，同时，冲减应收账款的账面余额。

备抵法的优点在于：①将预计不能收回的应收账款作为坏账损失及时计入费用，避免企业虚增利润；②在资产负债表上列示应收账款净额，使报表阅读者更能了解企业真实的资产情况；③使应收账款实际占用资金接近实际，消除了虚列的应收账款，有利于企业加强应收账款的管理，提高企业经济效益。

采用备抵法核算坏账损失时，应先按期估计坏账损失。估计坏账损失的方法主要有 4 种：应收账款余额百分比法、账龄分析法、销货百分比法和个别认定法。

（1）应收账款余额百分比法。采用应收账款余额百分比法核算坏账准备时，会计期末应将应收账款的余额乘以估计坏账率的金额作为当期期末坏账准备的应提数（表现为坏账准备的期末余额），并将坏账准备的应提数与坏账准备提取已有的账面贷方余额进行比较，坏账准备的应提数大于其账面贷方余额的，当期按其差额补提坏账准备；坏账准备的应提数小于其账面贷方余额的，按其差额冲回多提的坏账准备。提取前，“坏账准备”账户为借方余额时，则实际计提数为应提数与账户借方余额的合计数。总之，会计期末，计提坏账准备后，“坏账准备”账户的贷方余额应与按“应收账款”账户期末余额和估计坏账率计算的应提数相等。坏账率的估计可以按照以往的数据资料加以确定，也可根据规定的百分率计算。

应收账款余额百分比法下，当期计提坏账准备后，坏账准备的期末余额应该等于当期应收账款的期末余额乘以估计坏账率的金额。

应收账款余额百分比法下坏账准备计提金额的计算可以用图 5－7 所示的账户说明。

坏账准备	
本期发生额（如有）A_2 本期发生额（如有）A_3 本期应计提数 A	期初余额 A_1
	期末余额 A_4= 应收账款余额×坏账估计率

图 5－7　坏账准备计提示意图

图 5－7 中，本期应提坏账准备的金额 $A = A_4 - (A_1 - A_2 - A_3)$，其中 A_1 = 应收账款上的期末余额×坏账估计率，A_2、A_3 如有，则按实际发生额计算，如果没有发生，则为 0。

上式中，如果计算的 A 大于 0，说明本期应该补提坏账准备，其会计分录为：

借：资产减值损失　　　　A

　　贷：坏账准备　　　　A

如果 A 小于 0，说明应该冲减坏账准备，其会计分录为：

借：坏账准备　　　　A

　　贷：资产减值损失　　　　A

【例 5－27】 华夏公司 2013 年年末应收账款的余额为 1 200 000 元。该公司提取坏账准备的比例为 3%。2014 年发生坏账损失 50 000 元，其中 A 单位 20 000 元，B 单位 30 000 元。2014 年年末应收账款为 1 400 000 元。2015 年，已冲销的上年 B 单位应收账款 30 000 元又收回，期末应收账款为 1 600 000 元。

根据上述资料，甲公司相关会计处理如下：

①2013 年年末应提取坏账准备(1 200 000×3%)：

借：资产减值损失　　　　36 000

　　贷：坏账准备　　　　36 000

②2014 年发生坏账损失时：

借：坏账准备　　　　50 000

　　贷：应收账款——A 单位　　　　20 000

　　　　　　　　——B 单位　　　　30 000

2014 年年末按应收账款计算的坏账准备的应提数为 42 000 元(1 400 000×3%)，2014 年年末“坏账准备”账户为借方余额 14 000 元(50 000－36 000)，2014 年年末应计提的坏账准备为 56 000 元(42 000＋14 000)。

借：资产减值损失　　　　56 000

　　贷：坏账准备　　　　56 000

③2015 年，上年已冲销的 B 单位应收账款 30 000 元又收回时：

借：应收账款——B 单位　　　　30 000

贷：坏账准备 30 000

同时：

借：银行存款 30 000

贷：应收账款——B单位 30 000

2015年年末坏账准备的应提数为48 000元(1 600 000×3%)，2015年年末计提坏账准备前“坏账准备”账户已有贷方余额72 000元(42 000+30 000)，2015年年末应冲销多提的坏账准备为24 000元(72 000-48 000)。

借：坏账准备 24 000

贷：资产减值损失 24 000

(2)账龄分析法。账龄分析法是根据应收账款入账时间的长短来估计坏账损失的一种方法。虽然应收账款能否收回以及能收回多少，不一定完全取决于时间的长短。但一般来讲，账款拖欠的时间越长，发生坏账的可能性就越大。在这种方法下估计坏账损失时，应根据不同账龄的应收账款的金额和分别确定的坏账率计算确定坏账准备的应提数。

账龄分析法下坏账准备的计提方法与应收账款余额百分比法相同。

【例5-28】 华夏公司2015年12月31日应收账款账龄及估计坏账损失如表5-8所示。

表5-2 华夏公司2015年12月31日应收账款账龄及估计坏账损失 单位：元

应收账款账龄	应收账款金额	估计损失/%	估计损失金额
1年以内	400 000	5	20 000
1~2年	300 000	10	30 000
2~3年	200 000	20	40 000
3年以上	100 000	50	50 000
合计	1 000 000		140 000

如表5-8所示，华夏公司2015年12月31日“坏账准备”账户期末应有的账面余额为140 000元。华夏公司应将坏账准备的应提数与“坏账准备”账户已有的账面余额比较，计算本期应计提的坏账准备金额，并分别以下情况进行账务处理：

①假设提取坏账准备前“坏账准备”账户已有的账面余额为贷方余额40 000元，则本期应计提坏账准备的金额为100 000元(140 000-40 000)。

借：资产减值损失 100 000

贷：坏账准备 100 000

②假设提取坏账准备前“坏账准备”账户已有的账面余额为借方余额40 000元，则本期应计提坏账准备的金额为180 000元(140 000+40 000)。

借：资产减值损失 180 000

贷：坏账准备 180 000

③假设提取坏账准备前“坏账准备”账户贷方余额为160 000元，则本期应冲减坏账准备的金额为20 000元(160 000-140 000)。

借：坏账准备　　　　20 000

　贷：资产减值损失　　　　20 000

(3)销货百分比法。销货百分比法，就是根据赊销金额的一定百分比估计坏账损失的一种方法。在这种方法下估计坏账损失时，根据本期赊销的金额乘以估计的坏账率计算确定的金额作为本期坏账准备的计提数。

【例5-29】 华夏公司2015年全年赊销金额为500 000元。根据以往的资料和经验，估计坏账损失为2%。

本期应计提坏账准备的金额=500 000×2%=10 000(元)

借：资产减值损失　　　　10 000

　贷：坏账准备　　　　10 000

在采用销货百分比法核算坏账准备的情况下，估计坏账损失百分比可能由于企业生产经营情况的不断变化而与实际不符，因此，需要经常检查损失的百分比是否能足以反映企业坏账损失的实际情况。倘若发现百分比过高或过低，应及时调整。

(4)个别认定法。个别认定法是根据每一项应收账款分别估计坏账损失的一种方法。在采用账龄分析法、应收账款余额百分比法等方法的同时，如果某项应收账款的可收回性与其他各项应收账款之间存在明显的差别(例如：债务单位所处的特定地区)，导致该项应收账款如果按照与其他应收账款同样的方法计提坏账准备，将无法真实地反映其可收回的金额，可对该项应收账款采用个别认定法计提坏账准备。即根据每一项应收账款的情况分别估计坏账损失。在同一会计期间内运用个别认定法计提坏账准备的应收账款，应将其从用其他的方法计提坏账准备的应收账款中剔除。

第三节　交易性金融资产核算

一、交易性金融资产概述

以公允价值计量且其变动计入当期损益的金融资产，可以进一步划分为交易性金融资产和指定为以公允价值计量且其变动计入当期损益的金融资产。同时，某项金融资产划分为以公允价值计量且其变动计入当期损益的金融资产后，不能再重分类为其他类别的金融资产；其他类别的金融资产也不能再重分类为以公允价值计量且其变动计入当期损益的金融资产。

交易性金融资产主要是指企业为了近期内出售而持有的金融资产，如企业以赚取差价为目的从二级市场上购入的股票、债券、基金等。

二、以公允价值计量且其变动计入当期损益的金融资产的计量

(一)以公允价值计量且其变动计入当期损益的金融资产的初始计量

以公允价值计量且其变动计入当期损益的金融资产初始确认时，应按公允价值计量，相关交易费用应当直接计入当期损益。

上述相关交易费用是指可直接归属于购买、发行或处置金融工具新增的外部费用。所谓新增的外部费用，是指企业不购买、发行或处置金融工具就不会发生的费用。交易费用包括

支付给代理机构、咨询公司、证券商等的手续费和佣金及其他必要支出，不包括债券溢价、折价、融资费用、内部管理成本及其他不直接相关的费用。

企业取得以公允价值计量且其变动计入当期损益的金融资产所支付的价款中，如果包含已宣告但尚未发放的现金股利或已到付息期但尚未领取的债券利息的，应当单独确认为应收项目（应收股利或应收利息）。在持有期间取得的利息或现金股利，应当确认为投资收益。

（二）以公允价值计量且其变动计入当期损益的金融资产的后续计量

资产负债表日，以公允价值计量且其变动计入当期损益的金融资产应按公允价值进行后续计量，并将其公允价值变动计入当期损益（公允价值变动损益）。

处置该金融资产时，其公允价值与初始入账金融之间的差额应确认为投资收益，同时调整公允价值变动损益。

三、以公允价值计量且其变动计入当期损益的金融资产的会计处理

本书主要以交易性金融资产核算为例来说明以公允价值计量且其变动计入当期损益的金融资产的会计处理。

对交易性金融资产的核算，企业应设置“交易性金融资产”和“公允价值变动损益”账户，其中“交易性金融资产”下设“成本”和“公允价值变动”两个明细账户。“成本”明细账户用来核算交易性金融资产的初始确认额，“公允价值变动”明细账户用来核算交易性金融资产在持有期间的公允价值变动金额。“公允价值变动损益”账户用来核算交易性金融资产等在持有期间的公允价值变动产生的损益。

（1）企业取得交易性金融资产时：

借：交易性金融资产——成本（交易性金融资产的公允价值）
　　应收股利（买价中所含的已宣告但尚未发放的现金股利）
　　应收利息（买价中所含的已到付息期但尚未领取的利息）
　　投资收益（支付相关的交易费用）
　　贷：银行存款等

【例5-30】 2×14年1月10日，新世纪股份有限公司按每股6.50元的价格从二级市场购入A公司每股面值1元的股票50 000股作为交易性金融资产，并支付交易费用1 200元。

初始入账金额=6.50×50 000=325 000（元）

借：交易性金融资产——A公司股票（成本）	325 000	
投资收益	1 200	
贷：银行存款		326 200

（2）交易性金融资产在持有期间取得现金股利或债券利息，应确认为投资收益。在被投资单位宣告分派现金股利或期末计提应收利息时：

借：应收股利或应收利息（应享有的现金股利或计提的债券利息）
　　贷：投资收益

【例5-31】 2×14年3月25日，新世纪股份有限公司按每股8.60元的价格从二级市场购入B公司每股面值1元的股票30 000股作为交易性金融资产，并支付交易费用1 000元。股票购买价格中包含每股0.20元已宣告但尚未发放的现金股利，该现金股利于2×14

年4月20日发放。

①2×14年3月25日，购入B公司股票。

初始入账金额=(8.60－0.20)×30 000=252 000(元)

应收现金股利=0.20×30 000=6 000(元)

借：交易性金融资产——B公司股票(成本)　　252 000
　　应收股利　　6 000
　　投资收益　　1 000
　　贷：银行存款　　259 000

②2×14年4月20日，收到发放的现金股利。

借：银行存款　　6 000
　　贷：应收股利　　6 000

【例5－32】 2×14年7月1日，新世纪股份有限公司支付价款86 800元从二级市场购入甲公司2×13年7月1日发行的面值80 000元、期限5年、票面利率6%、每年6月30日付息、到期还本的债券作为交易性金融资产，并支付交易费用300元。债券购买价格中包含已到付息期但尚未领取的利息4 800元。

①2×14年7月1日，购入甲公司债券。

初始入账金额=86 800－4 800=82 000(元)

借：交易性金融资产——甲公司债券(成本)　　82 000
　　应收利息　　4 800
　　投资收益　　300
　　贷：银行存款　　87 100

②收到甲公司支付的债券利息。

借：银行存款　　4 800
　　贷：应收利息　　4 800

(3)资产负债表日，交易性金融资产应按公允价值进行后续计量(即按公允价值反映在资产负债表中)，公允价值变动计入当期损益。期末，按公允价值调整其账面价值。

当交易性金融资产的公允价值高于其账面余额时：

借：交易性金融资产——公允价值变动
　　贷：公允价值变动损益

当交易性金融资产的公允价值低于其账面余额时，做相反的分录。

(4)企业处置交易性金融资产时，应确认的投资收益包括两部分：一是处置金融资产取得价款与交易性金融资产账面价值(包括交易性金融资产“成本”和“公允价值变动”两个明细账户的余额)的差额，二是交易性金融资产持有期间公允价值累计变动部分。因此，企业在处理交易性金融资产时：

借：银行存款(实际收到的金额)
　　贷：交易性金融资产——成本(处置投资的账面余额)
　　　　　　　　　　　——公允价值变动(处置投资的账面余额)
借(或贷)：投资收益(差额)

同时，将原确认的交易性金融资产的公允价值变动金额转出(即将原未真正实现的公允价值变动损益转为本期已实现的投资收益）：

借：公允价值变动损益（自取得投资至处置时累计确认的公允价值变动的金额）

贷：投资收益

如公允价值变动为损失，则做相反的分录。

【例5-33】 2015年1月1日，新世纪股份有限公司从二级市场购入华夏股份有限公司发行的债券，以银行存款支付价款1 260 000元（包含已到付息期但尚未领取的利息60 000元），另支付交易费用20 000元。该债券面值为1 200 000元，剩余期限3年，票面利率为5%。华夏股份有限公司每年年初支付上年度债券利息。新世纪股份有限公司将其划分为交易性金融资产。

新世纪股份有限公司的其他相关资料如下：

①2015年1月5日，收到该债券2014年度的利息60 000元；

②2015年6月30日，该债券的公允价值为1 220 000元（不含利息）；

③2015年12月31日，计提债券利息，该债券的公允价值为1 250 000元（不含利息）；

④2016年1月5日，收到该债券2015年度的利息；

⑤2016年2月20日，甲公司将该债券出售，取得价款1 260 000元。

假定不考虑其他因素，新世纪股份有限公司的有关账务处理如下：

①2015年1月1日，购入华夏股份有限公司债券时：

借：交易性金融资产——成本　1 200 000

应收利息　60 000

投资收益　20 000

贷：银行存款　1 280 000

②2015年1月5日，收到该债券2014年度的利息时：

借：银行存款　60 000

贷：应收利息　60 000

③2015年6月30日，确认债券公允价值变动时：

借：交易性金融资产——公允价值变动　20 000

贷：公允价值变动损益　20 000

④2015年12月31日，计提债券利息并确认债券公允价值变动和投资收益时：

借：应收利息　60 000

贷：投资收益　60 000

借：交易性金融资产——公允价值变动　30 000

贷：公允价值变动损益　30 000

⑤2016年1月5日，收到该债券2015年度的利息时：

借：银行存款　60 000

贷：应收利息　60 000

⑥2016年2月20日，将该债券出售：

借：银行存款　1 260 000

贷：交易性金融资产——成本　1 200 000

——公允价值变动　50 000

　　投资收益　　10 000

同时：

借：公允价值变动损益　　50 000

　　贷：投资收益　　50 000

第四节　存货核算

一、存货概述

（一）存货的概念

存货是指企业在日常生产经营过程中持有以备出售的产成品或商品、处在生产过程中的在产品、在生产过程或提供劳务过程中将耗用的材料和物料等，包括各类材料、商品、在产品、半成品、产成品以及包装物、低值易耗品、委托加工物资、委托代销商品等。

（1）原材料。原材料是指企业用在生产经营过程中经过加工改变其形态和性质并构成产品主要实体的各种原料及主要材料、辅助材料、外购半成品（外购件）、修理用备件（备品备件）、燃料、包装材料等。

（2）在产品。在产品是指企业正在制造尚未加工完成的产品，包括正在各个生产工序加工的产品和已加工完毕但尚未检验或虽已验收但尚未办理入库手续的产成品。

（3）半成品。半成品是指经过一定生产过程并经检验合格交付半成品仓库保管，但尚未最终加工完成、仍需进一步加工的中间产品。

（4）产成品。产成品是指已经完成全部生产过程并验收入库，可以按照合同规定的条件送交订货单位，或者可以作为商品对外销售的产品。

（5）商品。商品是指商品流通企业外购或委托加工完成验收入库用于销售的各种商品。

（6）周转材料。周转材料是指企业能够多次使用但不符合固定资产定义的材料，如为了包装本企业商品而储备的各种包装物、各种工具、管理用具、玻璃器皿、劳动保护用品以及在经营过程中周转使用的容器等低值易耗品和建造企业的钢模板、木模板、脚手架等其他周转材料。但是，周转材料符合固定资产定义的，应当作为固定资产管理。

（二）存货成本的确定

存货必须在符合定义的前提下，同时满足下列两个条件，才能予以确认：

1. 与该存货有关的经济利益很可能流入企业；

2. 该存货的存本能够可靠地计量。

二、存货的初始计量

企业取得存货应当按照成本进行计量。存货成本包括采购成本、加工成本和使存货到达目前场所和达到可使用状态所发生的其他成本 3 个组成部分。企业存货的取得主要是通过外购和自制两个途径。

企业在日常核算中采用计划成本或售价金额法核算的存货成本，实质上也是存货的实际成本。比如，采用计划成本办法，通过“材料成本差异”或“产品成本差异”账户将材料或产成品的计划成本调整为实际成本；采用售价金额法核算，通过“商品进销差价”账户将商品的售价调整为实际成本(进价)。

(一)外购存货的成本

企业外购存货主要包括原材料和商品。外购存货的成本即存货的采购成本，指企业物资从采购到入库前所发生的全部支出，包括购买价款、相关税费、运输费、装卸费、保险费以及其他可归属于存货采购成本的费用。

商品流通企业在采购商品过程中发生的运输费、装卸费、保险费以及其他可归属于存货采购成本的费用等进货费用，应计入采购商品成本。在实务中，企业也可以将发生的运输费、装卸费、保险费以及其他可归属于存货采购成本的费用等进货费用先进行归集，期末，按照所购商品的存销情况进行分摊。对于已销商品的进货费用，计入主营业务成本；对于未销商品的费用，计入期末存货存本。商品流通企业采购商品的进货费用金额较小的，可以在发生时直接计入当期销售费用。

(二)加工取得存货的成本

企业通过进一步加工取得的存货，主要包括产成品、在产品、半成品、委托加工物资等，其成本由采购成本、加工成本构成。某些存货还包括使存货到达目前场所和达到可使用状态所发生的其他成本，如可直接认定的产品设计费等。通过进一步加工取得的存货的成本中采购成本是由所使用或消耗的原材料采购成本转移而来的，因此，计量加工取得的存货成本，重点是要确定存货的加工成本。

存货加工成本由直接人工和制造费用构成，其实质是企业进一步加工存货的过程中追加发生的生产成本，因此，不包括直接由材料存货转移而来的价值。其中，直接人工是指企业在存货加工过程中，直接从事存货加工的工人的职工薪酬。制造费用是一项间接生产成本，包括企业生产部门(如生产车间)管理人员的职工薪酬、折旧费、办公费、水电费、机物料消耗、劳动保护费、车间固定资产的修理费用、季节性和修理期间的停工损失等。

(三)其他方式取得的存货成本

企业取得存货的其他方式主要包括投资者投入、非货币性资产交换、债务重组、企业合并以及存货盘盈等。

1. 投资者投入存货的成本

投资者投入存货的成本，应当按照投资合同或协议约定的价值确定，但合同或协议约定价值不公允的除外。在投资合同或协议约定价值不公允的情况下，按照该项存货的公允价值作为其入账价值。

2. 通过非货币性资产交换、债务重组、企业合并等方式取得存货的成本

企业通过非货币性资产交换、债务重组、企业合并等方式取得的存货，其成本应当分别按照《企业会计准则第 7 号——非货币性资产交换》、《企业会计准则第 12 号——债务重组》和《企业会计准则第 20 号——企业合并》等的规定确定。但是，其后续计量和披露应当执行《企业会计准则第 1 号——存货》(以下简称存货准则)的规定。

3. 盘盈存货的成本

盘盈的存货应按其重置成本作为入账价值，并通过“待处理财产损溢”账户进行会计处理，按管理权限报经批准后，冲减当期管理费用。

（四）通过提供劳务取得的存货

通过提供劳务取得的存货，其成本按从事劳务提供人员的直接人工和其他直接费用以及可归属于该存货的间接费用确定。

在确定存货成本的过程中，下列费用不应当计入存货成本，而应当在其发生时计入当期损益：

（1）非正常消耗的直接材料、直接人工及制造费用，应当计入当期损益，不得计入存货成本。

（2）仓储费用，指企业在采购入库后发生的存储费用，应计入当期损益。但是，在生产过程中为达到下一个阶段的产品质量标准而必须发生的仓储费用，就应计入存货的成本。

（3）不能归属于使存货到达目前场所和达到可使用状态的其他支出，不符合存货的定义和确认条件，应在发生时计入当期损益，不得计入存货成本。

（4）企业采购用于广告营销活动的特定商品，向客户预付货款未取得商品时，应作为预付账款进行会计处理，待取得相关商品时计入当期损益（销售费用）。企业取得的广告营销性质的服务比照该原则进行会计处理。

三、存货购进

（一）原材料

原材料是指企业在生产过程中经过加工改变其形态或性质并构成产品主要实体的各种原料、主要材料和外购半成品，以及不构成产品实体但有助于产品形成的辅助材料。原材料具体包括原料及主要材料、辅助材料、外购半成品（外购件）、修理用备件（备品备件）、包装材料、燃料等。原材料的日常收发及结存，可以采用实际成本核算，也可以采用计划成本核算。

1. 采用实际成本核算

材料按实际成本计价核算时，材料的收发及结存，无论总分类核算还是明细分类核算，均按照实际成本计价。使用的会计账户有"原材料"、"在途物资"等，"原材料"账户借方、贷方及余额均以实际成本计价，不存在成本差异的计算与结转问题。但采用实际成本核算，日常反映不出材料成本是节约还是超支，从而不能反映和考核材料采购业务的经营成果。因此这种方法通常适用于材料收发业务较少的企业。在实务工作中，对于材料收发业务较多并且计划成本资料较为健全、准确的企业，一般可以采用计划成本进行材料收发业务的核算。

"原材料"账户用于核算库存各种材料的收发与结存情况。在原材料按实际成本核算时，本账户的借方登记入库材料的实际成本，贷方登记发出材料的实际成本，期末余额在借方，反映企业库存材料的实际成本。

"在途物资"账户用于核算企业采用实际成本（进价）进行材料、商品等物资的日常核算、货款已付尚未验收入库的各种物资（即在途物资）的采购成本。本账户应按供应单位和物资品种进行明细核算。本账户的借方登记企业购入的在途物资的实际成本，贷方登记验收入库的在途物资的实际成本，期末余额在借方，反映企业在途物资的采购成本。

"应付账款"账户用于核算企业因购买材料、商品和接受劳务等经营活动应支付的款项。本账户的贷方登记因购入材料、商品和接受劳务等尚未支付的款项，借方登记已偿还的应付账款，期末余额一般在贷方，反映企业尚未支付的应付账款。

"预付账款"账户用于核算企业按照合同规定预付的款项。本账户的借方登记预付的款项及补付的款项，贷方登记收到所购物资时根据有关发票账单记入“原材料”等账户的金额及收回多付款项的金额，期末余额在借方，反映企业实际预付的款项；期末余额在贷方，则反映企业尚未预付的款项。预付账款情况不多的企业，可以不设置“预付账款”账户，而将此业务在“应付账款”账户中核算。

（1）购入材料的核算。由于支付方式不同，原材料入库的时间与付款期的时间可能一致，也可能不一致，在会计处理上也有所不同。

①货款已经支付或开出、承兑商业汇票，同时材料已验收入库。发生此类业务，应当根据银行结算凭证、发票账单、收料单等进行账务处理，借记“原材料”、“应交税费——应交增值税”账户，贷记“现金”、“银行存款”、“其他货币资金”、“应付票据”等账户。

【例 5－34】 新世纪股份有限公司购入 C 材料一批，增值税发票上记载的货款为 500 000 元，增值税额为 85 000 元，对方代垫包装费 1 000 元，全部款项已用转账支票付讫，材料已验收入库。

借：原材料——C 材料　　501 000
　　应交税费——应交增值税（进项税额）　　85 000
　　贷：银行存款　　586 000

②货款已经支付或已开出、承兑商业汇票，材料尚未到达或验收入库。发生此类业务，应当根据有关结算凭证、增值税专用发票记载的已付款项，借记“在途物资”、“应交税费——应交增值税”账户，贷记“现金”、“银行存款”、“其他货币资金”、“应付票据”等账户。待材料到达验收入库后，再根据收料单借记“原材料”账户，贷记“在途物资”账户。

【例 5－35】 新世纪股份有限公司采用汇兑结算方式购入 F 材料一批，发票及账单已经收到，增值税专用发票上记载的货款为 20 000 元，增值税额为 3 400 元。支付保险费 1 000 元，材料尚未到达。

借：在途物资　　21 000
　　应交税费——应交增值税（进项税额）　　3 400
　　贷：银行存款　　24 400

本例属于已经付款或已开出、承兑商业汇票，但材料尚未到达或尚未验收入库的采购业务，应通过“在途物资”账户核算；待材料到达、入库后，再根据收料单，由“在途物资”账户转入“原材料”账户核算。

③货款尚未支付，材料已经验收入库。此类业务包括以下两种具体情况：

第一，材料已验收入库，发票账单已到，货款尚未支付，应根据发票账单上所载明的有关金额，借记“原材料”和“应交税费——应交增值税（进项税额）”账户，贷记“应付账款”等账户。

【例 5－36】 新世纪股份有限公司采用托收承付结算方式购入 G 材料一批，增值税发票上记载的货款为 50 000 元，增值税额 8 500 元，对方代垫包装费 1 000 元，银行转来的结算凭证已到，货款尚未支付，材料已验收入库。

借：原材料——G 材料　　51 000
　　应交税费——应交增值税（进项税额）　　8 500
　　贷：应付账款　　59 500

第二，材料已验收入库，发票账单未到，货款尚未支付。在这种情况下，发票账单未到也无法确定实际成本，期末应按照暂估价值先入账，在下期期初作相反的会计分录予以冲回，收到发票账单后再按照实际金额记账。对于此类采购业务，应于期末按材料的暂估价值，借记“原材料”账户，贷记“应付账款——暂估应付账款”账户。下期初作相反的会计分录予以冲回，以便下月付款或开出、承兑商业汇票后，按正常程序，借记“原材料”、“应交税费——应交增值税（进项税额）”账户，贷记“银行存款”或“应付票据”等账户。

【例5－37】 新世纪股份有限公司采用委托收款结算方式购入H材料一批，材料已验收入库，月末发票账单尚未收到也无法确定其实际成本，暂估价值为30 000元。

借：原材料　30 000
　　贷：应付账款——暂估应付账款　30 000

下月初作相反的会计分录予以冲回：

借：应付账款——暂估应付账款　30 000
　　贷：原材料　30 000

【例5－38】 承例5－37，上述购入的H材料于次月收到发票账单，增值税专用发票上记载的货款为31 000元，增值税额为5 270元，对方代垫保险费2 000元，已用银行存款付讫。

借：原材料——H材料　33 000
　　应交税费——应交增值税（进项税额）　5 270
　　贷：银行存款　38 270

④采用预付款方式采购材料。当企业按照合同规定向供应单位预付货款时，借记“预付账款”账户，贷记“银行存款”账户。收到已经预付货款的材料时，按应计入材料采购成本的金额，借记“原材料”账户，按增值税额专用发票上注明的金额，借记“应交税费——应交增值税（进项税额）”账户，按发票账单上注明的应付金额，贷记“预付账款”账户。

【例5－39】 根据与某钢厂的购销合同规定，新世纪股份有限公司为购买J材料向该钢厂预付100 000元货款的80%，计80 000元，已通过汇兑方式汇出。

借：预付账款　80 000
　　贷：银行存款　80 000

新世纪股份有限公司收到该钢厂发运来的J材料，已验收入库。有关发票账单记载，该批货物的货款100 000元，增值税额17 000元，对方代垫包装费3 000元，所欠款项以银行存款付讫。

A. 材料入库时：

借：原材料——J材料　103 000
　　应交税费——应交增值税（进项税额）　17 000
　　贷：预付账款　120 000

B. 补付账款时：

借：预付账款　40 000
　　贷：银行存款　40 000

（2）发出材料的核算。企业材料的日常领发业务频繁，凭证数量较多，为了简化核算，平时一般不直接根据发料凭证填制记账凭证，而是在月末根据领料单或限额领料单中有关领料的单位、部门等加以归类，编制发料凭证汇总表，据以借记“生产成本”、“制造费用”、“管理费用”等账户，贷记“原材料”账户，进行材料发出的总分类核算。发出材料实际成本的确定，可以由企业从个别计价法、先进先出法、月末一次加权平均法、移动加权平均法等方法中选择。计价方法一经确定，不得随意变更。如需变更，应在财务报表附注中说明。

【例5-40】 新世纪股份有限公司2015年3月1日结存B材料3 000公斤，每公斤实际成本为10元；3月5日和3月20日分别购入该材料9 000公斤和6 000公斤，每公斤实际成本分别为11元和12元；3月10日和3月25日分别发出该材料10 500公斤和6 000公斤。按先进先出法核算时，发出和结存材料的成本如表5-3所示。

表5-3

2015年		凭证号	摘要	收入			发出			结存		
月	日			数量	单价	金额	数量	单价	金额	数量	单价	金额
3	1		期初结存							3 000	10	30 000
	5		购入	9 000	11	99 000				3 000 9 000	10 11	30 000 99 000
	10		发出				3 000 7 500	10 11	30 000 82 500	1 500	11	16 500
	20		购入	6 000	12	72 000				1 500 6 000	11 12	16 500 72 000
	25		发出				1 500 4 500	11 12	16 500 54 000	1 500	12	18 000
	31		合计	15 000		171 000	16 500		183 000	1 500	12	18 000

①采用月末一次加权平均法计算B材料的成本如下：

B材料平均单位成本 = (30 000 + 171 000)/(3 000 + 15 000) = 11.17(元)

本月发出存货的成本 = 16 500 × 11.17 = 184 305(元)

月末库存存货的成本 = 30 000 + 171 000 - 184 305 = 16 695(元)

②采用移动加权平均法计算B材料的成本如下：

第一批收货后的平均单位成本 = (30 000 + 99 000)/(3 000 + 9 000) = 10.75(元)

第一批发货的存货成本 = 10 500 × 10.75 = 112 875(元)

当时结存的存货成本 = 1 500 × 10.75 = 16 125(元)

第二批收货后的平均单位成本 = (16 125 + 72 000)/(1 500 + 6 000) = 11.75(元)

第二批发货的存货成本 = 6 000 × 11.75 = 70 500(元)

当时结存的存货成本 = 1 500 × 11.75 = 17 625(元)

B材料月末结存1 500公斤，月末库存存货成本为17 625元；本月发出存货合计为183 375元(112 875 + 70 500)。

【例5-41】 新世纪股份有限公司发料凭证汇总表记录，1月份基本生产车间领用K材料500 000元，辅助生产车间领用K材料40 000元，车间管理部门领用K材料5 000元，企业行政管理部门领用K材料4 000元，共计549 000元。

借：生产成本——基本生产成本　　500 000
　　　　　　——辅助生产成本　　40 000
　　制造费用　　5 000
　　管理费用　　4 000
　　贷：原材料——K 材料　　549 000

2. 采用计划成本核算

材料采用计划成本核算时，材料的收发及结存，无论总分类核算还是明细分类核算，均按照计划成本计价。使用的会计账户有“原材料”、“材料采购”、“材料成本差异”等。材料实际成本与计划成本的差异，通过“材料成本差异”账户核算。月末，计算本月发出材料应负担的成本差异并进行分摊，根据领用材料的用途计入相关资产的成本或者当期损益，从而将发出材料的计划成本调整为实际成本。

“原材料”账户用于核算库存各种材料的收发与结存情况。在材料采用计划成本核算时，本账户的借方登记库存材料的计划成本，贷方登记发出材料的计划成本，期末余额在借方，反映企业库存材料的计划成本。

“材料采购”账户借方登记采购材料的实际成本，贷方登记库存材料的计划成本。借方大于贷方表示超支，从本账户贷方转入“材料成本差异”账户的借方；贷方大于借方表示节约，从本账户借方转入“材料成本差异”账户的贷方；期末为借方余额，反映企业在途物资的采购成本。

“材料成本差异”账户反映企业已入库各种材料的实际成本与计划成本的差异，借方登记超支差异及发出材料应负担的节约差异，贷方登记节约差异及发出材料应负担的超支差异。期末如为借方余额，反映企业库存材料的实际成本大于计划成本的差异(即超支差异)；如为贷方余额，反映企业库存材料实际成本小于计划成本的差异(即节约差异)。

(1)购入材料。

①货款已经支付，同时材料验收入库。企业购入验收入库的材料，在计划成本法下，取得的材料先要通过“材料采购”账户进行核算，企业支付材料价款和运杂费等构成存货实际成本的，记入“材料采购”账户。验收入库时借记“原材料”账户，贷记“材料采购”账户，按实际成本大于计划成本的差异，借记“材料成本差异”账户，贷记“材料采购”账户；按实际成本小于计划成本的差异，借记“材料采购”账户，贷记“材料成本差异”账户。

【例 5 -42】　新世纪股份有限公司购入 L 材料一批，专用发票上记载的货款为 3 000 000 元，增值税额 510 000 元，发票账单已收到，计划成本为 3 200 000 元，已验收入库，全部款项以银行存款支付。

购买材料时：

借：材料采购——L 材料　　3 000 000
　　应交税费——应交增值税(进项税额)　　510 000
　　贷：银行存款　　3 510 000

验收入库时：

借：原材料——L 材料　　3 200 000
　　贷：材料采购——L 材料　　3 200 000

同时结转购入材料的材料成本差异：

借：材料采购——L 材料 200 000
　　贷：材料成本差异 200 000

②货款已经支付，材料尚未验收入库。

【例 5-43】 新世纪股份有限公司采用汇兑结算方式购入 M1 材料一批，专用发票上记载的货款为 200 000 元，增值税额为 34 000 元，发票账单已收到，计划成本 180 000 元，材料尚未入库。

借：材料采购 200 000
　　应交税费——应交增值税（进项税额） 34 000
　　贷：银行存款 234 000

③货款尚未支付，材料已经验收入库。

【例 5-44】 新世纪股份有限公司采用商业承兑汇票支付方式支付 M2 材料一批，专用发票上记载的货款为 500 000 元，增值税额 85 000 元，发票账单已收到，计划成本 520 000 元，材料已验收入库。

借：材料采购 500 000
　　应交税费——应交增值税（进项税额） 85 000
　　贷：应付票据 585 000
借：原材料——M2 材料 520 000
　　贷：材料采购 520 000

同时结转购入材料的材料成本差异：

借：材料采购——M2 材料 20 000
　　贷：材料成本差异 20 000

（2）发出材料。月末，企业根据领料单等编制发料凭证汇总表结转发出材料成本的计划成本，根据所发出材料的用途，按计划成本分别记入“生产成本”、“制造费用”、“销售费用”、“管理费用”等账户。

【例 5-45】 新世纪股份有限公司根据发料凭证汇总表的记录，某月 L 材料的消耗（计划成本）为：基本生产车间领用 2 000 000 元，辅助生产车间领用 600 000 元，车间管理部门领用 250 000 元，企业行政管理部门领用 50 000 元。

借：生产成本——基本生产成本 2 000 000
　　　　　　——辅助生产成本 600 000
　　制造费用 250 000
　　管理费用 50 000
　　贷：原材料——L 材料 2 900 000

根据《企业会计准则第 1 号——存货》的规定，企业日常采用计划成本核算的，发出材料成本应由计划成本调整为实际成本，通过“材料成本差异”账户进行结转，按照所发出材料的用途，分别记入“生产成本”、“制造费用”、“销售费用”、“管理费用”等账户。发出材料应负担的成本差异应当按期（月）分摊，不得在季末或年末一次计算。材料成本差异的计算公式如下：

本期材料成本差异率＝（期初结存材料的成本差异＋本期验收入库材料的成本差异）/（期初结存材料的计划成本＋本期验收入库材料的计划成本）×100%

本月发出材料应负担的成本差异 = 发出材料的计划成本 × 材料成本差异率

本月发出材料的实际成本 = 本月发出材料计划成本 ± 本月发出材料应负担的成本差异

【例 5-46】 承例 5-45，新世纪股份有限公司某月月初结存 L 材料的计划成本为 1 000 000元，成本差异为超支 30 740 元；当月入库 L 材料的计划成本 3 200 000 元，成本差异为节约 200 000 元。则：

$$材料成本差异率 = \frac{30\ 740 - 200\ 000}{1\ 000\ 000 + 3\ 200\ 000} \times 100\% = -4.03\%$$

结转发出材料的成本差异的分录为：

借：材料成本差异——L 材料　　116 870

　　贷：生产成本——基本生产成本　　80 600

　　　　　　　　——辅助生产成本　　24 180

　　　　制造费用　　10 075

　　　　管理费用　　2 015

（二）周转材料

周转材料，是指企业能够多次使用、逐渐转移其价值但仍保持原有形态不确认为固定资产的材料，如包装物和低值易耗品。

1. 包装物

(1)包装物概述。包装物是指为了包装本企业商品而储备的各种包装容器，如桶、箱、瓶、袋等。其核算内容包括：

①生产过程中用于包装产品作为产品组成部分的包装物；

②随同商品出售而不单独计价的包装物；

③随同商品出售而单独计价的包装物；

④出租或出借给购买单位使用的包装物。

各种包装材料，如纸、绳、铁丝、铁皮等，应在“原材料”账户内核算；用于储存和保管商品、材料而不对外出售的包装物，应按价值大小和使用年限长短，分别在“固定资产”或“低值易耗品”账户核算。作为企业商品产品的自制包装物，应作为库存商品核算。

(2)包装物的核算。包装物实际成本的组成与原材料相同。为了反映和监督包装物的增减变动及损耗、结存等情况，企业应当设置“周转材料——包装物”账户进行核算。该账户属资产类账户，借方登记外购、自制、委托加工收回等各种途径取得的包装物的实际(或计划)成本，贷方登记发出包装物的实际(或计划)成本，余额在借方，反映月末企业库存包装物的实际(或计划)成本。

对于生产领用包装物，应根据领用包装物的实际成本或计划成本，借记“生产成本”账户，贷记“周转材料——包装物”、“材料成本差异”等账户。随同商品出售而不单独计价的包装物，应于包装物发出时，按其实际成本计入销售费用。随同商品出售且单独计价的包装物，一方面应反映其销售收入，计入其他业务收入；另一方面应反映其实际销售成本，计入其他业务成本。

①生产领用包装物。生产领用包装物，应按照领用包装物的实际成本，借记“生产成本”账户，按照领用包装物的计划成本，贷记“周转材料——包装物”账户，按照其差额，借记或贷记“材料成本差异”账户。

【例 5 -47】 新世纪股份有限公司对包装物采用计划成本核算，某月生产产品领用包装物的计划成本为 100 000 元，材料成本差异率为 -3%。

借：生产成本　　97 000
　　材料成本差异　　3 000
　　贷：周转材料——包装物　　100 000

②随同商品出售包装物。随同商品出售而不单独计价的包装物，应按其实际成本计入销售费用，借记“销售费用”账户，按其计划成本，贷记“周转材料——包装物”账户，按其差额，借记或贷记“材料成本差异”账户。

【例 5 -48】 新世纪股份有限公司某月销售商品领用不单独计价包装物的计划成本为 50 000 元，材料成本差异率为 -3%。

借：销售费用　　48 500
　　材料成本差异　　1 500
　　贷：周转材料——包装物　　50 000

随同商品出售且单独计价的包装物，一方面应反映其销售收入，计入其他业务收入；另一方面应反映其实际销售成本，计入其他业务成本。

【例 5 -49】 新世纪股份有限公司某月销售商品领用单独计价包装物的计划成本为 80 000 元，销售收入为 100 000 元，增值税额为 17 000 元，款项已存入银行。该包装物的材料成本差异率为 3%。

A. 出售单独计价包装物：

借：银行存款　　117 000
　　贷：其他业务收入　　100 000
　　　　应交税费——应交增值税(销项税额)　　17 000

B. 结转所售单独计价包装物的成本：

借：其他业务成本　　82 400
　　贷：周转材料——包装物　　80 000
　　　　材料成本差异　　2 400

2. 低值易耗品

低值易耗品是由于价值低易损耗等原因而不能作为固定资产的各种用具物品，如工具、管理用具、玻璃器皿以及在经营过程中周转使用的包装容器等。低值易耗品从它的性质上看，与固定资产完全相同，同属于劳动资料，可以多次参加企业生产经营过程而不改变其原有的实物形态，在使用时也需维修，报废时可能也有残值。但是由于它价值低，使用期限短，所以采用简便的方法，将其价值摊入产品成本。为了反映和监督低值易耗品的增减变动及结存情况，企业应当设置“周转材料——低值易耗品”账户，借方登记入库低值易耗品的增加，贷方登记低值易耗品的减少，期末余额在借方，通常反映企业期末结存低值易耗品的金额。

(1)一次转销法。采用一次转销法摊销低值易耗品，在领用低值易耗品时，将其价值一次、全部计入有关资产成本或者当期损益，主要适用于价值较低或极易损坏的低值易耗品的摊销。

【例 5 -50】 新世纪股份有限公司某基本生产车间领用一般工具一批，实际成本为 3 000 元，全部计入当期制造费用。应作如下会计处理：

借：制造费用　　3 000
　　贷：周转材料——低值易耗品　　3 000

（2）分次摊销法。采用分次摊销法摊销低值易耗品，低值易耗品在领用时摊销其账面价值的单次平均摊销额。分次摊销法适用于多次反复使用的低值易耗品。在采用分次摊销法的情况下，需要单独设置“周转材料——低值易耗品——在用”、“周转材料——低值易耗品——在库”和“周转材料——低值易耗品——摊销”明细账户。

【例 5－51】　新世纪股份有限公司的基本生产车间领用专用工具一批，实际成本为 100 000 元，不符合固定资产定义，采用分次摊销法进行摊销。该专用工具的估计使用次数为 2 次，应作如下会计处理：

（1）领用专用工具：

借：周转材料——低值易耗品——在用　　100 000
　　贷：周转材料——低值易耗品——在库　　100 000

（2）第一次使用时摊销其价值的一半：

借：制造费用　　50 000
　　贷：周转材料——低值易耗品——摊销　　50 000

（3）第二次使用时摊销其价值的一半：

借：制造费用　　50 000
　　贷：周转材料——低值易耗品——摊销　　50 000

同时，注销报废低值易耗品成本及已摊销价值：

借：周转材料——低值易耗品——摊销　　100 000
　　贷：周转材料——低值易耗品——在用　　100 000

（三）委托加工物资

委托加工物资是指企业委托外单位加工的各种材料、商品等物资。企业委托外单位加工物资的成本包括加工中实际耗用物资的成本、支付的加工费用及应负担的运杂费，支付的税金，包括委托加工物资所应负担的消费税（指属于消费税应税范围的加工物资）等。

为了反映和监督委托加工物资增减变动及结存情况，企业应当设置“委托加工物资”账户，借方登记发出委托加工物资的材料实际成本、支付的加工费、运费等，贷方登记加工完成验收入库的物资的实际成本和剩余物资的实际成本，期末余额在借方，反映企业尚未完工的委托加工物资的实际成本和发出加工物资的运杂费等。委托加工物资也可以采用计划成本进行核算。

1. 发出物资

【例 5－52】　新世纪股份有限公司委托某量具厂加工一批量具，发出材料一批，计划成本 70 000 元，材料成本差异率 4%，以银行存款支付运杂费 2 200 元。

（1）发出材料时：

借：委托加工物资　　72 800
　　贷：原材料　　70 000
　　　　材料成本差异　　2 800

(2)支付运杂费时:

借:委托加工物资 2 200

　　贷:银行存款 2 200

需要说明的是,企业发给外单位加工物资时,如果采用计划成本或售价核算的,还应同时结转材料成本差异,贷记或借记“材料成本差异”账户,或借记“商品进销差价”账户。

2. 支付加工费、运杂费等

【例5-53】 承例5-52,新世纪股份有限公司以银行存款支付上述量具的加工费用20 000元。

借:委托加工物资 20 000

　　贷:银行存款 20 000

3. 加工完成验收入库

【例5-54】 承例5-52和例5-53,新世纪股份有限公司收回某量具厂代加工的量具,以银行存款支付运杂费2 500元。该量具已验收入库,其计划成本为110 000元。应作如下会计处理:

(1)支付运杂费时:

借:委托加工物资 2 500

　　贷:银行存款 2 500

(2)量具入库时:

借:周转材料——低值易耗品 110 000

　　贷:委托加工物资 97 500

　　　　材料成本差异 12 500

【例5-55】 新世纪股份有限公司委托丁公司加工商品一批(属于应税消费品)100 000件,有关经济业务如下:

(1)1月20日,发出材料一批,计划成本为6 000 000元,材料成本差异率为-3%。应作如下会计处理:

A. 发出委托加工材料时:

借:委托加工物资 6 000 000

　　贷:原材料 6 000 000

B. 结转发出材料应分摊的材料成本差异时:

借:材料成本差异 180 000

　　贷:委托加工物资 180 000

(2)2月20日,支付商品加工费120 000元,支付应当交纳的消费税660 000元。该商品收回后用于连续生产,消费税可抵扣。新世纪股份有限公司和丁公司均为一般纳税人,适用增值税税率为17%。应作如下会计处理:

借:委托加工物资 120 000

　　应交税费——应交消费税 660 000

　　　　　　——应交增值税(进项税额) 20 400

　　贷:银行存款 800 400

(3)3 月 4 日，用银行存款支付往返运杂费 10 000 元。

借：委托加工物资 10 000

贷：银行存款 10 000

(4)3 月 5 日，上述商品 100 000 件(每件计划成本为 65 元)加工完毕，公司已办理验收入库手续。

借：库存商品 6 500 000

贷：委托加工物资 5 950 000

材料成本差异 550 000

需要注意的是，需要交纳消费税的委托加工物资，由受托方代收代交的消费税，收回后用于直接销售的，记入“委托加工物资”账户；收回后用于继续加工的，记入“应交税费——应交消费税”账户。

(四)库存商品

1. 库存商品概述

库存商品是指已经完成全部生产过程并验收入库，可以按照合同规定的条件送交订货单位，或者可以作为商品对外销售的产品以及外购或委托加工完成验收入库用于销售的各种商品。

库存商品具体包括库存产成品、外购商品、存放在门市部准备出售的商品、发出展览的商品、寄存在外的商品、接受来料加工制造的代制品和为外单位加工修理的代修品等。已完成销售手续但购买单位在月末未提取的产品，不应作为企业的库存商品，而应作为代管商品处理，单独设置代管商品备查簿进行登记。库存商品可以采用实际成本核算，也可以采用计划成本核算，其方法与原材料相似。采用计划成本核算时，库存商品实际成本与计划成本的差异，可单独设置“产品成本差异”账户核算。

为反映和监督库存商品的增减变动及结存情况，企业应当设置“库存商品”账户，借方登记验收入库的库存商品成本，贷方登记发出的库存商品成本，期末余额在借方，反映各种库存商品的实际成本或计划成本。

2. 库存商品的核算

(1)验收入库商品。对于库存商品采用实际成本核算的企业，当库存商品生产完成并验收入库时，应按实际成本，借记“库存商品”账户，贷记“生产成本——基本生产成本”账户。

【例 5-56】 新世纪股份有限公司商品入库汇总表记载，某月已验收入库 Y 产品 1 000 台，实际单位成本 5 000 元，共计 5 000 000 元；Z 产品 2 000 台，实际单位成本 1 000 元，共计 2 000 000 元。

借：库存商品——Y 产品 5 000 000

——Z 产品 2 000 000

贷：生产成本——基本生产成本(Y 产品) 5 000 000

——基本生产成本(Z 产品) 2 000 000

(2)销售商品。企业销售商品、确认收入时，应结转其销售成本，借记“主营业务成本”等账户，贷记“库存商品”账户。

【例 5-57】 新世纪股份有限公司月末汇总的发出商品中，当月已实现销售的 Y 产品有 500 台，Z 产品有 1 500 台。该月 Y 产品实际单位成本 5 000 元，Z 产品实际单位成本 1 000

元。在结转销售成本时，应作如下会计处理：

借：主营业务成本　　4 000 000

　　贷：库存商品——Y 产品　　2 500 000

　　　　　　　　——Z 产品　　1 500 000

四、存货发出的计价

日常工作中，企业发出的存货，可以按实际成本核算，也可以按计划成本核算。如采用计划成本核算，会计期末应调整为实际成本。

企业应当根据各类存货的实物流转方式、企业管理的要求、存货的性质等实际情况，合理地确定发出存货成本的计算方法，以及当期发出存货的实际成本。对于性质和用途相同的存货，应当采用相同的成本计算方法确定发出存货的成本。在实际成本核算下，企业可以采用的发出存货成本的计价方法包括个别计价法、先进先出法、月末一次加权平均法和移动加权平均等。

(一)个别计价法

个别计价法亦称个别认定法、具体辨认法、分批实际法，采用这一方法是假设存货具体项目的实物流转与成本流转相一致，按照各种存货逐一辨认各批发出存货和期末存货所属的购进批别或生产批别，分别按其购入或生产时所确定的单位成本计算各批发出存货和期末存货的成本。在这种方法下，是把每一种存货的实际成本作为计算发出存货成本和期末存货成本的基础。

个别计价法的成本计算准确，符合实际情况，但在存货收发频繁情况下，其发出成本分辨的工作量较大。因此，这种方法适用于一般不能替代使用的存货、为特定项目专门购入或制造的存货以及提供的劳务，如珠宝、名画等贵重物品。

(二)先进先出法

先进先出法是假定先收到的存货先发出，或先收到的存货先耗用，并根据这种假定的存货流转次序对发出存货和期末存货进行计价的方法。具体做法是：收入存货时，逐笔登记每一批存货的数量、单价和金额；发出存货时，按照先进先出的原则计价，逐笔登记存货的发出和结存金额。

采用先进先出法，便于日常计算发出存货及结存存货的成本，但在存货收发业务频繁、单价经常变动的情况下，企业计算的工作量较大。另外，期末存货成本比较接近现行的市场价值，但当物价上涨时，用早期较低的成本与现行收入相配比，会高估企业当期利润和库存存货的价值；反之，会低估企业存货价值和当期利润。

【例 5-58】 A 公司 2016 年 5 月份甲种存货明细账如表 5-4 所示，采用先进先出法计算发出存货和期末存货的成本。

根据上述资料，有关计算过程如下：

5 月 12 日发出存货成本 = 1 000 × 2 + 500 × 2.1 = 3 050(元)

5 月 22 日发出存货成本 = 500 × 2.1 + 1 200 × 2.2 = 3 690(元)

5 月 31 日库存存货成本 = 300 × 2.2 + 1 000 × 2.3 = 2 960(元)

表 5－4　存货明细账

名称及规格：甲种存货　　　　单位：公斤

××年		摘要	收入			发出			结存		
月	日		数量	单位成本	总成本	数量	单位成本	总成本	数量	单位成本	总成本
5	1	期初存货							1 000	2	2 000
	6	购入	1 000	2.1	2 100				1 000 1 000	2 2.1	2 000 2 100
	12	发出				1 000 500	2 2.1	2 000 1 050	500	2.1	1 050
	18	购入	1 500	2.2	3 300				500 1 500	2.1 2.2	1 050 3 300
	22	发出				500 1 200	2.1 2.2	1 050 2 640	300	2.2	660
	28	购入	1 000	2.3	2 300				300 1 000	2.2 2.3	660 2 300
	31	月结	3 500		7 700	3 200		6 740	300 1 000	2.2 2.3	2 960

（三）月末一次加权平均法

月末一次加权平均法是指以本月全部进货数量加上月初存货数量作为权数，去除本月全部进货成本加上月初存货成本，计算出存货的加权平均单位成本，以此为基础计算本月发出存货的成本和期末存货的成本的一种方法。其计算公式如下：

存货单位成本＝［月初库存存货的实际成本＋∑（本月各批进货的实际单位成本×本月各批进货的数量）］/（月初库存存货数量＋本月各批进货数量之和）

本月发出存货的成本＝本月发出存货的数量×存货单位成本

本月月末库存存货成本＝月末库存存货数量×存货单位成本

或

本月月末库存存货成本＝月初库存存货的实际成本＋本月收入存货的实际成本－本月发出存货的实际成本

【例 5－59】　仍以上述甲种存货明细账为例，采用加权平均法计算其存货成本如下：

$$甲种存货平均单位成本=\frac{2\ 000+2\ 100+3\ 300+2\ 300}{1\ 000+1\ 000+1\ 500+1\ 000}=2.155\ 6$$

本期发出存货成本＝3 200×2.155 6＝6 898（元）

期末结存存货成本＝9 700－6 898＝2 802（元）

采用月末一次加权平均法只在月末一次计算加权平均单价，比较简单，有利于简化成本计算工作，且在市场价格上涨或下跌时所计算出来的单位成本平均化，对存货成本的分摊较为折中。但由于平时无法从账上提供发出和结存存货的单价及金额，因此不利于存货成本的日常管理与控制。

（四）移动加权平均法

移动加权平均法，是指本次进货的成本加原有库存的成本，除以本次进货数量加原有库存存货的数量，据以计算加权平均单位成本，作为在下次进货前计算各次发出存货成本依据的一种方法。其计算公式如下：

存货单位成本 =（原有库存存货实际成本 + 本次进货实际成本）/（原有库存存货数量 + 本次进货数量）

本次发出存货的成本 = 本次发出存货的数量 × 本次发出存货前存货的单位成本

本月月末库存存货成本 = 月末库存存货的数量 × 本月月末存货单位成本

【例 5 - 60】 仍用例 5 - 58 甲种存货明细账中的数据，采用移动加权平均法计算发出存货和结存存货的成本，如表 5 - 5 所示。

表 5 - 5　存货明细账

名称及规格：甲种存货　　　　单位：公斤

××年		摘要	收入			发出			结存		
月	日		数量	单位成本	总成本	数量	单位成本	总成本	数量	单位成本	总成本
5	1	期初存货							1 000	2	2 000
	6	购入	1 000	2.1	2 100				2 000	2.05	4 100
	12	发出				1 500	2.05	3 075	500	2.05	1 025
	18	购入	1 500	2.2	3 300				2 000	2.162 5	4 325
	22	发出				1 700	2.162 5	3 676.25	300	2.162 5	648.75
	28	购入	1 000	2.3	2 300				1 300	2.268 2	2 948.75
	31	月结	3 500		7 700	3 200		6 751.25	1 300	2.268 2	2 948.75

根据上述资料，有关计算过程如下：

第一批收货后的平均单位成本 =（2 000 + 2 100）/（1 000 + 1 000）= 2.05

第一批发出存货的成本 = 1 500 × 2.05 = 3 075（元）

当时结存的存货成本 = 500 × 2.05 = 1 025（元）（或 2 000 + 2 100 - 3 075）

第二批收货后的平均单位成本 =（1 025 + 3 300）/（500 + 1 500）= 2.162 5

第二批发出存货的成本 = 1 700 × 2.162 5 = 3 676.25（元）

当时结存的存货成本 = 4 325 - 3 676.25 = 648.75（元）

第三批收货后的平均单位成本 =（648.75 + 2 300）/（300 + 1 000）= 2.268 2（元）

采用移动平均法能够使企业管理当局及时了解存货的结存情况，计算的平均单位成本以及发出和结存的存货成本比较客观。但由于每次收货都要计算一次平均单价，计算工作量较大，对收发货较频繁的企业不适用。

五、存货清查

(一)存货清查核算的内容

存货清查是为了如实反映企业存货实物和资金的现有数额，加强存货管理，保证存货核算的真实性的重要环节。因此，对企业的各种存货要定期或不定期地进行清查，至少在年终决算前要进行一次全面清查，对盘盈、盘亏、毁损、变质、超储积压等情况，应查明原因进行处理。

为了反映企业在财产清查中查明的各种存货的盘盈、盘亏和毁损情况，企业应当设置“待处理财产损溢”账户，借方登记存货的盘亏、毁损金额及盘盈的转销金额，贷方登记存货的盘盈金额及盘亏的转销金额。企业清查的各种存货损溢，应在期末结账前处理完毕，期末处理后，本账户应无余额。

(二)存货数量的盘存制度

目前，存货数量确定方法主要有两种：实地盘存制和永续盘存制。

1. 实地盘存制

实地盘存制是指期末通过实物盘点确定存货数量，并据以计算期末存货成本和本期销货成本的一种盘存方法。期初存货成本和本期购货成本这两项数字可从存货账上取得，待通过期末实地盘存，确定期末存货成本，则：

本期发出存货数量 = 期初结存数量 + 本期收入数量 - 期末结存数量

实地盘存制的主要优点是简化存货的日常核算工作。其缺点：①不能随时反映存货收入、发出和结存的动态，不便于管理人员掌握情况；②由于“以存计耗”和“以存计销”，从而使非正常耗用或销售的存货损耗、差错，甚至偷盗、损失等原因所引起的短缺，全部挤入耗用或销货成本中，掩盖了仓库管理上存在的问题，削弱了对存货的控制；③这种方法只能到期末盘点时结转耗用或销货成本，而不能随时结转成本。

2. 永续盘存制

永续盘存制又称账面盘存制，是指对存货项目设置经常性的库存记录，即按存货的品种规格设置存货明细账，逐笔或逐日登记其收入、发出的数量，并随时结出结存的存货数量的一种方法。在这一方法下，期末存货成本用公式表示为：

期末存货数量 = 期初存货数量 + 本期收入存货数量 - 本期发出存货数量

采用永续盘存制，并不排除对存货的实物盘点，为了核对存货账面记录，加强对存货的管理，每年至少应对存货进行一次全面盘点，具体盘点次数视企业内部控制要求而定。永续盘存制的优点是有利于加强对存货的管理。在各种存货明细记录中，可以随时反映每一存货收入、发出和结存状态。通过账簿记录中的账面结存数，结合不定期的实地盘点，将实际盘存数和账存数相核对，可以查明溢余或短缺的原因；通过账簿记录还可以随时反映出存货是否过多或不足，以便及时合理地组织货源，加快资金周转。永续盘存制的缺点是存货明细记录的工作量较大，存货品种规格繁多的企业更是如此。

永续盘存制具有广泛的适用性，企业一般应采用永续盘存制确定存货数量。

(三)存货清查核算

1. 存货盘盈的核算

发生盘盈的存货，经查明是由于收发计量或核算上误差等原因造成的，应及时办理存货入账的手续，调整存货的账存数，借记有关存货账户，贷记"待处理财产损溢"账户。在按管理权限报经批准后，借记"待处理财产损溢"账户，贷记"管理费用"账户。

【例5-61】 新世纪股份有限公司经财产清查，发现盘盈甲材料1 000公斤。经查明是由于收发计量上的错误所造成的，按计划成本每公斤3.5元入账。其会计分录如下：

批准以前：

借：原材料——甲材料　　3 500

　　贷：待处理财产损溢——待处理流动资产损溢　　3 500

经批准后：

借：待处理财产损溢——待处理流动资产损溢　　3 500

　　贷：管理费用　　3 500

2. 存货盘亏和毁损的核算

发生盘亏和毁损的存货，批准以前应先结转到"待处理财产损溢"账户；批准后，再根据造成亏损的原因，分别以下情况进行账务处理：

(1)属于自然损耗产生的定额内合理的盘亏，经批准后转作管理费用。

(2)属于计量收发差错和管理不善等原因造成的存货短缺或毁损，应先扣除残料价值，将可以收回的保险赔偿和过失人的赔偿计入其他应收款，然后将净损失计入管理费用。

(3)属于自然灾害或意外事故所造成的存货毁损，扣除残料价值和收回的保险赔偿后，将净损失计入营业外支出。

【例5-62】 新世纪股份有限公司发生以下经济业务：

(1)发生盘亏甲产品10公斤，单位实际成本150元，经查明，属于定额内合理损耗。其会计分录如下：

①批准前，调整存货账面数额：

借：待处理财产损溢——待处理流动资产损溢　　1 500

　　贷：库存商品——甲商品　　1 500

②批准后，计入管理费用：

借：管理费用　　1 500

　　贷：待处理财产损溢——待处理流动资产损溢　　1 500

(2)盘亏A材料10吨，每吨计划成本300元，材料成本差异率5%。经查明，是由于过失人造成的材料毁损，应由过失人赔偿1 500元，毁损材料残料价值100元。其会计分录如下：

①批准前，调整存货账面数额：

借：待处理财产损溢——待处理流动资产损溢　　3 000

　　贷：原材料　　3 000

②同时，调整盘亏材料的成本差异：

借：待处理财产损溢——待处理流动资产损溢　　150

　　贷：材料成本差异　　150

③批准后，分别不同情况处理：

A. 由过失人赔偿1 500元：

借：其他应收款　　1 500

贷：待处理财产损溢——待处理流动资产损溢 1 500

B. 残料作价入库：

借：原材料 100

贷：待处理财产损溢——待处理流动资产损溢 100

C. 扣除过失人的赔款和残值后的盘亏数，计入管理费用：

借：管理费用 1 550

贷：待处理财产损溢——待处理流动资产损溢 1 550

(3) 自然灾害造成 B 材料毁损，其实际成本为 8 000 元，应收保险赔款 4 000 元，其会计分录如下：

①批准前，调整存货账面数额，并转出原材料购进时的增值税：

借：待处理财产损溢——待处理流动资产损溢 9 360

贷：原材料 8 000

应交税费——应交增值税(进项税额转出) 1 360

②批准后，分别不同情况处理：

A. 由保险公司赔款 4 000 元：

借：其他应收款 4 000

贷：待处理财产损溢——待处理流动资产损溢 4 000

B. 扣除保险公司赔款后的毁损数，计入营业外支出：

借：营业外支出 5 360

贷：待处理财产损溢——待处理流动资产损溢 5 360

六、存货的期末计价和存货减值

(一) 存货期末计量原则

会计期末，为了客观、真实、准确地反映企业期末存货的实际价值，企业编制资产负债表时，要确定其中"存货"项目的金额，即要确定期末存货的价值。

企业期末存货的计价方法通常有历史成本法、成本与可变现净值孰低法等。前面介绍的各种存货计价方法均是以历史成本为基础计算出期末存货价值的，但在有些情况下，如由于存货毁损、全部或部分陈旧过时或销售价格低于成本等原因，会使企业持有存货的可变现净值下跌到成本以下，由此所形成的损失已不符合资产的定义。如果期末存货仍以历史成本计价，就会出现虚夸资产的现象。所以，我国《企业会计准则》规定企业的存货应当采用成本与可变现净值孰低法确定期末存货价值。

(二) 成本与可变现净值孰低法的含义

所谓成本与可变现净值孰低法，是指对期末存货按照成本与可变现净值两者之中较低者计价的方法。即当成本低于可变现净值时，存货按成本计价；当可变现净值低于成本时，存货按可变现净值计价。这种方法中的"成本"，是指存货的实际成本，即按前面所介绍的历史成本为基础的存货计价方法计算的期末存货价值。"可变现净值"是指在正常生产经营过程中，以预计售价减进一步加工成本和销售所必需的预计税金、费用后的净值，并不是指存货的现行售价。可变现净值的特征表现为存货的预计未来现金流量，而不是存货的售价或合同价。如，某种材料的历史成本 180 元，到资产负债表日，该种材料的可变现净值下跌到 150

元，按照成本与可变现净值孰低法，原来用180元购进的材料的可变现净值为150元，应对库存的该种材料改按150元计价，由此而发生的跌价损失计入当期损益。与此相反，如果该种材料的可变现净值升到200元，期末存货仍按180元计算而不做调整。企业采用成本与可变现净值孰低法对存货计价时，通常有3种比较方法可供选择，即单项比较法、分类比较法和总额比较法。

(三)存货跌价准备的会计处理

1. 存货跌价准备的计提

如果期末存货的成本低于可变现净值时，则不需作账务处理，资产负债表中的存货仍按期末账面价值列示；如果期末存货的可变现净值低于成本时，则必须在当期确认存货跌价损失，企业应当设置"存货跌价准备"账户，核算存货的减值，贷方登记计提的存货跌价准备金额；借方登记实际已经发生的存货跌价损失金额和冲减的存货跌价准备金额，期末余额一般在贷方，反映企业已计提但尚未转销的存货跌价准备。

我国对于存货跌价准备采用的会计处理方法是备抵法。备抵法：当存货成本高于其可变现净值时，企业应当按照存货可变现净值低于成本的差额，借记"资产减值损失——计提的存货跌价准备"账户，贷记"存货跌价准备"账户。具体做法：年度终了，比较成本与可变现净值计算计提存货跌价准备，然后与"存货跌价准备"账户的余额进行比较，若应提数大于已提数，应予以补提，反之，应冲销部分已提数。提取和补提存货跌价准备时，借记"资产减值准备——存货跌价准备"账户，贷记"存货跌价准备"账户；冲回或转销多提存货跌价准备，做相反的会计分录。在资产负债表中，"存货跌价准备"列为存货项目的减项。这一做法的优点是不需对有关存货的明细账和总分类账进行调整，保持账簿记录的原貌，工作量也较小。这一方法运用比较普遍，企业会计制度中采用这一方法。

2. 存货跌价准备的转回

以前减计存货价值的影响因素已经消失的，减计的金额应当予以恢复，并在原已计提的存货跌价准备金额内转回。转回已计提的存货跌价准备金额时，按恢复增加的金额，借记"存货跌价准备"账户，贷记"资产减值损失——计提的存货跌价准备"账户。

【例5-63】 新世纪股份有限公司2014年年末存货账面成本为100 000元，预计可变现净值为90 000元；2015年年末存货账面成本为85 000元，预计可变现净值为81 000元；2016年年末存货账面成本90 000元，预计可变现净值为98 000元。其账务处理如下：

2014年年末计提存货跌价准备为10 000元(100 000-90 000)：

借：资产减值损失——计提的存货跌价准备　　10 000

　　贷：存货跌价准备　　10 000

2015年年末存货跌价准备应为4 000元(85 000-81 000)，而计提前"存货跌价准备"账户贷方余额为10 000元，故应冲销已提存货跌价准备6 000元：

借：存货跌价准备　　6 000

　　贷：资产减值损失——计提的存货跌价准备　　6 000

2016年年末由于市场价格有所上升，使得该材料的预计可变现净值为98 000元，应转回的存货跌价准备为4 000元：

借：存货跌价准备　　4 000

　　贷：资产减值损失——计提的存货跌价准备　　4 000

第六章　非流动资产核算

第一节　持有至到期投资核算

一、持有至到期投资概述

持有至到期投资，是指到期日固定、回收金额固定或可确定，且企业有明确意图和能力持有到期的非衍生金融资产。通常情况下，能够划分为持有至到期投资的金融资产，主要是债券性质的，如企业从二级市场上购入的固定利率国债、浮动利率金融债券等。企业购入的股权投资，因没有固定的到期日，不符合持有至到期投资的条件，不能划分为持有至到期投资。持有至到期投资通常具有长期性质，但期限较短（1 年以内）的债券投资，符合持有至到期投资条件，也可将其划分为持有至到期投资。

企业应设置“持有至到期投资”账户，核算持有至到期投资的摊余成本，并按照持有至到期投资的类别和品种，分别按“成本”、“利息调整”、“应计利息”等进行明细核算。其中“成本”明细账户反映持有至到期投资的面值；“利息调整”明细账户反映持有至到期投资的初始入账金额与面值的差额，以及按照实际利率法分期摊销后该差额的摊余金额；“应计利息”明细账户反映企业计提的到期一次还本付息持有至到期投资应计未收的利息。

二、持有至到期投资的计量和账务处理

（一）持有至到期投资的初始计量

持有至到期投资初始确认时，应当按照公允价值和相关交易费用之和作为初始入账金额。实际支付的价款中包含的已到付息期但尚未领取的债券利息，应单独确认为应收项目（应收利息）。

持有至到期投资初始确认时，应当计算确定其实际利率，并根据实际利率确定其持有期间的利息收益。实际利率在该持有至到期投资预期存续期间或适用的更短期间内保持不变。

实际利率，是指将金融资产或金融负债在预期存续期间或适用的更短期间内的未来现金流量，折现为该金融资产或金融负债当前账面价值所使用的实际利率。

金融资产合同各方之间支付或收取的、属于实际利率组成部分的各项收费、交易费用及溢价或折价等，应当在确定实际利率时予以考虑。金融资产的未来现金流量或存续期间无法

可靠预计时，应当采用该金融资产在整个合同期内的合同现金流量。

（二）持有至到期投资的后续计量

企业应当采用实际利率法，按摊余成本对持有至到期投资进行后续计量。

实际利率法是指按照金融资产或金融负债（含一组金融资产或金融负债）的实际利率计算其摊余成本及各期利息收入或利息费用的方法。

摊余成本是指该金融资产的初始确认金额经下列调整后的结果：

（1）扣除已偿还的本金；

（2）加上或减去实际利率法将该初始确认金额与到期日金额之间的差额进行摊销形成的累计摊销额；

（3）扣除已发生的减值损失。

摊余成本可用下列公式表示：

摊余成本＝初始确认金额－已收回的本金±利息调整累计摊销的金额－已发生的减值损失

企业应在持有至到期投资持有期间，采用实际利率法，按照摊余成本和实际利率计算确认利息收入，计入当期损益（投资收益）。实际利率应当在取得持有至到期投资时确定，实际利率与票面利率差别较小的，也可按照票面利率计算利息收入，计入投资收益。具体可按下列公式计算：

应收利息＝持有至到期投资的面值×票面利率

实际利息收入＝持有至到期投资期初的摊余成本×实际利率

利息调整的摊销额＝实际利息收入－应收利息（名义利息）

（三）持有至到期投资的账务处理

持有至到期投资的账务处理，主要包括金融资产实际利率的计算、摊余成本的确定、持有期间利息收益的确认和处置时损益的处理。为了核算持有至到期投资，企业应设置“持有至到期投资”账户，下设“成本”、“利息调整”、“应计利息”3个明细账户。其中“成本”明细账户用来核算企业取得债券投资的面值，“利息调整”明细账户用来核算企业取得债券投资时产生的利息调整的金额及其摊销额，“应计利息”明细账户用来核算企业取得的到期一次付息。企业取得的分期付息债券利息不通过“应计利息”明细账户核算，而应另设“应收利息”账户进行核算。

（1）企业取得持有至到期投资时：

借：持有至到期投资——成本（取得债券的面值）

借（或贷）：持有至到期投资——利息调整（差额＋交易费用）

　　应收利息（支付价款中包含的已到付息期但尚未领取的利息）

　　贷：银行存款（实际支付的金额）

（2）企业在资产负债表日或计息日计提债券利息时，应分别以下情况处理：

若持有至到期投资为分期付息、到期一次还本的债券投资：

借：应收利息（债券面值×票面利率）

借（或贷）：持有至到期投资——利息调整（差额）

　　贷：投资收益（持有至到期投资期初摊余成本×实际利率）

若持有至到期投资为到期一次还本付息债券投资：

借：持有至到期投资——应计利息（债券面值×票面利率）

借（或贷）：持有至到期投资——利息调整（差额）

　贷：投资收益（持有至到期投资期初摊余成本×实际利率）

（3）企业处置持有至到期投资时，应将所取得的价款与持有至到期投资账面价值之间的差额计入当期损益（投资收益）：

借：银行存款（实际收到的价款）

　持有至到期投资减值准备（已计提的持有至到期投资减值准备）

　贷：持有至到期投资——成本（处置债券投资的面值）

　　　　　　　　　——利息调整（处置债券投资尚未摊销的利息调整金额）

　　　　　　　　　——应计利息（处置债券投资已计提的利息）

　贷（或借）：投资收益（差额）

【例6-1】 2016年1月1日，新世纪股份有限公司购买了A公司同日发行的债券。债券期限为5年，债券面值为100万元，票面利率为4%。新世纪股份有限公司将其划分为持有至到期投资。新世纪股份有限公司支付购买债券价款为90万元，交易费用为1.58万元，均以银行存款支付。该债券每年年末付息一次，在第五年年末兑付本金（不能提前兑付）。

假定不考虑其他因素，则新世纪股份有限公司的有关账务处理如下：

（1）在初始确认时，计算实际利率如下：

债券初始入账金额 = 债券票面利息 × $(P/A, i, 5)$ + 债券面值 × $(P/F, i, 5)$

$= 4 \times (P/A, i, 5) + 100 \times (P/F, i, 5)$

$= 91.58$（万元）

按7%折现率计算：

$(P/A, 7\%, 5) = 4.100$

$(P/F, 7\%, 5) = 0.713$

$4 \times 4.100 + 100 \times 0.713 = 87.7 < 91.58$

按5%折现率计算：

$(P/A, 5\%, 5) = 4.329$

$(P/F, 5\%, 5) = 0.784$

$4 \times 4.329 + 100 \times 0.784 = 95.716 > 91.58$

实际利率 $= 5\% + (7\% - 5\%) \times (95.716 - 91.58) / (95.716 - 87.7) = 6\%$

新世纪股份有限公司应确认的投资收益如表6-1所示。

（2）新世纪股份有限公司该项投资的会计分录如下：

①取得持有至到期投资时：

借：持有至到期投资——A公司债券投资（成本）　1 000 000

　贷：持有至到期投资——A公司债券投资（利息调整）　84 200

　　银行存款　915 800

②2016年年末计提利息时：

借：应收利息　40 000

　持有至到期投资——A公司债券投资（利息调整）　14 900

　贷：投资收益　54 900

表 6－1　新世纪股份有限公司各年应确认的投资收益　　单位：万元

年　份	应收利息 （1）	实际利息收益 （2）＝年初（4）×6%	利息调整摊销 （3）＝（1）－（2）	年末摊余成本余额 （4）＝年初（4）－（3）
2016 年 1 月 1 日				91.58
2016 年 12 月 31 日	4	5.49	－1.49	93.07
2017 年 12 月 31 日	4	5.58	－1.58	94.65
2018 年 12 月 31 日	4	5.68	－1.68	96.33
2019 年 12 月 31 日	4	5.78	－1.78	98.11
2020 年 12 月 31 日	4	5.89	－1.89	100
合计	20	28.42	－8.42	

注：2019 年 12 月 31 日实际利息收益＝100＋4－98.11＝5.89（万元）（倒挤）

收到利息时：

借：银行存款　　40 000

　　贷：应收利息　　40 000

③2017 年年末计提利息时：

借：应收利息　　40 000

　　持有至到期投资——A 公司债券投资（利息调整）　　15 800

　　贷：投资收益　　55 800

收到利息时：

借：银行存款　　40 000

　　贷：应收利息　　40 000

④2018 年年末计提利息时：

借：应收利息　　40 000

　　持有至到期投资——A 公司债券投资（利息调整）　　16 800

　　贷：投资收益　　56 800

收到利息时：

借：银行存款　　40 000

　　贷：应收利息　　40 000

⑤2019 年年末计提利息时：

借：应收利息　　40 000

　　持有至到期投资——A 公司债券投资（利息调整）　　17 800

　　贷：投资收益　　57 800

收到利息时：

借：银行存款　　40 000

　　贷：应收利息　　40 000

⑥2020 年年末计提利息时：

借：应收利息　　40 000

持有至到期投资——A 公司债券投资（利息调整）　　18 900
贷：投资收益　　58 900

⑦2020 年年末兑付本息时：

借：银行存款　　1 040 000
贷：持有至到期投资——A 公司债券投资（成本）　　1 000 000
投资收益　　40 000

【例 6-2】 承例 6-1，假定新世纪股份有限公司购买的债券不是分期付息，而是到期付息，且利息按单利计算，则新世纪股份有限公司有关的会计处理如下：

$(P/S, 5, 5\%) = 0.7835$　$(P/S, 5, 6\%) = 0.7473$

（1）实际利率计算如下：

$(100 \times 4\% \times 5 + 100) \times (P/S, r, 5\%) = 91.58$

$(P/S, r, 5\%) = 91.58/120 = 0.7632$

设实际利率为 r，则：

$(5\% - r)/(5\% - 6\%) = (0.7835 - 0.7632)/(0.7835 - 0.7473)$

$r = 5.56\%$

新世纪股份有限公司应确认的投资收益如表 6-2 所示。

表 6-2　新世纪股份有限公司各年应确认的投资收益　　单位：万元

年　份	应收利息 (1)	实际利息收益 (2) = 年初(4) ×5.56%	利息调整摊销 (3) = (1) - (2)	年末摊余成本余额 (4) = 年初(4) + (2)
2016 年 1 月 1 日				91.58
2016 年 12 月 31 日	4	5.09	-1.09	96.67
2017 年 12 月 31 日	4	5.37	-1.37	102.04
2018 年 12 月 31 日	4	5.67	-1.67	107.71
2019 年 12 月 31 日	4	5.99	-1.99	113.70
2020 年 12 月 31 日	4	6.30	-2.30	120.00
合计	20	28.42	-8.42	

注：2019 年 12 月 31 日实际利息收益 = 100 + 20 - 113.7 = 6.3（万元）（倒挤）

（2）新世纪股份有限公司该项投资的会计分录如下：

①取得持有至到期投资时：

借：持有至到期投资——A 公司债券投资（成本）　　1 000 000
贷：持有至到期投资——A 公司债券投资（利息调整）　　84 200
银行存款　　915 800

②2016 年年末计提利息时：

借：应收利息——A 公司债券投资（应计利息）　　40 000
持有至到期投资——A 公司债券投资（利息调整）　　10 900
贷：投资收益　　50 900

③2017 年年末计提利息时：

借：应收利息——A 公司债券投资（应计利息） 40 000

　　持有至到期投资——A 公司债券投资（利息调整） 13 700

　　贷：投资收益 53 700

④2018 年年末计提利息时：

借：应收利息——A 公司债券投资（应计利息） 40 000

　　持有至到期投资——A 公司债券投资（利息调整） 16 700

　　贷：投资收益 56 700

⑤2019 年年末计提利息时：

借：应收利息——A 公司债券投资（应计利息） 40 000

　　持有至到期投资——A 公司债券投资（利息调整） 19 900

　　贷：投资收益 59 900

⑥2020 年年末计提利息时：

借：应收利息——A 公司债券投资（应计利息） 40 000

　　持有至到期投资——A 公司债券投资（利息调整） 23 000

　　贷：投资收益 63 000

⑦2020 年年末兑付本息时：

借：银行存款 1 200 000

　　贷：持有至到期投资——A 公司债券投资（成本） 1 000 000

　　　　——A 公司债券投资（利息调整） 200 000

第二节　可供出售金融资产核算

一、可供出售金融资产概述

可供出售金融资产，是指初始确认时即被指定为可供出售的非衍生金融资产，以及除下列以外的金融资产：（1）贷款和应收款项；（2）持有至到期投资；（3）以公允价值计量且其变动计入当期损益的金融资产。例如，企业购入的在活跃市场上有报价的股票、债券和基金等，没有划分为以公允价值计量且其变动计入当期损益的金融资产或持有到期投资等金融资产的，可归类为可供出售金融资产。相对于交易性金融资产和持有至到期投资而言，可供出售金融资产的持有意图不明确。

企业应当设置“可供出售金融资产”科目。核算持有的可供出售金融资产的公允价值，并按照可供出售金融资产类别和品种，分别以“成本”、“利息调整”、“应计利息”、“公允价值变动”等进行明细核算。其中，“成本”明细科目反映可供出售权益工具投资的初始入账金额或可供出售债务工具投资的面值；“利息调整”明细科目反映可供出售债务工具投资的初始入账金额与其面值的差额，以及按照实际利率法分期摊销后该差额的摊余金额；“应计利息”明细科目反映企业计提的到期一次还本付息可供出售债务工具投资应计未收的利息；“公允价值变动”明细科目反映可供出售金融资产公允价值变动的金额。

二、可供出售金融资产的账务处理

（一）可供出售金融资产的取得

可供出售金融资产应当按取得该金融资产的公允价值和相关交易费用之和作为初始入账金额。如果支付的价款中包含已到付息期但尚未领取的利息或已宣告但尚未发放的现金股利，应确认为应收项目，不构成可供出售金融资产的初始入账价值。

【例6-3】 2013年4月20日，华联公司按每股7.60元的价格从二级市场上购入新世纪股份有限公司每股面值1元的股票80 000股作为可供出售金融资产，并支付交易费用1 800元。股票购买价格中包含每股0.20元已宣告但尚未领取的现金股利，该现金股利于2013年5月10日发放。

(1)2013年4月20日，购入新世纪股份有限公司股票。

初始入账金额=(7.6-0.2)×80 000+1 800=593 800(元)

应收现金股利=0.2×80 000=16 000(元)

借：可供出售金融资产——新世纪股份有限公司股票(成本)　593 800
　　应收股利　16 000
　　贷：银行存款　609 800

(2)2013年5月10日，收到新世纪股份有限公司发放的现金股利。

借：银行存款　16 000
　　贷：应收股利　16 000

（二）可供出售金融资产持有期间核算

1. 现金股利或债券利息收益的确认

可供出售金融资产在持有期间取得的现金股利或债券利息，应当计入投资收益。其中，可供出售权益工具投资应当于被投资单位宣告发放现金股利时，按应享有的份额确认投资收益；可供出售债务工具投资应当于付息日或资产负债表日，采用实际利率法确认投资收益，具体做法可以比照持有至到期投资利息收益的确认进行会计处理。

【例6-4】 承例6-3，2014年4月15日，新世纪股份有限公司宣告每股分派现金股利0.25元，该现金股利于2014年5月15日发放。华联公司持有新世纪股份有限公司股票80 000股。华联公司账务处理如下：

(1)2014年4月15日，新世纪股份有限公司宣告发放现金股利。

应收现金股利=0.25×80 000=20 000(元)

借：应收股利　20 000
　　贷：投资收益　20 000

(2)2014年5月15日，收到新世纪股份有限公司发放的现金股利。

借：银行存款　20 000
　　贷：应收股利　20 000

2. 可供出售金融资产的期末计量

可供出售金融资产的价值应按资产负债表日的公允价值反映，公允价值的变动计入所有者权益。资产负债表日可供出售金融资产的公允价值高于其账面余额时，应按二者之间的差额调增可供出售金融资产的账面余额，同时将公允价值变动计入所有者权益；可供出售金融资产的公允价值低于其账面余额时，应按二者之间的差额调减可供出售金融资产的账面余额，同时按公允价值变动减记所有者权益。

【例6-5】 承例6-3和例6-4，华联公司持有的80 000股新世纪股份有限公司股票，2013年12月31日的每股市价为8.20元，2014年12月31日的每股市价为7.50元。华联公司账务处理如下：

(1)2013年12月31日，调整可供出售金融资产账面余额。

公允价值变动 = 8.2 × 80 000 - 593 800 = 62 200(元)

借：可供出售金融资产——新世纪股份有限公司股票(公允价值变动)　　62 200
　　贷：其他综合收益　　62 200

(2)2014年12月31日，调整可供出售金融资产账面余额。

公允价值变动 = 7.5 × 80 000 - 656 000 = -56 000

借：其他综合收益　　56 000
　　贷：可供出售金融资产——新世纪股份有限公司股票(公允价值变动)　56 000

(三)可供出售金融资产的处置

处置可供出售金融资产时，应将取得的处置价款与该金融资产账面余额之间的差额，计入投资收益；同时，将原直接计入所有者权益的累计公允价值变动对应处置部分的金额转出，计入投资收益。

【例6-6】 承例6-5，2015年2月20日华联公司将持有的80 000股新世纪股份有限公司股票售出，实际收到价款650 000元。出售日，新世纪股份有限公司股票账面余额为600 000元(593 800 + 62 200 - 56 000)，其中，成本593 800元，公允价值变动损益(借方)6 200元(62 200 - 56 000)。华联公司账务处理如下：

借：银行存款　　650 000
　　贷：可供出售金融资产——新世纪股份有限公司股票(成本)　　593 800
　　　　　　　　　　　——新世纪股份有限公司股票(公允价值变动)
　　　　6 200
　　　　投资收益　　50 000
借：其他综合收益　　6 200
　　贷：投资收益　　6 200

第三节　长期股权投资核算

一、长期股权投资概述

(一)长期股权投资的概念

长期股权投资是指投资方对被投资单位实施控制、有重大影响的权益性投资，以及对其合营企业的权益性投资。企业持有长期股权投资的目的是为了长远利益而影响、控制被投资企业。企业进行长期股权投资后，成为被投资企业的股东，有参与或决定被投资企业经营决策的权利。长期股权投资的最终目标是为了获得较大的经济利益，这种经济利益可以通过分

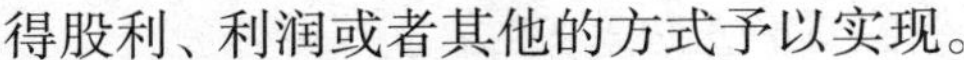

得股利、利润或者其他的方式予以实现。

(二)长期股权投资的内容

按照投资企业对被投资企业的影响程度，长期股权投资主要包括以下三类：①能够实施控制的股权投资；②能够实施共同控制的股权投资；③能够施加重大影响的股权投资。

1. 能够实施控制的股权投资

能够实施控制的股权投资是指企业拥有的能够对被投资单位实施控制的权益性投资，即对子公司的投资。

控制是指投资方拥有对被投资方的权利，通过与被投资方的相关活动而享有可变回报，并且有能力运用对被投资方的权利影响其回报金额。

控制的定义包含三项基本要素。在判断投资方是否能够控制被投资方时，如果投资方具备以下所有的要素，则投资方能够控制被投资方：①拥有对被投资方的权利；②通过参与被投资方相关活动而享有可变回报；③有能力运用对被投资方的权利影响其回报金额。

具体来说，投资方在判断其是否控制被投资方时，应考虑所有事实和情况，当投资方同时具备以上三个要素，投资方才算能控制被投资方。如果事实和情况表明上述控制三要素中的一个或多个发生变化，则投资方要重新判断其是否控制被投资方。

一般而言，投资方持有被投资方半数以上的表决权的，通常表明其拥有对被投资方的权利。如果投资方持有被投资方半数或以下的表决权，但通过与其他表决权持有人之间的协议能够控制半数以上表决权的，通常视为投资方拥有对被投资方的权利。

在确定是否拥有对被投资单位的权利，还应当考虑企业和其他企业持有的被投资单位当期可转换债券、当期可执行的认股权证等潜在的表决权因素。

2. 能够实施共同控制的股权投资

能够实施共同控制的股权投资是指企业持有的能够与其他合营方共同对被投资单位实施控制的权益性投资，即对合营企业的投资。

共同控制是指按照相关约定对某项安排所共有的控制，并且该安排的相关活动必须经过分享控制权的参与方一致同意后才能决策。在判断是否存在共同控制时，应当首先判断所有参与方或参与方组合是否集体控制该安排；其次再判断该安排相关活动的决策是否必须经过这些集体控制该安排的参与方的一致同意。

3. 能够实施重大影响的股权投资

能够实施重大影响的股权投资是指企业拥有的能够对投资单位具有重大影响的权益性投资，即对联营企业的投资。

重大影响，是指对一个企业的财务和经营决策有参与决策的权利，但并不能够控制或与其他方一起共同控制这些政策的制定。当投资企业直接或通过子公司间接拥有被投资单位20%以上但低于50%的表决权股份时，一般认为对被投资单位具有重大影响，但如果有明确的证据表明该种情况不能参与被投资单位的生产经营决策，则不构成重大影响。

企业在确定能否对被投资单位施加重大影响时，除了应考虑投资企业直接或间接持有被投资单位的表决权股份，还需要考虑企业和其他投资人持有的现行可执行潜在表决权在假定转换为对被投资单位股权后产生的影响。如被投资单位发行的现行可转换的认股权证、股份期权及可转换公司债券等的影响。如果在其转换为对被投资单位的股权后，能够增加投资企业的表决权比例或是降低被投资单位其他投资者的表决权比例，从而使得投资企业能够参与被投资单位的财务和经营决策，则投资企业对被投资单位具有重大影响。

二、长期股权投资的账务处理

(一)长期股权投资的初始取得

1. 长期股权投资的初始计量原则

长期股权投资在取得时应按照初始投资成本入账。长期股权投资既可以通过控股合并取得(即能够实施控制的长期股权投资)，也可以通过控股合并以外的其他方式取得。其中，控股合并形成的长期股权投资又分为同一控制下控股合并形成的长期股权投资和非同一控制下控股合并形成的长期股权投资。在不同的取得方式下，长期股权投资初始投资成本的确定方法不同。长期股权投资初始成本的确定原则如表6-3所示。

表6-3　长期股权投资的初始成本的确定原则

取得方式	初始计量	
控股合并取得的长期股权投资(对子公司投资)	同一控制下企业合并取得的长期股权投资	应以取得被投资方所有者权益账面价值的份额作为长期股权投资的初始成本，支付对价的账面价值与初始投资成本的差额计入资本公积，资本公积不足冲减的，调整留存收益。
	非同一控制下企业合并取得的长期股权投资	应以投资方在购买日为取得的被购买方的控制权而付出的资产、发生或承担的负债以及发行的权益性证券的公允价值作为长期股权投资的初始成本。支付的对价为非现金资产的，其公允价值与账面价值的差额计入当期损益。
控股合并以外方式取得长期股权投资(包括共同控制、重大影响两种情况)	应以投资方为取得投资而支付的现金(包括手续费、税金等)、付出的非现金资产、发生或承担的负债以及发行的权益性证券的公允价值作为长期股权投资的初始成本。支付对价为非现金资产的，其公允价值与账面价值的差额计入当期损益。	

不论企业以何种方式取得长期股权投资，实际支付的价款或对价中包含已宣告但尚未发放的现金股利或利润，都应单独作为应收项目(应收股利)核算，不构成长期股权投资的成本。

2. 控股合并形成的长期股权投资

(1)同一控制下的企业合并形成的长期股权投资。同一控制下的企业合并是指参与合并的企业在合并前后均受同一方或相同的多方最终控制且该控制并非暂时性的企业合并。同一控制下的企业合并在合并日取得对其他参与合并企业控制权的一方为合并方，参与合并的其他企业为被合并方。合并日，是指合并方实际取得对被合并方控制权的日期。

①同一控制下的企业合并，合并方以支付现金、转让非现金资产或承担债务方式作为合并对价的，应当在合并日按照取得被合并方所有者权益账面价值的份额作为长期股权投资的初始投资成本。长期股权投资初始投资成本与支付的现金、转让的非现金资产以及所承担债

务账面价值之间的差额，应当调整为资本公积；资本公积不足冲减的，调整留存收益。

②合并方以发行权益性证券作为合并对价的，应当在合并日按照取得被合并方所有者权益在最终控制方合并财务报表中的账面价值的份额作为长期股权投资的初始投资成本。按照发行股份的面值总额作为股本，长期股权投资初始投资成本与所发行股份面值总额之间的差额，应当调整资本公积；资本公积不足冲减的，调整留存收益。

会计处理为：同一控制下企业合并形成的长期股权投资，应在合并日按取得被合并方所有者权益账面价值的份额，借记“长期股权投资——××公司(成本)”账户，按应从被投资单位收取的已宣告但尚未发放的现金股利或利润，借记“应收股利”账户，按支付的合并对价的账面价值，贷记或借记有关资产、负债账户，按其差额，贷记“资本公积——资本溢价或股本溢价”账户；如为借方差额，借记“资本公积——资本溢价或股本溢价”账户，资本公积(资本溢价或股本溢价)不足冲减的，应依次借记“盈余公积”、“利润分配——未分配利润”账户。

【例6-7】 华夏股份有限公司和乙公司同为某集团的子公司，2015年5月1日，华夏股份有限公司发行700万普通股(每股面值1元)作为对价取得乙公司80%的股权。乙公司账面净资产总额为1 000万元。华夏股份有限公司的账务处理如下：

借：长期股权投资——乙公司(成本)　　8 000 000
　贷：股本　　7 000 000
　　资本公积——资本溢价　　1 000 000

(2)非同一控制下的企业合并形成的长期股权投资。非同一控制下的企业合并是指参与合并的各方在合并前后不受同一方或相同的多方最终控制的企业合并。非同一控制下的企业合并，在购买日取得对其他参与合并企业控制权的一方为购买方，参与合并的其他企业为被购买方。购买日是指购买方实际取得对被购买方控制权的日期。

会计处理为：非同一控制下的企业合并形成的长期股权投资，应在购买日按企业合并成本，即购买方在购买日作为企业合并对价付出的资产、发生或承担的负债的公允价值，借记“长期股权投资——××公司(成本)”账户，按支付合并对价的账面价值，贷记或借记有关资产、负债账户，按发生的直接相关费用，贷记“银行存款”等账户，按其差额，贷记“营业外收入”或借记“营业外支出”等账户。企业合并成本中包含的应从被投资单位收取的已宣告但尚未发放的现金股利或利润，应作为应收股利进行核算。非同一控制下的企业合并涉及以库存商品等作为合并对价的，应按库存商品的公允价值，贷记“主营业务收入”账户，并同时结转相关成本。涉及增值税的，还应进行相应的处理。

(二)企业合并以外形成的长期股权投资的初始计量及取得的核算

1.以支付现金取得的长期股权投资的初始计量及取得的核算

以支付现金取得的长期股权投资，应当按照实际支付的购买价款作为初始投资成本。初始投资成本包括与取得长期股权投资直接相关的费用、税金及其他必要支出，但不包括取得长期股权投资所发生的评估、审计、咨询等费用，其支付的价款中所包含的被投资单位已宣告但未发放的现金股利或利润，应作为应收项目单独核算，不构成长期股权投资的成本。

【例6-8】 新世纪股份有限公司于2015年4月1日，自公开市场中买入三泰股份有限公司10%的股份，实际支付价款1 000万元。另外，在购买过程中支付手续费等相关费用100万元。该企业的账务处理如下：

借：长期股权投资——三泰股份有限公司　　11 000 000

贷：银行存款 11 000 000

2. 以发行权益性证券方式取得的长期股权投资的初始计量及取得的核算

以发行权益性证券取得的长期股权投资，应当按照发行权益性证券的公允价值作为初始投资成本。为发行权益性证券支付的手续费、佣金等应从权益性证券的溢价发行收入中扣除，溢价收入不足的，应冲减盈余公积和未分配利润。

【例6-9】 新世纪股份有限公司通过增发2 000万股（每股面值1元）自身的股份取得对华联公司15%的股权。按照增发前后的平均股价计算，该2 000万股股份的公允价值为5 500万元。为增发该部分股份，该公司支付了150万元的佣金和手续费。该业务的账务处理如下：

借：长期股权投资——华联公司 55 000 000

贷：股本 20 000 000

资本公积——股本溢价 35 000 000

借：资本公积——股本溢价 1 500 000

贷：银行存款 1 500 000

3. 投资者投入的长期股权投资的初始计量及取得的核算

投资者投入的长期股权投资，应当按照投资合同或协议约定的价值作为初始投资成本，但合同或协议约定价值不公允的除外。投资者投入的长期股权投资是指投资者以其持有的对第三方的投资作为出资投入企业。接受投资的企业在确定所取得的长期股权投资的成本时，原则上应按照投资各方在投资合同或协议中约定的价值作为其初始成本。但是，如果投资各方在投资合同或协议中约定的价值明显高于或低于该项投资公允价值的，应以公允价值作为长期股权投资的初始成本，构成实收资本（或股本）的部分与确认的长期股权投资初始成本之间的差额，调整资本公积（资本溢价）。

在确定长期股权投资的公允价值时，如果存在活跃市场，其价值可以按照活跃市场中的信息直接取得，即参照市价确定其公允价值；不存在活跃市场的情况下，无法按照市场信息确定其公允价值的，应当按照一定的估值技术等合理的方法确定的价值作为其公允价值。

【例6-10】 新世纪股份有限公司的乙股东以其持有的G公司每股面值1元的普通股股票250万股作为资本金投入企业，投资协议约定的股权投资价值为600万元，可折换该公司每股面值1元的普通股股票200万股。其账务处理如下：

借：长期股权投资——G公司（成本） 6 000 000

贷：股本——乙股东 2 000 000

资本公积——股本溢价 4 000 000

（三）长期股权投资的后续计量

长期股权投资在持有期间，应根据投资企业对被投资单位的影响程度与控制情况，分别采用成本法及权益法进行核算。

1. 长期股权投资核算的成本法

（1）成本法及其适用范围。长期股权投资核算的成本法，是指长期股权投资的价值按照初始成本计量后，除追加或收回投资外，一般不对长期股权投资的账面价值进行调整的一种会计处理方法。长期股权投资核算的成本法适用于投资企业能够对被投资单位实施控制的长期股权投资（即对子公司的股权投资）。但如果投资方为投资性主体且子公司不纳入其合并财务报表的，应对子公司按照公允价值计量且其变动计入当期损益。

（2）成本法的核算程序。采用成本法核算的长期股权投资，其核算程序如下：

①投资时，按初始投资成本作为长期股权投资的入账价值。投资入账后，除追加或减少投资以及发生减值应调整长期股权投资的账面价值外，长期股权投资的账面价值一般保持不变。

②股权持有期间，被投资单位宣告分派现金股利或利润时，投资企业应按享有的部分，确认为当期投资收益。

③被投资单位宣告分派股票股利时，投资企业只做备查登记，调整持股数量，不做账务处理。

④被投资单位实现利润或发生亏损，投资企业不需要做任何会计处理。

⑤企业按照上述规定确认从被投资单位应分得的现金股利或利润后，应当考虑长期股权投资可能发生的减值。如果长期股权投资可收回金额低于长期股权投资账面价值的，应当计提减值准备。

（3）成本法的具体会计处理。

①成本法下的账户设置。企业采用成本法核算长期股权投资的情况下，应设置“长期股权投资”、“应收股利”、“投资收益”等账户。其中，“长期股权投资”账户主要用来核算长期股权投资成本的增减变动。

②成本法下的账务处理。企业初始投资或追加投资时，按初始投资成本增加长期股权投资的账面价值：

借：长期股权投资——××公司

　　贷：银行存款等

【例6-11】 华夏股份有限公司公司2015年1月10日从上海证券交易所购买长信股份有限公司发行的股票500 000股准备长期持有，从而拥有长信股份有限公司51%的股份，每股买入价为6元，另外购买该股票时发生有关税费50 000元，款项已由银行存款支付。

借：长期股权投资　　3 050 000

　　贷：银行存款　　3 050 000

当被投资单位宣告分派利润或现金股利时，投资企业应当按照可以获得的现金股利或利润确认为当期的投资收益：

借：应收股利

　　贷：投资收益

【例6-12】 华夏股份有限公司2015年5月15日在上海证券交易所购买诚远股份有限公司的股票100 000作为长期投资，每股买入价为10元，每股价格中包含有0.2元的已宣告分派的现金股利，另支付相关税费7 000元。

借：长期股权投资　　987 000

　　应收股利　　20 000

　　贷：银行存款　　1 007 000

假定华夏股份有限公司2015年6月20日收到诚远股份有限公司分来的购买该股票时已宣告分派的股利20 000元。此时，应作如下会计处理：

借：银行存款　　20 000

贷：应收股利 20 000

③长期股权投资如果发生减值：

借：资产减值损失

贷：长期股权投资减值准备

【例 6－13】 华夏股份有限公司在上海证券交易所将其作为长期投资持有的远海股份有限公司 15 000 股股票，以每股 10 元的价格卖出，支付相关税费 1 000 元，取得价款 149 000 元，款项已由银行收妥。该长期股权投资账面价值为 140 000 元，假定没有计提减值准备。

A. 计算投资收益：

股票转让取得价款	149 000
减：投资账面余额	(140 000)
投资收益	9 000

B. 编制出售股票时的会计分录：

借：银行存款 149 000

贷：长期股权投资 140 000

投资收益 9 000

2. 长期股权投资核算的权益法

(1)长期股权投资核算的权益法及其适用范围。长期股权投资核算的权益法，是指投资以初始成本计量后，在投资持有期间根据投资企业享有被投资单位所有者权益份额的变动对投资的账面价值进行调整的方法。长期股权投资核算的权益法适用于以下两种情况：

①投资企业对被投资单位能够实施共同控制的长期股权投资，即对合营企业的投资；

②投资企业对被投资单位能够施加重大影响的长期股权投资，即对联营企业的投资。

(2)长期股权投资核算的权益法的核算程序。长期股权投资采用权益法核算，其一般核算的程序为：

①初始投资或追加投资时，一方面按照初始投资成本或追加投资的投资成本，增加长期股权投资的账面价值。同时，比较初始投资成本与投资时应享有被投资单位可辨认净资产公允价值的份额，如果初始投资大于应享有的被投资单位可辨认净资产公允价值的份额，则不需要调整长期股权投资的账面价值；如果初始投资成本小于应享有被投资单位可辨认净资产公允价值的份额，其差额应计入取得投资当期的损益(营业外收入)，同时调整长期股权投资的账面价值。

②持有期间，随着被投资单位所有者权益的变动，相应调整长期股权投资的账面价值。对被投资单位实现的净利润或发生的净亏损，投资企业按照持股比例计算应享有或分担的份额，增加(实现净利润时)或减少(发生亏损时)长期股权投资的账面价值，同时确认为当期的投资损益。

被投资单位宣告分派利润或现金股利时，投资企业按持股比例计算应分得的股利，一般应冲减长期股权投资的账面价值。

对于因被投资单位实现其他综合收益而产生的所有者权益的变动，投资方应当按照享有的份额，增加或减少长期股权投资的账面价值，同时确认其他综合收益。

对被投资单位除净损益、其他综合收益以及利润分配以外的所有者权益变动，投资企业相应调整长期股权投资的账面价值，同时确认资本公积(其他资本公积)。

(3)长期股权投资核算的权益法的具体会计处理。

①权益法下的账户设置。采用权益法核算长期股权投资时，应设置“长期股权投资”账户，并下设“投资成本”、“损益调整”、“其他综合收益”、“其他权益变动”等明细账户。“成本”明细账户用来核算长期股权投资的投资成本的增加变动，“损益调整”明细账户用来核算因被投资单位实现净损益或分派现金股利而调整长期股权投资账面价值的金额，“其他综合收益”明细账户核算因被投资单位其他综合收益变动而调整的长期股权投资账面价值的金额，“其他权益变动”明细账户用来核算因被投资单位除净损益、其他综合收益变动和利润分配以外的所有者权益变动而调整的长期股权投资账面价值的金额。

②取得投资的处理。采用权益法核算长期股权投资时，为了更客观地反映投资企业在被投资单位所有者权益中所享有的份额，在初始确认长期投资时，应将初始投资成本与应享有的被投资企业可辨认净资产公允价值的份额进行比较。对于两者的差额，应区别以下情况进行处理：

A. 长期股权投资的初始投资成本大于投资时应享有被投资单位可辨认净资产公允价值份额，该部分差额是投资企业在取得投资过程中通过作价体现出的与所取得股权份额相对应的商誉价值，这种情况下，不要求调整长期股权投资的初始投资成本：

借：长期股权投资——投资成本

　　贷：银行存款

B. 长期股权投资的初始投资成本小于投资时应享有被投资单位可辨认净资产公允价值份额，该部分差额体现为双方在交易作价过程中转让方的让步，该部分经济利益流入应计入取得长期股权投资当期的营业外收入，同时调整增加长期股权投资的成本：

借：长期股权投资——投资成本

　　贷：银行存款

　　　　营业外收入

【例 6-14】 新世纪股份有限公司以 1 000 万元取得华夏股份有限公司 30% 的股权，取得投资时被投资单位可辨认净资产的公允价值为 3 000 万元。假若新世纪股份有限公司公司能够对华夏公司施加重大影响。其会计处理如下：

	借方	贷方
借：长期股权投资——投资成本	1 000	
贷：银行存款		1 000

【例 6-15】 承例 6-14，如投资时华夏股份有限公司可辨认净资产的公允价值为3 500 万元：

	借方	贷方
借：长期股权投资——投资成本	1 050	
贷：其他货币资金		1 000
营业外收入		50

C. 确认投资损益的账务处理。采用权益法核算长期股权投资，当被投资企业实现净利润时，按照应享有被投资企业实现净利润的份额确认投资收益，并调整增加长期股权投资的账面价值。企业应做如下会计分录：

借：长期股权投资——损益调整（被投资企业经过调整后的净利润 × 持股比例）

　　贷：投资收益

如果被投资企业发生亏损时，则做相反的会计分录。

【例6－16】 新世纪股份有限公司2015年1月1日购入华夏股份有限公司30%的股份，购买价款为2 000万元，并自取得投资之日起派人参与华夏股份有限公司的生产经营决策。投资日当日，华夏股份有限公司可辨认净资产公允价值为5 000万元。除表6－4所列项目外，该公司其他资产、负债的公允价值均与账面价值相同。

假定华夏股份有限公司于2015年实现净利润960万元，其中在新世纪股份有限公司取得投资时的存货有60%对外出售。新世纪股份有限公司与华夏股份有限公司的会计年度及采用的会计政策相同。固定资产按年限平均法计提折旧，预计净残值均为零。假定新世纪股份有限公司与华夏股份有限公司之间未发生任何内部交易，不考虑所得税影响。

表6－4 购买日华夏股份有限公司资产公允价值与账面价值的差异 单位：万元

项目	账面原价	已提折旧或摊销	公允价值	预计使用年限	新世纪股份有限公司取得投资后剩余使用年限
存货	800		1 000		
固定资产	1 200	240	1 600	20	16
合计	2 000	240	2 600		

新世纪股份有限公司在确定其享有的投资收益时，应在华夏股份有限公司实现净利润的基础上，根据确定投资时华夏股份有限公司有关资产的账面价值与其公允价值差额的影响进行调整：

存货账面价值与公允价值的差额应调减华夏公司的利润＝(1 000－800)×60%
＝120(万元)

固定资产公允价值与账面价值差额应调整增加的折旧费用＝1 600/16－1 200/20
＝40(万元)

基于投资时按相关资产公允价值调整后的净利润＝960－120－40＝800(万元)

按新世纪股份有限公司持股比例计算应确认的投资收益＝800×30%＝240(万元)

根据上述资料，新世纪股份有限公司确认投资收益应做的会计分录如下：

借：长期股权投资——损益调整 2 400 000

贷：投资收益 2 400 000

D. 取得现金股利或利润的处理。按照权益法核算长期股权投资，投资企业自被投资单位取得的现金股利或利润，应抵减长期股权投资的账面价值，即在被投资单位宣告分派现金股利或利润时，投资企业应做如下会计分录：

借：应收股利

贷：长期股权投资——损益调整

如果自被投资企业取得现金股利或利润超过确认损益调整的部分，应视为投资成本的收回，冲减长期股权投资的成本，即在分得现金股利时应贷记“长期股权投资——投资成本”账户。

E. 确认投资损失的处理。如果被投资企业发生亏损，投资企业应该按照持股比例确认应分担的损失，同时，调减长期股权投资的账面价值，即企业应按分担的亏损份额做如下会计分录：

借：投资收益

　　贷：长期股权投资——损益调整

由于投资企业只承担有限责任，因此，在被投资企业发生超额亏损时，投资企业确认的投资损失，原则上应以长期股权投资的账面价值及其他实质上构成对被投资企业净投资的长期权益减记至零为限，投资企业负有承担额外损失义务的除外。其他实质上构成本投资单位净投资的长期权益通常是指长期应收项目。例如，企业对被投资单位的长期债权，该债权没有明确的清收计划且在可预见的未来期间不准备收回的，实质上构成对被投资单位的净投资，但不包括投资企业与被投资企业因销售商品等日常活动产生的长期债权。

在确认应分担被投资单位发生的亏损时，应当按照以下顺序进行处理：

首先，冲减长期股权投资的账面价值：

借：投资收益

　　贷：长期股权投资——损益调整

其次，在长期股权投资的账面价值减记至零以后，如果有其他实质上构成对被投资企业净投资的长期权益：

借：投资收益

　　贷：长期应收款

因投资合同或协议约定导致投资企业需要承担额外损失义务的：

借：投资收益

　　贷：预计负债

最后，对仍未确认的投资损失，作备查登记。

F. 被投资单位其他综合收益变动的处理。被投资单位其他综合收益发生变动时，投资方应当按照归属于本企业的部分，相应调整长期股权投资的账面价值，同时增加或减少其他综合收益，其会计分录如下：

借（或贷）：长期股权投资——其他综合收益

　　贷（或借）：其他综合收益

被投资企业处置长期股权投资时，投资企业应将原已确认的“其他综合收益”转至“投资收益”账户。

【例 6 – 17】　20×15 年东方股份有限公司可供出售金融资产的公允价值增加了 4 000 000 元。甲公司按照持股比例确认相应的其他综合收益 1 200 000 元。甲公司应编制如下会计分录：

借：长期股权投资——其他综合收益　　　　1 200 000

　　贷：其他综合收益　　　　1 200 000

G. 被投资单位除净损益、其他综合收益以及利润分配以外的所有者权益变动的处理。采用权益法核算长期股权投资，投资企业对于被投资企业除净损益、其他综合收益以及利润分配以外的所有者权益的其他变动，按投资收益应享有的份额，调整长期股权投资账面价值，并计入资本公积（其他资本公积），可做如下会计分录：

借（或贷）：长期股权投资——其他权益变动

贷(或借)：资本公积——其他资本公积

投资企业在处置长期股权投资时，应将原已确认的“资本公积——其他资本公积”转至“投资收益”账户。

H. 股票股利的处理。被投资企业分派股票股利时，投资企业不做账务处理，但应于除权日在备查账簿中注明所增加的股数，以反映股份以及每股成本的变化情况。

【例 6－18】 新世纪股份有限公司 2014 年至 2015 年的有关投资业务如下：

(1)新世纪股份有限公司于 2014 年 7 月 1 日，以 900 万元投资华夏股份有限公司 20% 的普通股份，对华夏股份有限公司有重大影响。新世纪股份有限公司采用权益法核算此项目。2014 年 7 月 1 日华夏公司净资产的公允价值为 4 000 万元(假设其净资产的公允价值和账面价值相等)。

(2)2014 年华夏公司实现净利润 600 万元(假定利润均衡发生)，股东大会批准利润分配方案，提取盈余公积 90 万元，分派现金股利 100 万元。

(3)2015 年华夏公司实现净利润 800 万元，股东大会批准利润分配方案，提取盈余公积 120 万元，分派现金股利 300 万元。

(4)2015 年 12 月 31 日，华夏公司持有的可供出售金融资产公允价值变动调整增加其他综合收益 150 万元，因股份支付业务增加资本公积 200 万元。假设新世纪股份有限公司与华夏股份有限公司之间没有商品交易。

新世纪股份有限公司对上述有关投资业务的会计处理如下：

因为新世纪股份有限公司对华夏股份有限公司有重大影响，因此，新世纪股份有限公司对该股权投资按照长期股权投资进行处理，并且在后续计量中采用权益法进行核算。

(1)2014 年 7 月 1 日投资时：

借：长期股权投资——投资成本　　9 000 000

　　贷：银行存款　　9 000 000

(2)2014 年华夏公司实现净利润 600 万元：

借：长期股权投资——损益调整　　1 200 000

　　贷：投资收益　　1 200 000

2014 年度华夏公司提取盈余公积，新世纪股份有限公司不需进行账务处理。华夏公司分派现金股利 100 万元时：

借：应收股利　　200 000

　　贷：长期股权投资——损益调整　　200 000

收到现金股利时：

借：银行存款　　200 000

　　贷：应收股利　　200 000

(3)2015 年华夏公司实现净利润 800 万元，新世纪股份有限公司确认收益：

借：长期股权投资——损益调整　　1 600 000

　　贷：投资收益　　1 600 000

2015 年度华夏公司提取盈余公积，新世纪股份有限公司不需进行账务处理。华夏公司分派现金股利 300 万元时：

借：应收股利　　600 000

贷：长期股权投资——损益调整　　600 000

收到现金股利时：

借：银行存款　　600 000

贷：应收股利　　600 000

(4)华夏公司因持有的可供出售金融资产公允价值变动调整增加其他综合收益 150 万元时：

借：长期股权投资——其他综合收益　　300 000

贷：其他综合收益　　300 000

华夏公司因股份支付业务增加资本公积 200 万元时：

借：长期股权投资——其他权益变动　　400 000

贷：资本公积——其他资本公积　　400 000

(四)长期股权投资的减值

长期股权投资在持有期间如果存在减值迹象的，应当按照相关准则的要求进行减值测试。如果长期股权投资的账面价值高于其可收回金额时，说明长期股权投资发生减值，需要计提减值准备。

其他长期股权投资的减值应当按照资产减值准则的有关规定处理。

长期股权投资发生减值准备时，应按确认的减值损失金额做如下会计分录：

借：资产减值损失

贷：长期股权投资减值准备

长期股权投资减值损失一经确认，已计提的减值准备在以后期间不得转回。

第四节　固定资产及无形资产核算

一、固定资产概述

(一)固定资产的概念和特征

固定资产是指同时具有以下特征的有形资产：①为生产产品、提供劳务、出租或经营管理而持有的；②使用寿命超过一个会计年度。从这一定义可以看出，作为企业的固定资产应具备以下 3 个特征：

第一，企业持有固定资产的目的，是为了生产产品、提供劳务、出租或经营管理，而不像商品一样是为了对外出售。这一特征是固定资产区别于商品等流动资产的重要标志。

第二，企业持有固定资产的期限较长，使用寿命一般超过一个会计年度。这一特征表明企业固定资产的收益期超过一年，能在一年以上的营业周期内为企业创造经济利益。

第三，固定资产为有形资产。固定资产具有实务形态，这一特征将固定资产和无形资产区别开来。

(二)固定资产的确认

固定资产在同时满足以下两个条件时，才能予以确认。

1. 与该固定资产有关的经济利益很可能流入企业

资产最基本的特征是预期能给企业带来经济利益。对固定资产的确认来说，如果某一固定资产不能给企业带来经济利益，就不能确认为企业的固定资产。在实务工作中，首先需要判断该项固定资产所包含的经济利益是否很可能流入企业。如果该项固定资产包含的经济利益不是很可能流入企业，那么，即使其满足固定资产确认的其他条件，企业也不应该将其确认为固定资产；如果该项固定资产包含的经济利益很可能流入企业，并同时满足固定资产确认的其他条件，那么，企业就应将其确认为固定资产。

在实务中，判断固定资产包含的经济利益是否很可能流入企业，主要依据与该固定资产所有权相关的风险和报酬是否转移给了企业。其中，与固定资产所有权相关的风险，是指由于经营情况变换造成的相关收益的变动，以及由于资产闲置、技术陈旧等原因造成的损失；与固定资产所有权相关的报酬，是指在固定资产使用寿命内直接使用该资产而获得的收入以及处置该资产所实现的利得等。通常，取得固定资产的所有权是判断与固定资产所有权的风险和报酬是否转移给了企业的一个重要标志。凡是所有权已属于企业，不论企业是否收到或持有该固定资产，均可作为企业的固定资产；反之，如果没有取得所有权，即使存放在企业，也不能作为企业的固定资产。有时某项固定资产的所有权虽然不属于企业，但是，企业能够控制该项固定资产所包含的经济利益流入企业。在这种情况下，可认为与固定资产所有权相关的风险和报酬实质上已转移给了企业，也可以作为企业的固定资产加以确认。比如，融资租入固定资产，企业（承租人）虽然不拥有该固定资产的所有权，但企业能够控制该固定资产所包含的经济利益，这时与固定资产所有权相关的风险和报酬实质上已转移给了企业，因此，符合固定资产确认的第一个条件。

2. 该固定资产的成本能够可靠地计量

成本能够可靠地计量，是资产确认的一项基本条件。固定资产作为企业资产的重要组成部分，要予以确认，其为取得该固定资产而发生的支出也必须能够可靠地计量。如果固定资产的成本能够可靠地计量，并同时满足其他确认条件，就可以加以确认；否则，企业不应加以确认。

企业在确认固定资产成本时，有时需要根据所获得的最新资料，对固定资产的成本进行合理的估计。比如，企业对于已达到预定可使用状态的固定资产，在尚未办理竣工决算前，需要根据工程预算、工程造价或者工程实际成本等资料，按估计价值确定固定资产的成本，待办理竣工决算后，再按实际成本调整原来的暂估价值。

在实务中，对固定资产进行确认时，还需注意以下两个问题：

一是固定资产的各组成部分具有不同的使用寿命或者以不同方式为企业提供经济利益，适用不同折旧率和折旧方法的，应当分别将各组成部分确认为单项固定资产。

二是与固定资产有关的后续支出，满足固定资产确认条件的，应当计入固定资产成本；不满足固定资产确认条件的，应当在发生时计入当期损益。

（三）固定资产的分类

企业的固定资产种类繁多、规格不一，为加强管理，便于组织会计核算，有必要对其进行科学、合理的分类。根据不同的管理需要和核算要求以及不同的分类标准，可以对其进行不同的分类，主要有以下几种分类方法：

1. 按经济用途分类

按固定资产的经济用途分类，可分为生产经营用固定资产和非生产经营用固定资产。

（1）生产经营用固定资产，是指直接服务于企业生产、经营过程的各种固定资产，如生产经营用的房屋、建筑物、机器、设备、器具、工具等。

（2）非生产经营用固定资产，是指不直接服务于企业生产、经营过程的各种固定资产，如职工宿舍等使用的房屋、设备和其他固定资产等。

按照固定资产的经济用途分类，可以归类反映和监督企业生产经营用固定资产和非生产经营用固定资产之间，以及生产经营用各类固定资产之间的组成和变化情况，借以考核和分析企业固定资产的利用情况，促使企业合理地配备固定资产，充分发挥其效用。

2. 综合分类

按固定资产的经济用途和使用情况等综合分类，可以把企业的固定资产划分为七大类：

（1）生产经营用固定资产；

（2）非生产经营用固定资产；

（3）租出固定资产（指在经营租赁方式下出租给外单位使用的固定资产）；

（4）不需用固定资产；

（5）未使用固定资产；

（6）土地（指过去已经估价单独入账的土地。因征地而支付的补偿费，应计入与土地有关的房屋、建筑物的价值内，不单独作为土地价值入账。企业取得的土地使用权，应作为无形资产管理，不作为固定资产管理）；

（7）融资租入固定资产（指企业以融资租赁方式租入的固定资产，在租赁期内，应视同自有固定资产进行管理）。

由于企业的经营性质不同，经营规模各异，对固定资产的分类不可能完全一致。但实际工作中，企业大多采用综合分类的方法编制固定资产目录，并作为进行固定资产核算的依据。

（四）固定资产的会计账户

为了核算固定资产，企业一般需要设置“固定资产”、“累计折旧”、“在建工程”、“工程物资”、“固定资产清理”等账户，核算固定资产取得、计提折旧、处置等情况。

“固定资产”账户核算企业固定资产的原价，借方登记企业增加的固定资产原价，贷方登记企业减少的固定资产原价，期末借方余额，反映企业期末固定资产的账面原价。企业应当设置“固定资产登记簿”和“固定资产卡片”，按固定资产类别、使用部门和每项固定资产进行明细核算。

“累计折旧”账户属于“固定资产”的调整账户，核算企业固定资产的累计折旧，贷方登记企业计提的固定资产折旧，借方登记处置固定资产转出的累计折旧，期末贷方余额，反映企业固定资产的累计折旧额。

“在建工程”账户核算企业基建、更新改造等在建工程发生的支出，借方登记企业各项在建工程的实际支出，贷方登记完工工程转出成本，期末借方余额反映企业尚未达到预定可使用状态的在建工程的成本。

“工程物资”账户核算企业为在建工程而准备的各种物资的实际成本。该账户借方登记企业购入工程物资的成本，贷方登记领用工程物资的成本，期末借方余额，反映企业为在建工程准备的各种物资的成本。

"固定资产清理"账户核算企业因出售、报废、毁坏、对外投资、非货币性资产交换、债务重组等原因转出的固定资产价值以及在清理过程中发生的费用等，借方登记转出的固定资产价值、清理过程中应支付的相关税费及其他费用，贷方登记固定资产清理完成的处理，期末借方余额，反映企业尚未清理完毕固定资产净损失。该账户应按被清理的固定资产项目设置明细账，进行明细核算。

此外，企业固定资产、在建工程、工程物资发生减值的，还应当设置"固定资产减值准备"、"在建工程减值准备"、"工程物资减值准备"等账户进行核算。

二、固定资产核算

(一)外购固定资产的核算

企业外购的固定资产成本，包括买价、有关税费(但不包括准予抵扣的增值税)、使固定资产达到预定可使用状态前发生的可归属于该项资产的装卸费、运输费、安装费和专业人员服务费等。

企业购买固定资产通常在正常信用条件内付款，但也会发生超过正常信用条件购买固定资产的情况，例如采用分期付款方式购买固定资产，且在合同中规定的付款期限较长(通常在3年以上)，则购入固定资产的成本应为各期付款额的现值之和。购入资产时，按购买价的现值，借记"固定资产"或"在建工程"账户；按应支付的金额，贷记"长期应付款"账户；按其差额，借记"未确认融资费用"账户。

注意：

第一，购入需安装的固定资产，应先通过"在建工程"账户归集其成本，待达到预定可使用状态时，再由"在建工程"账户转入"固定资产"账户。

第二，企业以一笔款项购入多项没有单独标价的固定资产，按各固定资产公允价值的比例对总成本进行分配，分别确定各项固定资产的成本。

1. 购入不需安装的固定资产

购入不需安装的固定资产，是指企业购入的固定资产不需安装就可以直接交付使用。购入的固定资产按实际支付的全部价款，或售出单位的账面原价加上包装费、运杂费等支出，借记"固定资产"账户，按可抵扣的增值税额借记"应交税费——应交增值税(进项税额)"账户，贷记"银行存款"账户。如果以一笔款项购入多项没有单独标价的固定资产，应按各项固定资产公允价值(是指在公平交易中，熟悉情况的交易双方自愿进行资产交换或者债务清偿的金额)的比例对总成本进行分配，分别确定各项固定资产的入账价值。

【例6－19】 新世纪股份有限公司购入不需要安装的设备一台，发票价格为30 000元，增值税率为17%，另外支付运费2 000元，款项已由银行存款支付。企业应编制如下会计分录：

借：固定资产　　32 000
　　应交税费——应交增值税(进项税额)　　5 100
　　贷：银行存款　　37 100

【例6－20】 新世纪股份有限公司购买某工厂的材料、设备和厂房，共计支付现金45 600元。经评估，上述三项资产的公允价值分别为10 000元、25 000元和13 000元。假设设备和厂房不需要安装和改建、扩建，可以直接投入使用。

支付成本的分配比例：45 600/(10 000 + 25 000 + 13 000) = 0.95

各项资产的购买成本：

材料：10 000 × 0.95 = 9 500(元)

设备：25 000 × 0.95 = 23 750(元)

厂房：13 000 × 0.95 = 12 350(元)

借：原材料　　9 500

　　固定资产——设备　　23 750

　　　　　　——厂房　　12 350

　　贷：银行存款　　45 600

2. 购入需要安装的固定资产

购入需要安装的固定资产，是指购入的固定资产需经过安装以后才能交付使用。企业购入固定资产时，按实际支付的价款(包括买价、有关税费但不包括准予抵扣的增值税等)，借记“在建工程”、“应交税费——应交增值税(进项税额)”账户，贷记“银行存款”等账户；安装完成交付使用时，按其实际成本(包括买价、有关税费、包装费、运输费和安装费等)作为固定资产的原价入账，借记“固定资产”账户，贷记“在建工程”账户。

【例 6-21】 新世纪股份有限公司购入一台需安装的设备，增值税专用发票上注明的设备买价为 10 000 元，增值税率为 17%，支付的运输费为 200 元、包装费为 100 元。设备安装时领用材料物质的价值 200 元，购进该批材料的增值税额为 34 元。有关账务处理如下：

(1) 支付设备价款、运输费、包装费合计 10 300 元。企业应编制如下会计分录：

借：在建工程　　10 300

　　应交税费——应交增值税(进项税额)　　1 700

　　贷：银行存款　　12 000

(2) 领用安装材料时，编制如下会计分录：

借：在建工程　　234

　　贷：原材料　　200

　　　　应交税费——应交增值税(进项税额转出)　　34

(3) 设备安装完毕交付使用时，确定固定资产的价值 10 524 元(10 300 + 234)。企业应编制如下会计分录：

借：固定资产　　10 524

　　贷：在建工程　　10 524

(二) 自行建造的固定资产的核算

自行建造的固定资产的成本，由建造该项资产达到预定可使用状态前发生的必要支出构成，包括工程用物资成本、人工成本、缴纳的相关税费、准予资本化的借款利息以及分摊的间接费用等。自行建造的固定资产在核算时应先通过“在建工程”账户，待达到预定可使用状态时再转入“固定资产”账户。自行建造的固定资产分自营工程和出包工程两种。

1. 自营工程

自营工程是指企业自行组织工程物资采购、自行组织施工人员的建筑工程和安装工程。购入工程物资时，借记“工程物资”账户，贷记“银行存款”等账户；领用工程物资时，借记

"在建工程"账户，贷记"工程物资"账户；在建工程领用本企业原材料时借记"在建工程"账户，贷记"原材料"、"应交税费——应交增值税(进项税转出)"等账户；在建工程领用本企业生产的商品时，借记"在建工程"账户，贷记"库存商品"、"应交税费——应交增值税(销项税额)"等账户。自营工程发生的其他费用(如分配工程人员工资等)，借记"在建工程"账户，贷记"银行存款"、"应付职工薪酬"等账户。自营工程达到预定可使用状态时，按其成本，借记"固定资产"账户，贷记"在建工程"账户。

【例6－22】 新世纪股份有限公司自建设备一台，购入为工程准备的各种物资500 000元，支付的增值税额为85 000元，全部用于工程建设。领用一批本企业生产的水泥，实际成本为80 000元。分配工程人员工资100 000元，支付其他费用30 000元。支付发生的其他费用100 000元。

(1)购入工程物资时：

	借方	贷方
借：工程物资	500 000	
应交税费——应交增值税(进项税额)	85 000	
贷：银行存款		585 000

(2)领用工程物资时：

	借方	贷方
借：在建工程	500 000	
贷：工程物资		500 000

(3)领用本企业生产的水泥：

	借方	贷方
借：在建工程	93 600	
贷：库存商品		80 000
应交税费——应交税值税(销项税额)		13 600

(4)分配工程人员工资时：

	借方	贷方
借：在建工程	100 000	
贷：应付职工薪酬		100 000

(5)支付发生的其他费用时：

	借方	贷方
借：在建工程	30 000	
贷：银行存款		30 000

(6)工程完工并达到预定可使用状态：

工程转入固定资产：500 000＋93 600＋100 000＋30 000＝723 600(元)

	借方	贷方
借：固定资产	723 600	
贷：在建工程		723 600

2. 出包工程

出包工程是指企业通过招标等方式将工程发包给建造承包商并由其组织施工的建筑工程和安装工程。企业采用出包方式建造的固定资产工程，其工程的具体支出主要由建造承包商核算。在这种方式下，"在建工程"账户主要是企业与建造承包商办理工程价款的结算账户，企业支付给建造承包商的工程价款作为工程成本，通过"在建工程"账户核算。企业按合理估计的发包工程进度和合同规定向建造承包商结算的进度款，借记"在建工程"账户，贷记"银行存款"等账户；工程完成时按合同规定补付的工程款，借记"在建工程"账户，贷记"银行存款"等账户；工程达到预定可使用状态时，按其成本，借记"固定资产"账户，贷记"在建工程”账户。

【例6-23】 新世纪股份有限公司将一幢厂房的建造工程出包给丙公司承建，按合理估计的发包工程进度和合同规定向丙公司结算进度款600 000元。工程完工后，收到丙公司有关工程结算单据，补付工程款400 000元。工程完工达到预定可使用状态。该企业应做如下会计处理：

(1)按合理估计的发包工程进度和合同规定向丙公司结算进度款时：

借：在建工程 600 000

　　贷：银行存款 600 000

(2)补付工程款时：

借：在建工程 400 000

　　贷：银行存款 400 000

(3)工程完工并达到预定可使用状态时：

借：固定资产 1 000 000

　　贷：在建工程 1 000 000

(三)投资者投入固定资产的核算

投资者投入固定资产的成本，应当按照投资合同或协议约定的价值加上相关税费确定，但合同或协议约定价值不公允的除外。

企业接受其他单位投资转入的机器设备等固定资产，一方面要反映本企业固定资产的增加，另一方面要反映投资人投资额的增加。投资者投入的固定资产，按评估确认的固定资产价值，借记“固定资产”账户，贷记“实收资本”或“股本”等账户。

【例6-24】 新世纪股份有限公司接受中兴股份有限公司投入的一项固定资产，经资产评估师评估确认的价值为95 000元，双方同意以评估价值确认投资额。新世纪股份有限公司应编制如下会计分录：

借：固定资产 95 000

　　贷：实收成本 95 000

(四)固定资产折旧的核算

1.固定资产折旧概述

固定资产折旧是指固定资产由于磨损和损耗而转移到成本费用中去的那一部分价值的补偿。固定资产磨损和损耗包括固定资产的有形损耗和无形损耗。其中，有形损耗又分为实物损耗和自然损耗。固定资产的实物损耗是指固定资产在使用过程中其实物形态由于运转磨损等原因而发生的损耗，一般是指机器磨损。固定资产本身结构、质量和使用状况，以及固定资产的维修状况，对固定资产实物磨损程度起决定性的作用。固定资产的自然损耗，是指固定资产受自然条件的影响而发生的腐蚀性损失。固定资产的无形损耗，是指由于科学技术的进步和劳动生产率的提高而带来的固定资产价值上的损失，如因新技术的出现而使现有的资产技术水平相对陈旧、市场需求变化使其生产的产品过时等。企业应当在固定资产的使用寿命内，按照确定的方法对应计折旧额进行系统分摊。

2.影响固定资产折旧的因素

(1)固定资产原价，即固定资产的成本。

(2)固定资产的净残值，是指假定固定资产预计使用寿命已满并处于使用寿命终了时的预期状态，企业目前从该项资产处置中获得的扣除预计处置费用以后的金额。由于在计算折旧时，对固定资产的残余价值和清理费用是人为估计的，所以净残值的确定有一定的主观性。

(3)固定资产减值准备，是指固定资产已计提的固定资产减值准备累计金额。

(4)固定资产的使用寿命，是指企业使用固定资产的预计期间，或者该固定资产所能生产产品或提供劳务的数量。固定资产使用寿命的长短直接影响各期应计提的折旧额。

企业应当根据固定资产的性质和使用情况，合理确定固定资产的使用寿命和预计净残值。固定资产的使用寿命和预计净残值一经确定，不得随意变更。

3. 计提固定资产折旧的范围

除以下情况外，企业应当对所有固定资产计提折旧：①已提足折旧仍继续使用的固定资产；②单独计价入账的土地。

在确定计提折旧的范围时，还应注意以下几点：

(1)固定资产应当按月计提折旧，当月增加的固定资产，当月不计提折旧，从下月起计提折旧；当月减少的固定资产，当月仍计提折旧，从下月起不计提折旧。

(2)固定资产提足折旧后，不论能否继续使用，均不再计提折旧；提前报废的固定资产，也不再补提折旧。所谓提足折旧，是指已经提足该项固定资产的应计折旧额。

(3)已达到预定可使用状态但尚未办理竣工决算的固定资产，应当按照估计价值确定其成本，并计提折旧；待办理竣工决算后，再按实际成本调整原来的暂估价值，但不需要调整原已计提的折旧额。

企业至少应当于每年年度终了，对固定资产的使用寿命、预计净残值和折旧方法进行复核。使用寿命预计数与原先估计数有差异的，应当调整固定资产使用寿命。预计净残值预计数与原先估计数有差异的，应当调整预计净残值。与固定资产有关的经济利益预期实现方式有重大改变的，应当改变固定资产的折旧方法。固定资产使用寿命、预计净残值和折旧方法的改变应当作为会计估计变更。

4. 计算固定资产折旧的方法

企业应当根据与固定资产有关经济利益的预期实现方式，合理选择固定资产折旧方法。可选用的折旧方法包括年限平均法、工作量法、双倍余额递减法和年数总和法等。

(1)年限平均法。年限平均法又称直线法，是指按固定资产使用年限平均计算折旧的一种方法。按照这种方法计算提取的折旧额，在各个使用年份或月份都是相等的，折旧的积累额呈直线上升趋势。计算公式如下：

$$固定资产年折旧额=(原始价值-预计净残值)/预计使用年限$$

$$固定资产年折旧率=(1-预计净残值率)/预计使用年限\times 100\%$$

$$固定资产月折旧率=固定资产年折旧率/12$$

$$固定资产月折旧额=固定资产原价\times 固定资产月折旧率$$

【例6-25】 华夏股份有限公司有一幢厂房，原始价值5 000 000元，预计可使用20年，预计报废时的净残值率为2%。该厂房的折旧率和折旧额的计算如下：

$$年折旧率=(1-2\%)/20=4.9\%$$

$$月折旧率=4.9\%/12=0.41\%$$

$$月折旧额=5\,000\,000\times 0.41\%=20\,500(元)$$

采用年限平均法计提固定资产折旧，其特点是将固定资产的应计折旧额均衡地分摊到固定资产预计使用寿命内，采用这种方法计算的每期折旧额是相等的，且计算简单，容易理解，适用于各个会计期间使用程度比较均衡且无形损耗较少的固定资产。

(2)工作量法。工作量法是按固定资产预计完成的工作量或工作时数计算折旧的方法。这种方法隐含着固定资产的服务潜力随着使用程度而不是随着时间消逝而减退的假设。因此，应将其损耗的价值平均分摊于固定资产完成的各个工作量中。

单位工作量折旧额 = 原始价值 × (1 - 预计残值率)/预计工作量总额

某项固定资产月折旧额 = 该项固定资产单月工作量 × 单位工作量折旧额

【例 6 - 26】 新世纪股份有限公司有货运卡车一辆，原价为 150 000 元，预计净残值率为 5%，预计总行驶里程为 300 000 公里，当月行驶里程为 5 000 公里，该项固定资产的月折旧额计算如下：

单程里程折旧额 = 150 000 × (1 - 5%)/300 000 = 0.475(元/公里)

本月折旧额 = 5 000 × 0.475 = 2 375(元)

工作量法的特点在于将固定资产的损耗与其利用程度结合起来，实际上是直线法的变种。这种方法适用于各个会计期间使用程度不均衡的固定资产。

(3)双倍余额递减法。双倍余额递减法是按双倍直线折旧率来计算固定资产折旧的方法。它是在不考虑固定资产净残值的情况下，根据每期期初固定资产账面余额和双倍的直线法折旧率来计算固定资产折旧的一种方法。其计算公式如下：

年折旧率 = (2/预计使用年限) × 100%

月折旧率 = 年折旧率/12

月折旧额 = 固定资产账面净值 × 月折旧率

【例 6 - 27】 新世纪股份有限公司一项固定资产的原价为 1 000 000 元，预计使用年限为 5 年，预计净残值为 4 000 元。按双倍余额递减法计提折旧，每年折旧额计算如下：

年折旧率 = 2/5 × 100% = 40%

第一年应计提的折旧额 = 1 000 000 × 40% = 400 000(元)

第二年应计提的折旧额 = (1 000 000 - 400 000) × 40% = 240 000(元)

第三年应计提的折旧额 = (600 000 - 240 000) × 40% = 144 000(元)

从第四年起改用年限平均法(直线法)计提折旧：

第四年、第五年的年折旧额 = [(360 000 - 144 000) - 4 000]/2 = 10 600(元)

每年各月的折旧额根据年折旧额除以 12 来计算。

用双倍余额递减法计提折旧的特点是：

(1)双倍余额递减法不考虑固定资产预计净残值因素且每年的折旧率相等。

(2)每期计算折旧额的基数是固定资产原价减去累计折旧后的净值，因此每期的折旧额都是变化的。

(3)因为双倍余额递减法不考虑固定资产的残值收入，因此在使用这种方法时必须注意：不能使固定资产的账面价值降低到它的预计残值收入以下。

一般应在固定资产使用寿命到期前两年内，将固定资产账面净值扣除预计残值后的余额平均摊销。

(4)年数总和法。年数总和法又称合计年限法，是将固定资产的原价减去净残值后的净额乘以一个逐年递减的分数来计算折旧额。这个分数的分子代表固定资产尚可使用的年数，分母代表使用年限的年数逐年数字总和。计算公式如下：

年折旧率 = 尚可使用年限/预计使用年限的年数总和 × 100%

月折旧率 = 年折旧率/12

月折旧额 =（固定资产原价 - 预计净残值）× 月折旧率

【例 6 - 28】 承例 6 - 27，假如采用年数总和法，计算的各年总折旧额如下表所示：

表 6 - 5

年份	尚可使用年限	原价 - 净残值	变动折旧率	年折旧额	累计折旧
1	5	996 000	5/15	332 000	332 000
2	4	996 000	4/15	265 600	597 600
3	3	996 000	3/15	199 200	796 800
4	2	996 000	2/15	132 800	929 600
5	1	996 000	1/15	66 400	996 000

使用年数总和法计提折旧的特点是每期计提折旧的基数相同，但每期的折旧率是不同的。

双倍余额递减法和年数总和法属于加速折旧法。采用加速折旧法后，在固定资产使用的早期多提折旧，后期少提折旧，其递减的速度逐年加快。

5. 固定资产折旧的账务处理

固定资产计提折旧时，应以月初可提取折旧的固定资产账面原值为依据。各月计提折旧时，可以在上月提取折旧的基础上，对上月固定资产的增减情况进行调整后计算当月应计提折旧的折旧额。

当月固定资产应计提的折旧额 = 上月固定资产计提的折旧额 + 上月增加固定资产应计提的折旧额 - 上月减少固定资产应计提的折旧额

固定资产按月计提的折旧额，一般是通过按月编制“固定资产折旧计算表”进行的。计算出的折旧额应根据使用地点和用途的不同记入相应的账户。企业自行建造固定资产过程中正常使用的固定资产，其计提的折旧应记入“在建工程”账户；生产车间正常使用固定资产的折旧，应借记“制造费用”账户；行政管理部门正常使用固定资产的折旧，应借记“管理费用”账户；销售部门正常使用固定资产的折旧，应借记“销售费用”账户；未使用不需用固定资产的折旧，应借记“管理费用”账户；修理、季节性停用固定资产的折旧记入原成本费用账户；经营租赁租出固定资产计提的折旧，应借记“其他业务成本”账户，贷记“累计折旧”账户。

【例 6 - 29】 新世纪股份有限公司采用年限平均法对固定资产计提折旧。2015 年 1 月份根据“固定资产折旧计算表”确定的各车间及厂部管理部门应分配的折旧额为：一车间15 000，二车间 24 000 元，三车间 30 000 元，厂部管理部门 6 000 元。该企业应作如下会计处理：

借：制造费用——一车间　　15 000

　　　　　　——二车间　　24 000

　　　　　　——三车间　　30 000

管理费用　　6 000

贷：累计折旧　　75 000

（五）固定资产后续支出的核算

固定资产的后续支出是指固定资产在使用过程中发生的更新改造支出、修理费用等。企业的固定资产投入使用后，由于各个组成部分耐用程度不同或者使用的条件不同，因而往往发生固定资产的局部损坏。为了保护固定资产的正常运转和使用，充分发挥其使用效能，就必须对其进行必要的后续支出。固定资产的后续支出分为资本化和费用化的后续支出两种。

固定资产的更新改造等资本化的后续支出，满足固定资产确认条件的，应当计入固定资产成本，如有被替换的部分，应同时将被替换部分的账面价值从该固定资产原账面价值中扣除；不满足固定资产确认条件的固定资产修理费用等，应当在发生时计入当期损益。

在对固定资产发生可资本化的后续支出后，企业应将该固定资产的原值、已计提的累计折旧和减值准备减销，将固定资产的账面价值转入在建工程。固定资产发生的可资本化的后续支出，通过"在建工程"账户核算。在固定资产发生的后续支出完工并达到预定可使用状态时，再从"在建工程"账户转入"固定资产"账户，并按重新确定的使用寿命、预计净残值和折旧方法提取折旧。

企业生产车间（部门）和行政管理部门等发生的固定资产修理费用等费用化的后续支出，借记"管理费用"等账户，贷记"银行存款"等账户；企业发生的与专设销售机构相关的固定资产修理费用等后续支出，借记"销售费用"等账户，贷记"银行存款"等账户。

【例 6－30】 2015 年 6 月 1 日，华夏股份有限公司对一台现有的管理用设备进行修理。修理过程中发生材料费 100 000 元，应支付修理人员工资 20 000 元。

本例中，对机器设备的日常修理没有满足固定资产的确认条件，因此，应将该项固定资产后续支出在其发生时记入"管理费用"等账户。华夏股份有限公司应做如下会计处理：

借：管理费用　　120 000

　贷：原材料　　100 000

　　应付职工薪酬　　20 000

【例 6－31】 2015 年 8 月 1 日，新世纪股份有限公司对其现有的一台销售部门使用的设备进行维修，修理过程中发生修理人员工资 5 000 元。

本例中，新世纪股份有限公司对销售部门使用的设备的维修没有满足固定资产的确认条件，因此，应将该项固定资产后续支出在其发生时记入"销售费用"等账户。新世纪股份有限公司应做如下会计处理：

借：销售费用　　5 000

　贷：应付职工薪酬　　5 000

（六）固定资产处置的核算

企业在生产过程中，可能将不使用或不需用的固定资产对外出售转让，或因磨损、技术进步等原因对固定资产进行报废，或因遭受自然灾害而对损坏的固定资产进行处理。对于上述事项在进行会计核算时，应按规定程序办理有关手续，结转固定资产的账面价值，计算有关的清理收入、清理费用及残料价值等。

对固定资产处置包括固定资产的出售、报废、损坏、对外投资、捐赠、非货币性资产交换、债务重组等。处置固定资产应通过"固定资产清理"账户核算。其具体包括以下几个环节：

（1）固定资产转入清理。企业因出售、报废、损坏、对外投资、非货币性资产交换、债务重组等转出的固定资产，按该项固定资产的账面价值，借记“固定资产清理”账户，按已计提的累计折旧，借记“累计折旧”账户，按已计提的减值准备，借记“固定资产减值准备”账户，按其账面原价，贷记“固定资产”账户。

（2）发生清理费用等。固定资产清理过程中应支付的相关费用，借记“固定资产清理”账户，贷记“银行存款”等账户。

（3）收回出售固定资产的价款、残料价值和变价收入等，借记“银行存款”、“原材料”等账户，贷记“固定资产清理”等账户。

（4）保险赔偿等处理。应由保险公司或过失人赔偿的损失，借记“其他应收款”等账户，贷记“固定资产清理”账户。

（5）清理净损益的处理。固定资产清理完成后，属于生产经营期间正常的处理损失，借记“营业外支出——处理非流动资产损失”账户，贷记“固定资产清理”账户；属于自然灾害等非正常原因造成的损失，借记“营业外支出——非常损失”账户，贷记“固定资产清理”账户；如为贷方余额则做相反的会计分录。

【例 6-32】 新世纪股份有限公司现有一台设备由于性能等原因，决定提前报废，原价为 500 000 元，已计提折旧 450 000 元，未计提减值准备。报废时的残值变价收入为 20 000 元，报废清理过程中发生清理费用 3 500 元。有关收入、支出均通过银行办理结算。新世纪股份有限公司应做如下会计处理：

（1）将报废固定资产转入清理时：

借：固定资产清理 50 000
　　累计折旧 450 000
　　贷：固定资产 500 000

（2）收回残料变价收入时：

借：银行存款 20 000
　　贷：固定资产清理 20 000

（3）支付清理费用时：

借：固定资产清理 3 500
　　贷：银行存款 3 500

（4）结转报废固定资产发生的净损失时：

借：营业外支出——非流动资产处理损失 33 500
　　贷：固定资产清理 33 500

（七）固定资产清查的核算

1. 固定资产盘亏

为了反映固定资产盘亏的结果及其处理情况，企业应设置“待处理财产损溢——待处理固定资产损溢”账户进行核算，该账户借方登记盘亏固定资产的净值，贷方登记报经批准后盘亏的处理金额，该账户期末余额若在借方，表示尚未处理的固定资产盘亏金额。

对于盘亏的固定资产，企业应及时办理固定资产注销手续。在规定程序批准之前，应将固定资产卡片从原来的归类中抽出，单独保管。并且要按固定资产的净值，借记“待处理财产损溢”账户；按已提折旧数额，借记“累计折旧”账户；按固定资产原价，贷记“固定资产”账户。

按照规定程序，经上级主管部门批准后，应按盘亏固定资产的原价扣除累计折旧和过失人及保险公司赔款后的差额，借记“营业外支出”账户；同时，按过失人及保险公司应赔偿数额，借记“其他应收款”账户；按盘亏固定资产的净值，贷记“待处理财产损溢”账户。

【例6－33】 新世纪股份有限公司在财产清查中，发现盘亏设备一台，其原价为50 000元，累计折旧4 000元，企业应编制如下会计分录：

借：待处理财产损溢——待处理固定资产损溢　　46 000
　　累计折旧　　4 000
　　贷：固定资产　　50 000

盘亏固定资产按规定程序批准后转账：

借：营业外支出——固定资产盘亏　　46 000
　　贷：待处理财产损溢——待处理固定资产损溢　　46 000

2. 固定资产盘盈

企业在财产清查中盘盈的固定资产，作为前期差错处理。企业在财产清查中盘盈的固定资产，在按管理权限报经批准处理前应先通过“以前年度损益调整”账户核算。盘盈的固定资产，应按重置成本或该项资产预计未来现金流量的现值确定其入账价值，借记“固定资产”账户，贷记“以前年度损益调整”、“累计折旧”账户。

【例6－34】 2015年1月丁公司在财产清查过程中，发现2014年12月购入的一台设备尚未入账，重置成本为30 000元（假定与其计税基础不存在差异）。假定丁公司按净利润的10%计提法定盈余公积，不考虑相关税费的影响。丁公司应编制如下会计分录：

（1）盘盈固定资产时：

借：固定资产　　30 000
　　贷：以前年度损益调整　　30 000

（2）结转为留存收益时：

借：以前年度损益调整　　30 000
　　贷：盈余公积——法定盈余公积　　3 000
　　　　利润分配——未分配利润　　27 000

（八）固定资产减值准备的核算

1. 固定资产减值的确认标准

资产减值，是指资产的可收回金额低于其账面价值。可收回金额应当根据资产的公允价值减去处置费用后的净额与资产预计未来现金流量的现值两者孰高确定。处置费用包括与资产处置有关的法律费用、相关税费、搬运费以及为使资产达到可销售状态所发生的直接费用等，但不包括财务费用和所得税费用。资产存在减值迹象的，应当估计其可收回金额。在估计资产可收回金额时，原则上应以单项资产为基础，否则以该资产所属的资产组为基础确定其可收回金额。存在下列迹象时，表明资产可能发生了减值：

（1）资产的市价当期大幅度下跌，其跌幅明显高于因时间的推移或者正常使用预计的下跌。

（2）企业经营所处的经济、技术或者法律等环境以及资产所处的市场在当期或者将在近期发生重大变化，从而对企业产生不利影响。

(3)市场利率或者其他市场投资报酬率在当期已经提高，从而影响企业计算资产预计未来现金流量现值的折现率，导致资产可收回金额大幅度降低。

(4)有证据表明资产已经陈旧过时或者其实体已经损坏。

(5)资产已经或者将被闲置，终止使用或者计划提前处置。

(6)企业内部报告的证据表明资产的经济绩效已经低于或者将低于预期，如资产所创造的净现金流量或者实现的营业利润(或者亏损)远远低于(或者高于)预计金额等。

(7)其他表明资产可能已经发生减值的迹象。

2. 固定资产减值准备的账务处理

固定资产在资产负债表日存在可能发生减值的迹象时，其可收回金额低于账面价值时，企业应该将该固定资产的账面价值减记至可收回金额，减记的金额确认为减值损失，计入当期损益，同时计提相应的资产减值准备，借记“资产减值损失——固定资产减值损失”账户，贷记“固定资产减值准备”账户。固定资产减值损失一经确认，在以后会计期间不得转回。

【例6-35】 2015年12月31日新世纪股份有限公司的一条生产线存在可能发生减值的迹象。经计算，该机器的可收回金额合计为1 230 000元，账面价值为1 400 000元，以前年度未对该生产线计提过减值准备。

由于该生产线的可收回金额为1 230 000元，账面价值为1 400 000元，可收回金额低于账面价值，应该按两者之间的差额170 000元(1 400 000－1 230 000)计提固定资产减值准备。丁公司应该做如下会计处理：

借：资产减值损失——固定资产减值损失　　170 000

　　贷：固定资产减值准备　　170 000

三、无形资产概述

(一)无形资产的概念及特征

无形资产是指企业拥有或者控制的没有实物形态的可辨认的非货币性资产。其主要特征有：

(1)无形资产没有实物形态。无形资产是不具有实物形态的非货币性资产，它不像固定资产、存货等有形资产具有实物形体。

(2)具有可辨认性。资产满足下列条件之一的，符合无形资产定义中的可辨认性标准：①能够从企业中分离或者划分出来，并能单独或者与相关合同、资产或负债一起，用于出售、转移、授予许可、租赁或者交换；②具有自合同性权利或其他法定权利，无论这些权利是否可以从主体或其他权利和义务中转移或者分离。

商誉的存在无法与企业自身分离，不具有可辨认性，因此不属于本节所指的无形资产。

(3)属于非货币性长期资产。无形资产属于非货币性资产且能够在多个会计期间为企业带来经济利益。无形资产的使用年限在一年以上，其价值将在各个受益期间逐渐摊销。

(二)无形资产的确认

无形资产确认是指将符合无形资产确认条件的项目，作为企业的无形资产加以记录并将其列入企业资产负债表的过程。

按照无形资产准则规定，无形资产只有在满足以下两个条件时才能确认。

1. 与该无形资产有关的经济利益很可能流入企业

对无形资产的确认而言，如果某一无形资产产生的经济利益预期不能流入企业，就不能确认为企业的无形资产；如果某一无形资产产生的经济利益很可能流入企业，并同时满足无形资产确认的其他条件，则企业应将其确认为无形资产。例如，企业外购一项专利权，从而拥有法定所有权，使得企业的相关权利受到法律的保护，此时，表明企业能够控制该项无形资产所产生的经济利益。

在实际工作中，要确定无形资产产生的经济利益是否很可能流入企业，应当对无形资产在预计使用寿命内可能存在的各种经济因素作出合理估计，并且应当有明确证据支持。在进行这种判断时，需要考虑相关的因素。比如，企业是否有足够的人力资源、高素质的管理队伍、相关硬件设备等来配合无形资产为企业创造经济利益。最为重要的是应关注外界因素的影响，比如是否存在相关的新技术冲击与无形资产相关的技术，或相关的新产品冲击利用与无形资产相关的技术生产的产品的市场等。

2. 该资产的成本能够可靠地计量

成本能够可靠地计量是资产确认的一项基本条件。对于无形资产而言，这个条件显得十分重要。比如，一些高科技领域的高科技人才，假定其与企业签订了服务合同，且合同规定其在一定期限内不能为其他企业提供服务。在这种情况下，虽然这些高科技人才的知识在规定的期限内预期能够为企业创造经济利益，但由于这些高科技人才的知识难以确认或合理辨认，加之为形成这些知识所产生的支出难以计量，从而不能作为企业的无形资产加以确认。

（三）无形资产的分类

无形资产的分类通常有以下几种不同标准。

1. 按其取得来源划分

按其取得来源划分，无形资产可划分为外来无形资产和内部形成的无形资产。

2. 按使用寿命期限划分

按其有无有效限期划分为期限确定的无形资产和期限不确定的无形资产。期限确定的无形资产在有效期限内受到法律保护，如专利权、商标权、经营特许权、版权、土地使用权等。期限不确定的无形资产是指法律没有规定的有效期限，其经济寿命也难以估计的无形资产，如专有技术等。

3. 按其存在形态划分

按其存在形态划分为技术型无形资产和非技术型无形资产。技术型无形资产主要指专利、工业版权和专有技术。非技术型无形资产包括商标、著作权、租赁权和特许权等。

4. 按其反映的经济内容划分

按其反映的经济内容划分，无形资产可分为专利权、非专利技术、商标权、著作权、特许经营权、土地使用权等。

（1）专利权。专利权是指国家专利主管机关依法授予发明创造专利申请人对其发明创造在法定期限内所享有的专有权利，包括发明专利权、实用新型专利权和外观设计专利权。在法定的专利权有效期内，他人若利用该项专利，必须先得到该专利所有者的同意，并付给其一定的费用；否则，视为侵权，要受法律追究。《中华人民共和国专利法》明确规定，专利权人拥有的专利权受到国家法律保护。专利权是允许其持有者独家使用或控制的特权，但它并不保证一定能给持有者带来经济利益，如有的专利可能会被另外更有经济价值的专利所淘汰等。因此，企业不应将其所拥有的一切专利权都予以资本化，作为无形资产管理和核算。一般而言，只有从外单位购入的专利或者自行开发并按法律程序申请取得的专利，才能作为无形资产管理和核算。这种专利可以降低成本，或者提高产品质量，或者将其转让出去获得转让收入。

企业从外单位购入的专利权，应按实际支付的价款作为专利权的成本。企业自行开发并按法律程序申请取得的专利权，应按照无形资产准则确定的金额作为成本。

（2）非专利技术。非专利技术亦称专有技术，是指发明者实际应用的、未公开、未申请过专利权的专门技术资料、经验、技术知识和工艺诀窍、配方等秘密技术知识。主要内容包括：一是工业专有技术，即在生产上已经采用，仅限于少数人知道，不享有专利权或发明权的生产、装配、修理、工艺或加工方面的技术知识；二是商业（贸易）专有技术，即具有保密性质的市场情报、原材料价格情报以及用户、竞争对手等的情况和有关知识；三是管理专有技术，即生产组织的经营方式、管理方式、培训职工方法等保密知识。非专利技术并不是专利法的保护对象，专有技术所有人依靠自我保密的方式来维持其独占权，可以用于转让和投资。非专利技术与专利的主要区别在于前者是保密的，后者是公开的。

企业的非专利技术，有些是自己开发研究的，有些是根据合同规定从外部购入的。如果是企业自己开发研究的，则确认为无形资产。对于从外部购入的非专利技术，应将实际发生的支出予以资本化，作为无形资产入账。

（3）商标权。商标是用来辨认特定商品或劳务的标记。商标权是指在特定的商品或产品上使用特定名称或图案的权利。商标经过注册登记，就获得了法律上的保护。《中华人民共和国商标法》明确规定，经商标局核准注册的商标为注册商标，商标注册人享有商标专用权，受法律保护。

企业自创的商标并将其注册登记，所花费用一般不大，是否将其资本化并不重要。能够给拥有者带来获利能力的商标，往往是通过多年的广告宣传和其他传播商标名称的手段，以及客户的信赖等树立起来的。广告费一般不作为商标的成本，而是在发生时直接计入当期损益。

按照《中华人民共和国商标法》的规定，商标可以转让，但受让人应保证使用该注册商标的产品质量。如果企业购买他人的商标，一次性支出费用较大的，可以将其资本化，作为无形资产管理。这时，应根据购入商标的价款、支付的手续费及有关费用作为商标的成本。

（4）著作权。著作权亦称版权，是指国家版权管理机关依法授予作者和其他著作权人对其文学、艺术、科学作品所享有的独家使用或控制的权利。著作权包括两方面的权利，即精神权利（人身权利）和经济权利（财产权利）。前者指作品署名、发表作品、确认作者身份、保护作品的完整性、修改已经发表的作品等各项权利，包括发表权、署名权、修改权、保护作品完整权；后者指以出版、表演、广播、展览、录制唱片、摄制影片等方式使用作品以及因授权他人使用作品而获得经济利益的权利。

（5）经营特许权。经营特许权又称专营权，是指企业在某一地区经营或销售某种特定商品的权利，或是一家企业允许另一家企业使用其商标、商号、技术秘密等的权利。前者一般是指政府机关授权、准许企业使用或在一定地区享有经营某种业务的特权，如水、电、邮电通讯等专营权等；后者指企业间依照签订的合同，有限期或无限期使用另一家企业的某些权利，如连锁分店使用总店的名称等。

(6)土地使用权。土地使用权是指企业经国家准许在一定期间内对国有土地享有的开发、利用、经营的权利。按照《中华人民共和国土地管理法》的规定，我国城市的土地属全民所有，农村和城市郊区的土地除法定属于国家所有的以外，其余属集体所有，任何单位和个人不得侵占、买卖或以其他形式非法转让土地。但国有土地可依法确定给全民所有制单位或集体所有制单位使用，国有土地和集体所有的土地可依法确定给个人使用，享有土地使用权的单位或个人可依法将土地使用权转让、出租、抵押或投资。

四、无形资产核算

为了核算无形资产的取得、摊销和处置等情况，企业应当设置“无形资产”、“累计摊销”等账户。

“无形资产”账户核算企业持有的无形资产成本，借方登记取得无形资产的成本，贷方登记出售无形资产转出的无形资产账面余额，期末借方余额，反映企业无形资产的成本。本账户应按无形资产项目设置明细账，进行明细核算。

“累计摊销”账户属于“无形资产”账户的调整账户，核算企业对使用寿命有限的无形资产计提的累计摊销，贷方登记企业计提的无形资产摊销，借方登记处置无形资产转出的累计摊销，期末贷方余额，反映企业无形资产的累计摊销额。

此外，企业无形资产发生减值的，还应当设置“无形资产减值准备”账户进行核算。

1. 无形资产的取得

(1)外购的无形资产。企业外购的无形资产，其成本包括购买价款、相关税费以及直接归属于使该项资产达到预定用途所发生的其他支出。企业购入的无形资产，应按实际支付的价款，借记“无形资产”账户，贷记“银行存款”等账户。

【例6-36】 新世纪股份有限公司购入一项专利，以银行存款支付购买价款及有关费用100 000元。

借：无形资产——专利权　　100 000

　　贷：银行存款　　100 000

(2)自创的无形资产。企业内部研究开发项目所产生的支出应分研究阶段支出和开发阶段支出。企业自行开发无形资产发生的研发支出，不满足资本化条件的，借记“研发支出——费用化支出”账户，满足资本化条件的，借记“研发支出——资本化支出”账户，贷记“原材料”、“银行存款”、“应付职工薪酬”等账户。研究开发项目达到预定用途形成无形资产的，应按“研发支出——资本化支出”账户的余额，借记“无形资产”账户，贷记“研发支出——资本化支出”账户。期末，应将“研发支出——费用化支出”账户归集的金额转入“管理费用”账户，借记“管理费用”账户，贷记“研发支出——费用化支出”账户。

企业内部研究开发项目研究阶段的支出，应当于发生时计入当期损益。

企业内部研究开发项目开发阶段的支出，在符合一定条件时予以资本化，计入无形资产，但是对于以前期间已经费用化的开发支出不再调整为资产。开发阶段的支出，必须同时满足以下条件的才能确定为无形资产：①完成该无形资产以使其能够使用或出售在技术上具有可行性；②具有完成该无形资产并使用或出售的意图；③无形资产产生经济利益的方式，包括能够证明运用该无形资产生产的产品存在市场或无形资产自身存在市场，无形资产将在内部使用的，应当证明其有用性；④有足够的技术、财务资源和其他资源支持，以完成该无形资产的开发，并有能力使用或出售该无形资产；⑤归属于该无形资产开发阶段的支出能够可靠地计量。

【例 6－37】 新世纪股份有限公司自行研究、开发一项技术，截至 2013 年 12 月 31 日，发生研发支出合计 2 000 000 元。经测试该项研发活动完成了研究阶段，从 2014 年 1 月 1 日开始进入开发阶段。2014 年上半年发生开发支出 300 000 元，假定符合《企业会计准则第 6 号——无形资产》规定的开发支出资本化条件。2014 年 6 月 30 日，该项研发活动结束，最终开发出一项非专利技术。该公司应编制如下会计分录：

①2013 年发生的研发支出：

借：研发支出——费用化支出　　2 000 000

　　贷：银行存款等　　2 000 000

②2013 年 12 月 31 日，发生的研发支出全部属于研究阶段的支出：

借：管理费用　　2 000 000

　　贷：研发支出——费用化支出　　2 000 000

③2014 年，发生开发支出并满足资本化确认条件：

借：研发支出——资本化支出　　300 000

　　贷：银行存款等　　300 000

④2014 年 6 月 30 日，该技术研发完成并形成无形资产：

借：无形资产　　300 000

　　贷：研发支出——资本化支出　　300 000

（3）投资转入的无形资产。企业接受无形资产投资时，应按照双方协商确认的价值入账，借记“无形资产”账户，贷记“实收资本”、“股本”等账户。如果无形资产的价值大于投资方在企业注册资本中所占的份额，应按照其差额，贷记“资本公积”账户。

【例 6－38】 新世纪股份有限公司接受投资者投入一项商标权，参考公允价值，双方协议确定价值为 1 600 000 元。该公司应做如下会计分录：

借：无形资产——商标权　　1 600 000

　　贷：实收资本（或股本）　　1 600 000

（4）通过非货币性资产交换和债务重组取得的无形资产。通过非货币性资产交换和债务重组取得的无形资产，无形资产入账成本的确定和会计处理参照非货币性资产交换和债务重组准则的相关介绍。

（5）土地使用权。企业取得的土地使用权一般要记入无形资产。土地使用权用于自行开发建造厂房等地上建筑物时，土地使用权的账面价值不与地上建筑物合并计算其成本，并分别进行摊销和计提折旧。但下列情况除外：

①房地产开发企业取得的土地使用权用于商品房开发，相关的土地使用权费应计入建筑物成本。

②企业外购的房屋建筑物，实际支付的价款中包括土地以及建筑物的价值，则应按合理的标准（如公允价值）在土地使用权和建筑物之间进行分配；如无法在土地使用权和建筑物之间进行合理分配，应全部计入固定资产成本。

企业改变土地使用权的用途时，如用于出租或增值目的，应将其转为投资性房地产。

2. 无形资产的摊销

无形资产在持续期间，需将无形资产的成本按期进行分摊。使用寿命有限的无形资产应进行摊销，使用寿命不确定的无形资产不应摊销。对于使用寿命有限的无形资产应当自可供使用当月起开始摊销，处置当月不再摊销。

无形资产摊销方法包括直线法、生产总量法等。企业选择无形资产的摊销方法，应当反映与该项无形资产有关的经济利益的预期实现方式。无法可靠确定预期实现方式的，应当采用直线法摊销。

企业应当按月对无形资产进行摊销。无形资产的摊销金额为其成本扣除预计残值后的金额，已计提减值准备的无形资产，还应扣除已计提的无形资产减值准备累计金额，无形资产摊销金额一般应计入当期损益。企业自用的无形资产，其摊销金额计入管理费用；出租的无形资产，其摊销金额计入其他业务成本；某项无形资产包含的经济利益通过所产生的产品或其他资产实现的，其摊销金额应当计入相关资产成本。

【例6-39】 新世纪股份有限公司购买了一项特许权，成本为4 800 000元，合同规定受益年限为10年，新世纪股份有限公司每月应摊销40 000元(4 800 000/10/12)。每月摊销时，新世纪股份有限公司应做如下会计处理：

借：管理费用　　40 000
　　贷：累计摊销　　40 000

【例6-40】 2015年1月1日，新世纪股份有限公司将其自行开发完成的非专利技术出租给丁公司，该非专利技术成本为3 600 000元，双方约定的租赁期限为10年，新世纪股份有限公司每月应摊销30 000(3 600 000/10/12)元。每月摊销时，新世纪股份有限公司应做如下会计处理：

借：其他业务成本　　30 000
　　贷：累计摊销　　30 000

3. 无形资产的处置

企业处置无形资产，应当将取得的价款扣除该无形资产账面价值以及出售相关税费后的差额计入营业外收入或营业外支出。

无形资产的账面价值是无形资产账面余额扣减累计摊销和累计减值准备后的余额。

企业处置无形资产是转让无形资产的所有权，应按实际收到的金额，借记“银行存款”等账户，按已计提的累计摊销，借记“累计摊销”账户，按无形资产已经计提的减值准备，借记“无形资产减值准备”账户，按无形资产账面余额，贷记“无形资产”账户，按应支付的相关税费，贷记“银行存款”、“应交税费”等账户，按其差额贷记“营业外收入——处置非流动资产利得”账户或借记“营业外支出——处置非流动资产损失”账户。

【例6-41】 新世纪股份有限公司将其购买的一项专利权转让给华夏股份有限公司，该专利权的成本为600 000元，已摊销220 000元，实际取得的转让价款为530 000元，款项已存入银行。该公司应编制如下会计分录：

借：银行存款　　530 000
　　累计摊销　　220 000
　　贷：无形资产　　600 000
　　　　营业外收入——处置非流动资产利得　　150 000

4. 无形资产的减值

(1)无形资产减值金额的确定。无形资产在资产负债日存在可能发生减值的迹象时，其可收回金额低于账面价值的，企业应当将该无形资产的账面价值减记至可收回金额，减记的金额确认为减值损失，计入当期损益，同时计提相应的资产减值准备。

(2)无形资产减值的会计处理。企业计提无形资产减值准备时，借记“资产减值损失——计提的无形资产减值准备”账户，贷记“无形资产减值准备”账户。无形资产减值损失一经确认，在以后会计期间不得转回。

【例 6-42】 2014 年 12 月 31 日，市场上某项新技术生产的产品销售势头较好，已对华夏股份有限公司产品的销售产生重大不利影响。华夏股份有限公司外购的类似的专利技术的账面价值为 800 000 元，剩余摊销年限为 4 年，经减值测试，该专利技术的可收回金额为 750 000 元。华夏股份有限公司该专利技术在资产负债表日的账面价值为 800 000 元，可收回金额为 750 000 元，可收回金额低于账面价值，应按其差额 50 000 元(800 000 - 750 000)计提减值准备。华夏股份有限公司应编制如下会计分录：

借：资产减值损失——无形资产减值损失　　50 000
　　贷：无形资产减值准备　　50 000

第四篇　资金运动

第七章　成本费用核算

第一节　费用与成本概述

一、费用的概念与特点

(一)费用的概念

1. 广义的费用概念

国际会计准则委员会对费用要素的定义是:“费用是指会计期间内经济利益的减少，其表现形式为资产减少或负债增加而引起的所有者权益减少，但不包括向所有者进行分配等经济活动引起的所有者权益减少”。“费用的定义包括了损失，也包括那些在企业日常活动中发生的费用”，因而是一个广义的费用概念。

2. 狭义的费用概念

美国财务会计准则委员会(FASB)在其第6号概念公告中，将费用定义为:“某一主体在其持续的、主要或核心业务中，因交付或生产了货品，提供了劳务，或进行了其他活动，而付出的或其他耗用的资产，或因而承担的负债(或两者兼而有之)”；我国会计准则将费用定义为:“费用是指企业在日常活动中发生的、会导致股东权益减少的、与向所有者分配利润无关的经济利益的总流出。”美国财务会计准则委员会(FASB)和我国会计制度规定的费用仅指日常活动或主要业务发生的耗费，因而属于狭义的费用概念。由于费用是与收入相对应的概念，因此收入概念与费用概念必须一致，即如果收入是广义的概念，则费用也应该是广义的概念；如果收入是狭义的概念，则费用也应该是狭义的概念。这是配比原则的基本要求。

(二)费用的特点

1. 费用最终会减少企业的资源

这种减少具体表现为企业的资金支出或资产耗费，它与资产流入企业所形成的收入相反。从这个意义上讲，费用本质上是企业的一种资源流出，可以理解为流出概念。流出资源的具体形式可能是货币资产，也可能是非货币资产，还可能是提供劳务等。伴随资源的流出产生的结果有两种:一种是在企业资源流出的同时有另一种资源流入(现金或债权等资产)并且流入资源的价值总是大于流出资源的价值(产生毛利)；另一种是纯流出，即只有资源流出，而没有资源流入，或流出与流入的因果关系难以确定。

2. 费用是企业在日常活动中发生的经济利益的总流出

费用必须是企业在其日常活动中发生的，这些日常活动的界定与收入定义中涉及的日常活动的界定相一致。工业企业制造并销售产品、商业企业购买并销售商品、咨询公司提供咨询服务、软件开发企业为客户开发软件、安装公司提供安装服务、租赁公司出租资产等活动中发生的销售成本、营业成本、管理费用等构成费用。工业企业对外出售不需用的原材料结转的材料成本等也构成费用。

费用形成于企业日常活动的特征使其与产生于非日常活动的损失相区分。企业从事或发生的某些活动或事项也可能导致经济利益流出企业，但不属于企业的日常活动。例如企业处置固定资产、无形资产等非流动资产，因违约支付罚款，对外捐赠，因自然灾害等非常原因造成财产毁损等，这些活动或事项形成的经济利益的流出属于企业的损失，而不是费用。

3. 费用会导致所有者权益的减少

与费用相关的经济利益的流出会导致所有者权益的减少。费用既可能表现为资产的减少，如减少应收账款、存货等，也可能表现为负债的增加，如增加应付账款、应交税费等。根据“资产 = 负债 + 所有者权益”的会计方程式，费用一定会导致企业所有者权益的减少。

企业经营管理中的某些支出，并不减少企业的所有者权益，也就不构成费用。例如，企业以银行存款偿还一项负债，只是一项资产和一项负债的等额减少，对所有者权益没有影响，因此不构成企业的费用。

4. 费用的发生是企业的主动行为

为取得收入而发生的耗费行为，是企业日常活动的基点，是企业积极主动和预期的经营行为，这也是费用和损失的根本区别。虽然损失和费用都与企业计算净收益相关，都是当期收入的抵减项目，但从理论上讲，收益的计算只能包括费用和收入的配比，损失是企业边缘性或偶发性的资源减少，它只是一种对收益的纯扣减而不属于企业所付出的努力。

5. 费用与向所有者分配利润无关

向股东分配利润或股利属于企业利润分配的内容，该经济利益的流出属于股东权益的抵减项目，不构成企业的费用，应排除在费用的范围之外。

（三）费用的分类与归集

费用可按不同的标志进行分类，如按可控性、成本习性、经济用途等分类，如表 7－1 所示。而按照费用与收入的关系，可将费用分为直接费用和间接费用。直接费用是指与收入直接相关的耗费，它是为取得收入而必须付出的代价，其价值从实现的收入中直接得到补偿，如商品销售成本、税金及附加、部分其他业务成本。间接费用是指与收入没有直接关系的耗费，它不是为取得收入而必须发生的耗费，发生了耗费并不一定会产生收入，但它确实是为取得收入而应该发生的耗费，如广告费、职工培训费等。间接费用是企业的一种纯耗费，根据重要性原则和成本效益原则的要求，间接费用只能从发生当期的收入中抵减而获得价值补偿。间接费用包括管理费用、销售费用和财务费用等。

二、成本及其组成内容

成本是指企业取得资产的代价，或是生产产品和提供劳务等所发生的支出，包括为取得特定的资产而产生的费用计入一定成本核算对象的成本，以及为获取相应的收益所产生的营业成本两个部分。

表 7－1　费用的分类

<table>
<tr><th>分类标志</th><th colspan="2">费用(成本)子集</th><th>作用</th></tr>
<tr><td rowspan="6">经济用途</td><td rowspan="3">生产成本</td><td>直接材料</td><td rowspan="6">完全成本计算</td></tr>
<tr><td>直接人工</td></tr>
<tr><td>制造费用</td></tr>
<tr><td rowspan="3">期间费用</td><td>管理费用</td></tr>
<tr><td>销售费用</td></tr>
<tr><td>财务费用</td></tr>
<tr><td rowspan="5">可盘存性</td><td rowspan="2">产品成本</td><td>存货成本</td><td rowspan="5">存货估价、损益的计算</td></tr>
<tr><td>销货成本</td></tr>
<tr><td rowspan="3">期间费用</td><td>管理费用</td></tr>
<tr><td>销售费用</td></tr>
<tr><td>财务费用</td></tr>
<tr><td rowspan="2">可控性</td><td colspan="2">可控成本</td><td rowspan="2">责任控制</td></tr>
<tr><td colspan="2">不可控成本</td></tr>
<tr><td rowspan="3">成本性态</td><td colspan="2">固定成本</td><td rowspan="3">用于内部管理当局进行规划、决策、控制和业绩考评</td></tr>
<tr><td colspan="2">变动成本</td></tr>
<tr><td colspan="2">混合成本</td></tr>
<tr><td rowspan="2">可辨认性</td><td colspan="2">直接费用</td><td rowspan="2">确定成本归集和分配计入特定对象的方法</td></tr>
<tr><td colspan="2">间接费用</td></tr>
</table>

企业要取得一定的资产必然要付出相应的代价，首先表现为发生各种各样的费用支出，但费用支出的结果却不尽相同。有些费用在支出后，虽然是对企业现有资产的一种消耗，同时也能够形成企业的另外一种资产，原有资产被耗费的价值就应按照规定计入新获取资产的成本。例如，企业在材料购买中发生的买价、运输费用等，是对企业货币资产的消耗，最终要按照所购买的品种、数量等计入这些材料的采购成本；而在产品生产过程中发生的原材料和设备耗费等，是对企业的存货和固定资产的消耗，应计入产品的生产成本。这种成本可视为仅与企业获取一定的资产有关的成本。

企业的另一种成本则不仅能在消耗一种资产后为企业带来新的资产，而且还能为企业带来相应的营业收入，这种成本是指企业在一定会计期间为获取相应的营业收入所产生的营业成本。例如，企业销售了所生产的产品，一方面体现为对库存商品的消耗，但货款的收回又能为企业增加货币资金，另一方面也可以为企业带来高于所销售产品价值的收益。这种成本的发生不仅与企业获取一定的资产有关，而且也与企业取得一定会计期间的营业收入有关，这种成本就不同于上述仅与新资产的取得相关的成本。

第二节 生产成本核算

在产品生产企业，生产成本的形成是以各种生产费用发生为基础的。在产品生产企业发生的所有费用中，生产费用是最重要的组成部分，它也是计算产品的生产成本和主营业务成本的基础，在研究其他费用内容的核算方法之前，我们先来研究生产费用和生产成本的核算内容。

一、生产成本的概念

生产成本是指企业在一定会计期间生产某种产品所发生的直接费用和间接费用的总和。

从生产成本与生产费用的联系可知，生产成本是对象化了的生产费用，只有当生产费用实际计入了某种产品的成本时才能成为生产成本，或者说成本是相对于一定的产品而言所发生的费用，它是按照产品品种核算对象对当期发生的费用进行分配所形成的。由此可见，生产费用的发生过程同时也就是生产成本的形成过程。生产成本是由生产费用直接转化而来的，由于产品的生产成本是在产品的制造过程中发生的，并且与产品价值的形成有着直接的关系，因而也被称为制造成本。

二、生产成本项目的组成内容

生产费用在计入产品成本时，不仅要按照一定的产品品种等核算对象归集，而且要按照一定的成本组成项目进行归集，这些项目在会计上称为成本项目。企业的产品成本的形成基础是生产费用，因而可以根据生产费用的组成内容确定生产成本的项目。生产成本一般包括直接材料、直接人工和制造费用三个组成部分。

1. 直接材料

直接材料是指企业在产品生产中消耗并构成产品实体的原料、主要材料以及有助于产品形成的辅助材料、设备配件和外购的半成品等。

2. 直接人工

直接人工是指企业支付给直接参加产品生产的工人的工资，以及按生产工人工资总额一定比例计算提取并计入产品生产成本的职工福利费等。

3. 制造费用

制造费用是指直接用于产品生产，但不便于直接计入产品成本的费用，以及间接用于产品生产的各项费用，如生产部门管理人员的工资及职工福利费、生产单位固定资产的折旧费、物料消耗、办公费、水电费、保险费、劳动保护费等。

三、计算产品成本的意义

成本管理是企业经营管理过程中的一个重要环节，而生产成本的计算又是成本管理中一个重要环节，具有重要意义。

1. 进行产品生产成本的计算，有利于正确确定企业的财务状况和经营成果

产品的生产成本是企业本期已销售产品成本和未销售产品（库存商品）成本的基础，其中

本期已销售产品成本(即主营业务成本)在会计期末应作为费用列入当期的利润表，使之能够与当期实现的营业收入相互配合比较，成为据以确定本期的经营成果的主要影响因素。而期末未销售产品成本则作为流动资产列入企业期末编制的资产负债表(存货项目)，构成企业财务状况中资产的一个组成部分。因此，产品生产成本计算的正确与否，直接关系到企业编制的财务报告能否如实地反映其财务状况和经营成果，影响企业对外报告信息的质量。

2. 进行产品生产成本的计算，有利于考核企业成本计划的完成情况

成本计算可以获取企业进行产品生产发生成本的实际情况，反映企业在一定会计期间的生产成本水平，将实际成本与产品投入生产前所制定的成本进行比较，可以反映预期成本计划的完成情况，据以确定实际成本与计划成本之间的差异，客观地评价当期产品生产状况及其成果；将本期发生的实际成本与其他会计期间发生的成本进行对比，可以反映企业的产品生产成本的升降趋势，借以发现企业在产品生产成本管理方面创造的成功经验或存在的不足，进而分析成本升降的原因，进一步挖掘降低成本的潜力，或采取得力措施弥补不足，以便取得更好的经济效益。

3. 进行产品生产成本的计算，有利于合理地确定成本耗费的补偿量

生产成本是各种资产的消耗在产品上的具体体现，这些耗费用产品销售收回的货币资金进行合理补偿。只有在发生的资产耗费得以补偿的情况下，企业的持续经营才有可能得以顺利进行，而通过成本计算确定的资产耗费量是量化补偿金额的重要依据。准确地计算产品的生产成本，有利于合理地确定成本耗费的补偿量。在此基础上，企业应当根据其经营规划和产品销售市场的变化情况等，作出维持原有生产规模、扩大生产规模或缩小生产规模的经营决策。

4. 进行产品生产成本的计算，有利于为产品销售价格的制定提供参考数据

企业产品的市场销售价格一般是以产品的生产成本为基础确定的。其基本的做法是：以产品的生产成本为基数，考虑同行业同类产品的销售价格等因素，根据可行的销售利润率加一部分价值来确定。只有这样，企业才能够获取高于产品生产成本的那部分收益。可见，产品销售价格的高低取决于经过成本计算确定的产品成本的高低，而销售价格的高低又是决定企业在市场上竞争能力的重要条件，因而，产品的生产成本计算是否正确，直接关系到产品销售价格的确定是否有据可依，是否科学合理，产品的生产成本计算准确，就能够制定出比较合理的产品销售价格，有利于提高产品在销售市场上的竞争能力。

5. 进行产品生产成本的计算，有利于成本的预测和规划

通过对各个会计期间生产实际成本变化情况的对比分析，可以反映企业生产成本变动的趋势，也可以为企业预测后续经营期间产品成本升降趋势提供重要参考数据，还可以为企业制定后续会计期间产品生产成本计划提供参照依据，使成本计划的制定建立在更加合理的基础上，从而避免成本制定上的盲目性。

四、生产费用的核算

生产费用是生产成本形成的基础。构成产品成本的各种费用主要包括直接材料、直接人工和制造费用。进行这些费用的核算，主要应设置“生产成本”和“制造成本”两个账户。

1.“生产成本”账户

本账户核算企业进行工业性生产所发生的各项生产费用，包括生产各种产品(包括产成

品、自制半成品)、自制材料、自制工具和自制设备等所发生的各项生产费用。该账户应当分别按照基本生产车间和成本核算对象(如产品的品种、类别、订单、批别、生产阶段等)设置明细账并按照固定的成本项目设置专栏。企业发生的各项直接生产费用,一般直接记入本账户的借方,记入"原材料"、"库存现金"、"银行存款"和"应付职工薪酬"等账户的贷方;企业生产的各种产品应负担的制造费用,一般分配记入本账户的借方,记入"制造费用"账户的贷方;企业已经生产完成并验收入库的产成品以及入库的自制半成品,应于月末时记入"库存商品"等账户的借方,记入本账户的贷方。本账户期末借方余额,反映企业尚未加工完成的在产品成本。

【例7-1】 新世纪股份有限公司编制本月的发出材料汇总表汇总结果如下:生产A产品耗用材料45 000元,生产B产品耗用材料38 000元,车间一般性材料消耗3 000元。编制会计分录如下:

借:生产成本——A产品	45 000	
——B产品	38 000	
制造费用	3 000	
贷:原材料		86 000

2."制造费用"账户

本账户核算企业生产车间、部门为生产产品和提供劳务而发生的各项间接费用。本账户应当按照不同的生产车间、部门和费用项目进行明细核算。生产车间发生的机物料消耗,记入本账户的借方,记入"原材料"等账户的贷方;发生的车间管理人员的工资等职工薪酬,记入本账户的借方,记入"应付职工薪酬"账户的贷方;生产车间计提的固定资产折旧,记入本账户的借方,记入"累计折旧"账户的贷方;以货币资金支付的生产车间发生的办公费、水电费等,记入本账户的借方,记入"库存现金"和"银行存款"等账户的贷方;在会计期末将制造费用分配转入有关的成本核算对象的成本时,记入"生产成本"等账户的借方,记入本账户的贷方。在一般情况下,该账户贷方的分配数与其借方的实际发生数相等。分配后该账户在期末一般应无余额。

【例7-2】 新世纪股份有限公司计提本月生产车间管理人员的工资58 900元。

借:制造费用	58 900	
贷:应付职工薪酬		58 900

月末,新世纪股份有限公司计提本月生产车间固定资产折旧3 180元。

借:制造费用	3 180	
贷:累计折旧		3 180

新世纪股份有限公司用银行存款支付本月生产车间水电费2 100元。

借:制造费用	2 100	
贷:银行存款		2 100

五、生产成本的报告

如前所述,企业发生的生产成本表现为企业的在产品形态。在产品属于企业资产中的存货的组成部分。因而,在资产负债表上,生产成本包含在存货项目中。在该项目中,既要反映生产成本的年末余额,也要反映生产成本的年初余额。在资产负债表附注的在产品项下,按年初账面余额、年末账面余额、本期增加数和本期减少数4个方面进行披露。

第三节　期间费用核算

期间费用是指企业当期发生的必须从当期收入中得到补偿的费用。由于它仅与当期实现的收入相关，必须计入当期损益，故称之为期间费用。期间费用可划分为销售费用、管理费用和财务费用。

一、销售费用

销售费用是指企业在销售产品、材料和提供劳务过程中发生的各项费用，包括保险费、包装费、展览费和广告费、产品维修费、预计产品质量保证损失、运输费、装卸费等，以及为销售本企业产品而专设的销售机构(含销售网点、售后服务网点等)的职工薪酬、业务费、折旧费等经营费用。企业发生的与专设销售机构相关的固定资产修理费用等后续支出，应在发生时计入销售费用。

企业应通过"销售费用"账户，核算销售费用的发生和结转情况。

企业在销售环节中发生的包装费、保险费、展览费和广告费、运输费、装卸费等费用，借记"销售费用"账户，贷记"库存现金"、"银行存款"等账户；企业发生的为销售本企业产品而专设的销售机构的职工薪酬、业务费、折旧费、修理费等经营费用，借记"销售费用"账户，贷记"应付职工薪酬"、"银行存款"、"累计折旧"等账户。

期末，应将"销售费用"账户余额转入"本年利润"账户，借记"本年利润"账户，贷记"销售费用"账户。

【例7－3】 新世纪股份有限公司2014年销售产品1 000万元，将在产品保修期内对发生的质量问题免费进行维修处理。按照以往经验，不发生质量问题的可能性为80%，无须支付维修费；发生较小质量问题的可能性为15%，发生较小质量问题后发生的维修费为销售收入的2%；发生较大质量问题的可能性为4%，发生较大质量问题后发生的维修费为销售收入的10%；发生严重质量问题的可能性为1%，发生严重质量问题后发生的维修费为销售收入的20%，则：

2014年应计提的产品质量保证金＝(1 000×2%)×15%＋(1 000×10%)×4%＋(1 000×20%)×1%＝9(万元)

借：销售费用　　90 000

　　贷：预计负债——产品质量保证金　　90 000

二、管理费用

管理费用是指企业为组织和管理生产经营活动而发生的各种费用，包括企业在筹建期间发生的开办费、董事会和行政管理部门在企业的经营管理中发生的各种费用或者应由企业统一负担的公司经费(包括行政管理部门职工薪酬、物料消耗、低值易耗品摊销、办公费和差旅费等)、工会经费、职工教育经费、住房公积金、董事会费(包括董事会成员津贴、会议费和差旅费等)、聘请中介机构费、咨询费(含顾问费)、诉讼费、业务招待费、房产税、车船使用税、土地使用税、印花税、技术转让费、矿产资源补偿费、研发费用、排污费、无形资产摊销、存货盘亏或盘盈(不包括应计入营业外支出的存货损失)、计提的坏账准备等。企业生产车间部门和行政管理部门等发生的固定资产修理费用等后续支出，应在发生时计入管理费用。

企业应通过“管理费用”账户，核算管理费用的发生和结转情况。

企业在筹建期间内发生的开办费，包括人员工资、办公费、培训费、差旅费、印刷费、注册登记费等，借记“管理费用”账户，贷记“银行存款”等账户；企业行政管理部门人员的职工薪酬、工会经费、住房公积金等，借记“管理费用”账户，贷记“应付职工薪酬”账户；企业行政管理部门计提的固定资产折旧，借记“管理费用”账户，贷记“累计折旧”账户；企业按规定计算确定的应交房产税、车船使用税、土地使用税、矿产资源补偿费、印花税，借记“管理费用”账户，贷记“银行存款”、“应交税费”等账户；企业行政管理部门发生的办公费、水电费、差旅费等，以及企业发生的业务招待费、咨询费、研究费用等其他费用，借记“管理费用”账户，贷记“银行存款”、“研发支出”等账户；企业发生的无形资产摊销，借记“管理费用”账户，贷记“累计摊销”账户。期末应将“管理费用”账户余额转入“本年利润”账户，借记“本年利润”账户，贷记“管理费用”账户。

三、财务费用

财务费用是指企业在筹集和使用资金过程中所付出的代价，包括筹资费用和资金占用费，如银行借款的利息支出(减利息收入)或发行债券的利息支出、汇兑损益、支付给中介机构的手续费或佣金以及企业发生或收到的现金折扣等。

企业应通过“财务费用”账户，核算财务费用的发生和结转情况。

企业发生的各项财务费用，借记“财务费用”账户，贷记“银行存款”、“应收账款”等账户；企业发生的应冲减财务费用的利息收入、汇兑差额、现金折扣，借记“银行存款”、“应付账款”等账户，贷记“财务费用”账户。期末，应将“财务费用”账户余额转入“本年利润”账户，借记“本年利润”账户，贷记“财务费用”账户。

第八章　收入核算

第一节　收入概述

一、收入的概念与特点

（一）收入的概念

在市场经济条件下，收入作为影响利润指标的重要因素，越来越受到企业和投资者等会计信息使用者的重视。作为企业利润的主要来源，收入的确认与计量直接关系到财务报表中利润信息的准确性。

收入是指企业在日常活动中形成的、会导致所有者权益增加的、与所有者投入资本无关的经济利益的总流入。收入主要是企业在为完成其经营目标所从事的经常性活动中实现的，如工业企业生产并销售产品、商业企业销售商品、咨询公司提供咨询服务、软件公司为客户开发软件、安装公司提供安装服务、商业银行对外贷款、保险公司签发保单、租赁公司出租资产等实现的收入。另外，企业发生的与经营性活动相关的其他活动，如工业企业对外出售不需用的原材料、利用闲置资金对外投资取得的现金股利或利息、对外转让无形资产使用权等形成的经济利益的总流入也构成企业的收入。

企业发生的既不属于经常性活动也不属于与经常性活动相关的其他活动，如工业企业处置固定资产、无形资产等形成的经济利益的流入不属于收入，应当作为利得确认为营业外收入。

（二）收入的特点

1. 收入是企业在日常活动中形成的经济利益的总流入

日常活动，是指企业为完成其经营目标所从事的经常性活动以及与之相关的活动。制造企业销售产品、商业企业销售商品、安装公司提供安装服务、咨询公司提供咨询服务、软件开发企业为客户开发软件、金融机构对外贷款、租赁公司出租资产、保险公司签发保单等活动，均属于企业为完成其经营目标所从事的经常性活动。由此形成的经济利益的总流入构成收入。制造企业对外出售的不需用原材料、对外转让无形资产使用权、对外进行权益性投资（取得现金红利）或债权性投资（取得利息）等活动，虽不属于企业的经常性活动，但属于企业为完成其经营目标所从事的与经常性活动相关的活动，由此形成的经济利益的总流入也构成收入。

收入形成于企业日常活动的特征使其与产生于非日常活动的利得相区分。企业所从事或发生的某些活动，也能为企业带来经济利益，但不属于企业为完成其经营目标所从事的经常性活动，也不属于与经常性活动相关的其他活动。例如制造企业处置长期资产、债务重组、因其他企业违约收取罚款等，这些活动形成的经济利益的总流入属于企业的利得而不是收入，通常不经过经营过程就能取得，或属于企业不曾期望获得的收益。利得虽然同样会导致股东权益的增加，但它是一种偶发性、高风险性、非持续性的收益，不能认定为收入。

2. 收入会导致企业所有者权益的增加

收入形成的经济利益总流入的形式多种多样，既可能表现为资产的增加，如增加银行存款、应收账款，也可能表现为负债的减少，如减少预收账款，还可能表现为两者的组合，如销售实现时，部分冲减预收账款，部分增加银行存款。收入形成的经济利益总流入能增加资产或减少负债或两者兼而有之。根据“资产 = 负债 + 所有者权益”的会计方程式，收入一定能增加企业的所有者权益。这里所说的收入能增加所有者权益，仅指收入本身的影响，而收入扣除与之相配比的费用后的净额，既可能增加所有者权益，也可能减少所有者权益。

与收入相关的经济利益的流入应当引起所有者权益的增加，否则不应确认为收入。例如，企业向银行借入款项，尽管导致经济利益的流入，但并不会导致所有者权益的增加，反而使企业承担了现时义务。同样，企业替第三方或客户代收(扣)的款项，例如企业代社会保障部门收取的社会保障金等，一方面增加企业的资产，另一方面增加企业的负债，但并不增加企业的所有者权益，因此均不构成本企业的收入。

3. 收入与所有者投入资本无关

所有者投入的资本，即股本(或实收资本)，主要是为谋求索取企业剩余权益，由此形成的经济利益的总流入，不构成收入，而应确认为企业股东权益的组成部分。

二、收入的分类

1. 收入按企业从事日常活动的性质不同，分为销售商品收入、提供劳务收入和让渡资产使用权收入

(1)销售商品收入。销售商品收入是指企业通过销售商品实现的收入。这里的商品包括企业为销售而生产的产品和为转售而购进的商品。企业销售的其他存货如原材料、包装物等也视同商品。

(2)提供劳务收入。提供劳务收入是指企业通过提供劳务实现的收入，比如企业通过提供旅游、运输、咨询、代理、培训、产品安装等劳务所实现的收入。

(3)让渡资产使用权收入。让渡资产使用权收入是指企业通过让渡资产使用权实现的收入。让渡资产使用权收入包括利息收入和使用费收入。利息收入主要是指金融企业对外贷款形成的利息收入，以及同业之间发生往来形成的利息收入等。使用费收入主要是指企业转让无形资产(如商标权专利权专营权版权等资产)的使用权形成的使用费收入。企业对外出租固定资产收取的租金，进行债权投资收取的利息，进行股权投资取得的现金股利等也构成让渡资产使用权收入。

2. 收入按企业经营业务的主次不同，分为主营业务收入和其他业务收入

(1)主营业务收入。主营业务收入是指企业为完成其经营目标所从事的经常性活动中实

现的收入。主营业务收入一般占企业总收入的较大比重，对企业的经济效益产生较大影响。不同行业企业的主营业务收入所包括的内容不同，比如工业企业的主营业务收入主要包括销售商品、自制半成品、代制品、代修品，提供工业性劳务等实现的收入；商业企业的主营业务收入主要包括销售商品实现的收入；咨询公司的主营业务收入主要包括提供咨询服务实现的收入；安装公司的主营业务收入主要包括提供安装服务实现的收入。

(2)其他业务收入。其他业务收入是指企业为完成其经营目标所从事的与经常性活动相关的其他活动实现的收入。其他业务收入属于企业日常活动中次要交易实现的收入。一般占企业总收入的比重较小，不同行业企业的其他业务收入所包括的内容不同。比如工业企业的其他业务收入主要包括对外销售材料、对外出租包装物、商品或固定资产、对外转让无形资产使用权、对外进行权益性投资(取得现金股利)或债权性投资(取得利息)、提供非工业性劳务等实现的收入。

表 8-1　收入的分类

分类标志	收入分类	举　例
日常经营活动性质	销售商品收入	制造企业、商品流通企业取得的商品销售收入
	提供劳务收入	交纳增值税的企业取得的营业收入
	让渡资产使用权收入	租赁企业、资金借贷企业取得的租金和利息收入
经营业务主次	主营业务收入	制造企业取得的商品销售收入
	其他业务收入	制造企业对外销售材料、对外出租商品、对外进行权益性投资等实现的收入

第二节　销售商品收入的核算

一、销售商品收入的确认与计量

(一)销售商品收入的确认条件

企业收入的来源途径很多，不同收入来源的特征有所不同，其收入确认条件也常常存在差异。通常，收入只有在经济利益很可能流入(流入概率在 50% 以上)从而引起企业资产增加或负债减少且金额能够可靠计量时才能予以确认。

1. 企业已将商品所有权上的主要风险和报酬转移给购货方

企业已将商品所有权上的主要风险和报酬转移给购货方，是指与商品所有权有关的主要风险和报酬同时转移。与商品所有权有关的风险，是指商品可能发生资产减值或毁损、灭失等造成的损失。与商品所有权有关的报酬，是指商品价值增值或通过使用商品等形成的经济利益。企业已将商品所有权上的主要风险和报酬转移给购货方，构成确认销售商品收入的重要条件。

判断企业是否已将商品所有权上的主要风险和报酬转移给购货方，应当按照“实质重于形式”的原则，关注交易的经济实质而非法律形式，并结合所有权凭证的转移或实物的交付进行判断。如果与商品所有权有关的任何损失均不需要销货方承担，与商品所有权有关的任何经济利益也不归销货方所有，就意味着商品所有权上的主要风险和报酬转移给了购货方。

通常情况下，转移商品所有权凭证并交付实物后，商品所有权上的所有风险和报酬随之转移。如大多数商品零售、预收款销售商品等。对于商品零售交易，销货方在售出商品时，将商品交付给购货方同时收到购货方支付的货款，这一交付行为发生后，购货方一般不能退货，售出商品发生的任何损失均不再需要销货方承担，售出商品带来的经济利益也不再归销货方所有，因此可以认为该售出商品所有权上的风险和报酬已转移给了购货方。

某些情况下，转移商品所有权凭证或交付实物后，商品所有权上的主要风险和报酬随之转移，企业只保留商品所有权上的次要风险和报酬，如交款提货方式销售商品、视同买断方式下的委托代销商品。有时已交付实物但未转移商品所有权凭证，企业收入的实现取决于购买方是否已经售出商品，商品所有权上的主要风险和报酬未随之转移给受托方，如采用支付手续费方式委托代销商品。

表8－2 销售商品收入的确认

类　型	举　例	收入确认时点
商品所有权转移或实物交付，全部风险和报酬转移	商品零售、预收款销售、订单销售、托收承付方式销售等	在商品发出或办妥托收手续时确认收入
商品所有权转移或实物交付，全部风险和报酬未转移	买方有退货权但企业又不能确定退货概率的销售等	在商品发出时不能确认收入，退货期满时确认收入
转移商品所有权或交付实物，主要风险和报酬转移	交款提货销售、视同买断下的委托代销等	在商品发出时确认收入
转移商品所有权或交付实物，主要风险和报酬未转移	支付手续费下的委托代销、售后回购等	在商品发出时不能确认收入

2. 企业既没有保留通常与所有权相联系的继续管理权，也没有对已售出的商品实施控制

通常情况下，企业售出商品后，不再保留与商品所有权相联系的继续管理权，也不再对售出商品实施有效控制。商品所有权上的主要风险和报酬已经转移给购货方，通常应在发出商品时确认收入。如果企业在商品销售后保留了与商品所有权相联系的继续管理权，或能够继续对其实施有效控制，说明商品所有权上的主要风险和报酬没有转移，销售交易不能成立，不应确认收入，如售后租回。

3. 收入的金额能够可靠地计量

收入的金额能够可靠地计量，是指收入的金额能够合理地估计。收入金额能否合理地估计是确认收入的基本前提，如果收入的金额不能够合理估计，就无法确认收入。企业在销售商品时，商品销售价格通常已经确定，但是由于销售商品过程中某些不确定因素的影响，也有可能存在商品销售价格发生变动的情况。在这种情况下，新的商品销售价格未确定前通常不应确认销售商品收入。企业一般应按照合同（协议）价款确定收入金额；合同（协议）价款延期收取具有融资性质时，企业应按公允价值确定收入；已收或应收的价款不公允的，企业

应按公允的交易价格确定收入。

4. 相关的经济利益很可能流入企业

在销售商品的交易中，与交易相关的经济利益主要表现为销售商品的价款。相关的经济利益很可能流入企业，是指销售商品价款收回的可能性大于不能收回的可能性，即销售商品价款收回的可能性超过50%。企业在销售商品时如估计销售价款不是很可能收回，即使收入确认的其他条件均已满足，也不应当确认收入。

企业在确定销售商品价款收回的可能性时，应当结合以前和买方交往的直接经验、政府有关政策、其他方面取得的信息等因素进行分析。企业销售的商品符合合同或协议要求，已将发票账单交付买方，买方承诺付款，通常表明相关的经济利益很可能流入企业。如果企业判断销售商品收入满足确认条件而予以确认，同时确认了一笔应收债权，以后由于购货方资金周转困难无法收回该债权时，不应调整原会计处理，而应对该债权计提坏账准备，确认坏账损失。如果企业根据以前与买方交往的直接经验判断买方信誉较差，或销售时得知买方在另一项交易中发生了巨额亏损，资金周转十分困难，或在出口商品时不能肯定进口企业所在国政府是否允许将款项汇出等，就可能会出现与销售商品相关的经济利益不能流入企业的情况，不应确认收入。

5. 相关的已发生或将发生的成本能够可靠地计量

根据收入和费用配比原则，与同一项销售有关的收入和费用应在同一会计期间予以确认，即企业应在确认收入的同时或同一会计期间结转相关的成本。因此如果成本不能可靠计量，相关的收入就不能确认。

相关的已发生或将发生的成本能够可靠地计量，是指与销售商品有关的已发生或将发生的成本能够合理地估计。通常情况下，与销售商品相关的已发生或将发生的成本要能够合理地估计，如库存商品的成本、商品运输费用等。如果库存商品是本企业生产的，其生产成本能够可靠计量；如果是外购的，采购成本能够可靠计量。有时与销售商品相关的已发生或将发生的成本不能够合理地估计，此时企业不应确认收入。若已收到价款，应将已收到的价款确认为负债。

商品销售收入只有同时满足上述5个条件，才能予以确认。

（二）销售商品收入金额的确定

企业销售商品满足收入确认条件时，应当按照已收或应收合同或协议价款的公允价值确定销售商品收入金额。通常情况下，从购货方已收或应收的合同或协议价款即为其公允价值，应当以此确定销售商品收入的金额。

在涉及现金折扣、商业折扣、销售折让、销货退回等特殊业务时，销售商品收入金额的确定方法如下：

1. 现金折扣

现金折扣又称销售折扣，是指销售方为鼓励购买方在规定的期限内付款，而向其提供的价格优惠，是企业为了尽快回笼货币资金而发生的理财费用。现金折扣一般用“折扣比率/信用期限”表示，例如，“3/20、2/30、N/60”，表示销货方允许客户最长的付款期限为60天，如果客户在20天内付款，销货方可按商品售价3%给予客户折扣；如果客户在20天至30天内付款，销货方可按商品售价2%给予客户折扣；如果客户在30天至60天内付款，将不能享受现金折扣。

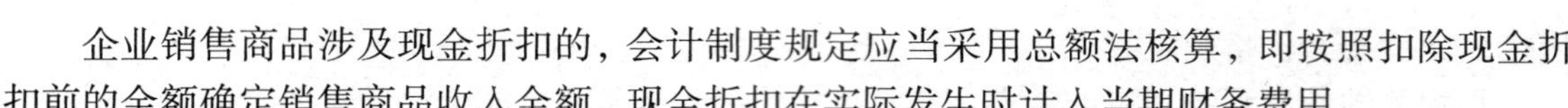

企业销售商品涉及现金折扣的，会计制度规定应当采用总额法核算，即按照扣除现金折扣前的金额确定销售商品收入金额，现金折扣在实际发生时计入当期财务费用。

在计算现金折扣时，还应注意销售方是按不包含增值税的价款提供现金折扣，还是按包含增值税的价款提供现金折扣。两种情况下购买方享有的折扣金额不同。但不论采用何种情形，现金折扣对主营业务收入和销项税额均没有影响。

2. 商业折扣

商业折扣又称折扣销售，是指企业为促销商品而在商品标价上给予的价格优惠。企业销售商品涉及商业折扣的，应当按照扣除商业折扣后的金额开具销售发票并确定销售商品收入金额。折扣额不在同一张发票上开列，销售方是不允许抵减增值税的。

3. 销售折让

销售折让是指企业因售出商品的质量不合格等原因但购买方无需退回或调换时而在售价上给予的减让。销售折让如发生在确认销售收入之前，则应在确认销售收入时直接按扣除销售折让后的金额确认；已确认销售收入的，售出商品发生销售折让且不属于资产负债表日后事项的，应在发生时冲减当期销售商品收入；如按规定允许扣减增值税税额的，还应冲减已确认的“应交税费——应交增值税(销项税额)”。

4. 销货退回

销货退回，是指企业售出的商品由于质量、规格不符合合同要求等原因而发生的商品召回。尚未确认销售商品收入的售出商品发生销售退回的，应直接冲减退回当期的发出商品的成本；已确认销售商品收入的售出商品发生销售退回的，除属于资产负债表日后事项外，一般应在发生时冲减当期销售商品收入、当期销售商品成本，同时冲减已确认的“应交税费——应交增值税(销项税额)”；销货退回属于资产负债表日后事项的，应作为调整事项对报表相应项目进行调整。

二、销售商品收入的账务处理

(一)一般销售商品

在进行销售商品的账务处理时，首先要考虑销售商品收入是否符合收入确认条件，符合所规定的五个确认条件的，企业应及时确认收入并结转相关销售成本。企业判断销售商品收入满足确认条件的应当提供确凿的证据。通常情况下，销售商品采用托收承付方式的，在办妥托收手续时确认收入；交款提货销售商品的，在开出发票账单收到货款时确认收入。交款提货销售商品，是指购买方已根据企业开出的发票账单支付货款，并取得提货单的销售方式。在这种方式下，购货方支付货款取得提货单，企业尚未交付商品，销售方保留的是商品所有权上的次要风险和报酬，商品所有权上的主要风险和报酬已经转移给购货方，通常应在开出发票账单收到货款时确认收入。

确认销售商品收入时，应根据不同的货款结算方式，按实际收到或应收的合同或协议金额，加上应收取的增值税额，借记“应收账款”、“应收票据”、“银行存款”等账户，按确认的收入金额，贷记“主营业务收入”、“其他业务收入”等账户，按增值税专用发票上注明的增值税税额，贷记“应交税费——应交增值税(销项税额)”账户，按销售商品的实际成本，借记“主营业务成本”等账户，贷记“库存商品”等账户。企业也可在月末结转本月已销商品的实际成本。同时在资产负债表日，按应缴纳的消费税、资源税、城市维护建设税、教育费附加等税费，借记“税金及附加”账户，贷记“应交税费——应交消费税”等账户。

【例8-1】 华夏股份有限公司2014年12月3日向新兴股份有限公司销售一批商品，增值税专用发票注明的价款为1 000万元，税为170万元，公司收到转账支票、三个月期的商业承兑汇票各一张，面值分别占货款的30%、40%，上个月预收款为10%，其余的未收回。

借：银行存款　　351[(1 000+170)×30%]
　　应收票据　　468[(1 000+170)×40%]
　　预收账款　　117[(1 000+170)×10%]
　　应收账款　　234[(1 000+170)×20%]
　　贷：主营业务收入　　1 000
　　　　应交税费——应交增值税(销项税额)　　170

(二)已经发出但不符合销售商品收入确认条件的商品

如果企业售出商品不符合销售商品收入确认的五个条件中的任何一条，均不应确认收入。为了单独反映已经发出但尚未确认销售收入的商品成本，企业应增设“发出商品”账户。“发出商品”账户核算企业已经发出但尚未确认销售收入的商品实际成本。

企业对于发出的商品在不能确认收入时，应按发出商品的实际成本，借记“发出商品”账户，贷记“库存商品”账户。发出商品满足收入确认条件时应结转销售成本，借记“主营业务成本”账户，贷记“发出商品”账户。“发出商品”账户的期末余额应并入资产负债表存货项目列示。

发出商品不符合收入确认条件时，如果销售该商品的纳税义务已经发生，比如已经开出增值税专用发票，则应确认“应交税费——应交增值税(销项税额)”，借记“应收账款”等账户，贷记“应交税费——应交增值税(销项税额)”账户。如果纳税义务没有发生，则不需进行上述处理。

(三)销售折让

企业已经确认销售商品收入的售出商品发生销售折让时，应当首先由购买方向其主管税务机关索取“销货退回及折让证明单”交给销售方开具红字发票，然后销售方根据红字发票(记账联)编制记账凭证，按应冲减的销售商品收入金额，借记“主营业务收入”账户，按增值税专用发票上注明的增值税，借记“应交税费——应交增值税(销项税额)”账户，按实际支付或应退还的价款，贷记“银行存款”、“应收账款”等科目。如果发生销售折让时，企业尚未确认销售商品收入的，则应在确认销售商品收入时直接按扣除销售折让后的金额确认。

【例8-2】 华夏股份有限公司2014年12月5日向丙公司销售商品，价款80万元，税13.6万元。收入已经入账，由于质量不合格，丙公司要求5%的折让。

销售实现时：

借：应收账款　　936 000
　　贷：主营业务收入　　800 000
　　　　应交税费——应交增值税(销项税额)　　136 000

发生折让时：

借：主营业务收入(80万×5%)　　40 000
　　应交税费——应交增值税(销项税额)(136 000×5%)　　6 800
　　贷：应收账款　　46 800

(四)销售退回

企业售出的商品由于质量品种不符合要求等原因而发生的销售退回，应分别不同情况进行会计处理。

(1)尚未确认销售商品收入的售出商品发生销售退回的，应将已记入“发出商品”账户的商品成本金额转入“库存商品”账户，借记“库存商品”账户，贷记“发出商品”账户。

(2)已确认销售商品收入的售出商品发生销售退回的，除属于资产负债表日后事项外，一般应在发生时冲减当期销售商品收入，同时冲减当期销售商品成本。如按规定允许扣减增值税税额的，应同时冲减已确认的“应交税费——应交增值税(销项税额)”。如该项销售退回已发生现金折扣的，应同时调整相关财务费用的金额。已确认收入的售出商品发生销售退回时，按应冲减的销售商品收入金额，借记“主营业务收入”账户，按增值税专用发票上注明应交税费，借记“应交税费——应交增值税(销项税额)”账户，按实际支付或应退还的价款，贷记“银行存款”账户；同时，按退回的商品成本，借记“库存商品”账户，贷记“主营业务成本”账户。

(3)已确认销售商品收入的售出商品发生销售退回且属于资产负债表日后事项的，按资产负债表日后事项准则进行会计处理。

(4)附有销货退回条件的商品销售。附有销货退回条件的商品销售是指买方根据有关协议或合同有权退货的销售行为。在这种销售方式下，企业根据以往经验能够合理估计退货概率且确认与退货相关负债的，通常在发出商品时确认收入；企业不能合理估计退货概率时，通常应在退货期满时确认收入。

【例8-3】 华夏股份有限公司2014年11月销售给乙公司产品一批，销售价格50万元(不含税)，销售成本40万元，货款于12月对日尚未收到。2015年2月，因产品质量问题，经协商乙公司将该批产品全部退回。此时，华夏股份有限公司的财务报告尚未经批准报出。

假设增值税率为17%，所得税率为33%，盈余公积的提取比例为15%。

本例中，华夏股份有限公司应对该销售退回作为应调整的资产负债表日后事项进行会计处理。

首先，编制调整分录，将账务处理在2014年度。(分录单位为万元)

(1)调整销售收入：

借：以前年度损益调整　　50
　　应交税费——应交增值税(销项税额)　　8.5
　　贷：应收账款　　58.5

(2)调整销售成本：

借：库存商品　　40
　　贷：以前年度损益调整　　40

(3)调整所得税：

借：应交税费——应交所得税　　3.3
　　贷：以前年度损益调整　　3.3

(4)将“以前年度损益调整”账户余额转入利润分配：

借：利润分配——未分配利润　　6.7
　　贷：以前年度损益调整　　6.7

(5)调整利润分配：

借：盈余公积　　1.5

　　贷：利润分配——未分配利润　　1.5

(五)采用预收款方式销售商品

采用预收款方式销售商品，是指购买方在商品尚未收到前按合同或协议约定分期付款，销售方在收到最后一笔款项时才交货的销售方式。采用预收款方式销售商品，销售方直到收到最后一笔款项时才将商品交付购货方，表明商品所有权上的主要风险和报酬只有在收到最后一笔款项时才转移给购货方，销售方通常应在发出商品时确认收入，在此之前预收的货款应确认为预收账款。

采用预收款方式销售商品，预收货款时，按预收的货款金额，借记“银行存款”账户，贷记“预收账款”账户；收到最后一笔款项发出商品时，按预收的货款总额，借记“预收账款”账户，按收到的最后一笔款项金额，借记“银行存款”账户，按确定的销售商品收入金额，贷记“主营业务收入”账户，按开出的增值税专用发票上注明的增值税税额，贷记“应交税费——应交增值税(销项税额)”账户；同时，按销售商品的成本，借记“主营业务成本”账户，贷记“库存商品”账户。

(六)具有融资性质的分期收款销售商品

企业销售商品，有时会采取分期收款的方式，如分期收款发出商品，即商品已经交付，货款分期收回。如果延期收取的货款具有融资性质，其实质是企业向购货方提供信贷，在符合收入确认条件时，企业应当按照应收的合同或协议价款的公允价值确定收入金额。应收的合同或协议价款的公允价值，通常应当按照其未来现金流量现值或商品现销价格计算确定。

应收的合同或协议价款与其公允价值之间的差额，应当在合同或协议期间内，按照应收款项的摊余成本和实际利率计算确定的金额进行摊销，作为财务费用的抵减处理。其中，实际利率是指具有类似信用等级的企业发行类似工具的现实利率，或者将应收的合同或协议价款折现为商品现销价格时的折现率等。在实务中，基于重要性要求，应收的合同或协议价款与其公允价值之间的差额，按照应收款项的摊余成本和实际利率进行摊销与采用直线法进行摊销结果相差不大的，也可以采用直线法进行摊销。

【例8-4】 2×16年1月1日，华夏股份有限公司采用分期收款方式向新世纪股份有限公司销售一套大型设备，合同约定的销售价格为2 000万元，分5次于每年12月31日等额收取。该大型设备成本为1 560万元。在现销方式下，该大型设备的销售价格为1 600万元。假定华夏股份有限公司发出商品时，其有关的增值税纳税义务尚未发生；在合同约定的收款日期，发生有关的增值税纳税义务。

根据本例的资料，华夏股份有限公司应当确认的销售商品收入金额为1 600万元。

根据下列公式：

未来五年收款额的现值＝现销方式下应收款项金额

可以得出：

$$4\,000 \times (P/A,\ r,\ 5) = 1\,600(\text{万元})$$

可在多次测试的基础上，用插值法计算折现率。

$r=7\%$　　$4\,000 \times 4.100\,2 = 1\,640.08 > 1\,600$(万元)

$r=8\%$　　$4\,000 \times 3.992\,7 = 1\,597.08 < 1\,600$(万元)

因此，7% < r < 8%。用插值法计算如下：

现值　　　　　　利率

1 640.08　　　　　7%

1 600　　　　　　r

1 597.08　　　　　8%

$(1\ 640.08-1\ 600)/(1\ 640.08-1\ 597.08)=(7\%-r)/(7\%-8\%)$

$r=7.93\%$

每期计入财务费用的金额如表 8 - 3 所示。

表 8 - 3　财务费用和已收本金计算表

单位：万元

年份 (t)	未收本金 $A=A_{t-1}-D_{t-1}$	财务费用 $B=A\times7.93\%$	收现总额 C	已收本金 $D=C-B$
2×16 年 1 月 1 日	1 600			
2×16 年 12 月 31 日	1 600	126.88	400	273.12
2×17 年 12 月 31 日	1 326.88	105.221 584	400	294.778 416
2×18 年 12 月 31 日	1 032.101 584	81.845 656	400	318.154 344
2×19 年 12 月 31 日	713.947 24	56.616 016	400	343.383 984
2×20 年 12 月 31 日	370.563 256	29.436 744	400	370.563 256
总　额		400	2 000	1 600

* 尾数调整：4 000 000 - 3 705 632.56 = 294 367.44。

根据表 8 - 3 的计算结果，甲公司各期的账务处理如下：

(1)2016 年 1 月 1 日销售实现：

借：长期应收款——乙公司　　20 000 000

　　贷：主营业务收入——销售××设备　　16 000 000

　　　　未实现融资收益——销售××设备　　4 000 000

借：主营业务成本——销售××设备　　15 600 000

　　贷：库存商品——××设备　　15 600 000

(2)2016 年 12 月 31 日收取货款和增值税税额：

借：银行存款　　4 680 000

　　贷：长期应收款——乙公司　　4 000 000

　　　　应交税费——应交增值税(销项税额)　　680 000

借：未实现融资收益——销售××设备　　1 268 800

　　贷：财务费用——分期收款销售商品　　1 268 800

(3)2017 年 12 月 31 日收取货款和增值税税额：

借：银行存款　　4 680 000

　　贷：长期应收款——乙公司　　4 000 000

　　　　应交税费——应交增值税(销项税额)　　680 000

借：未实现融资收益——销售××设备　　1 052 215.84

贷：财务费用——分期收款销售商品　　1 052 215.84

(4)2018 年 12 月 31 日收取货款和增值税税额：

借：银行存款　　4 680 000

　贷：长期应收款——乙公司　　4 000 000

　　应交税费——应交增值税(销项税额)　　680 000

借：未实现融资收益——销售××设备　　818 456.56

　贷：财务费用——分期收款销售商品　　818 456.56

(5)2019 年 12 月 31 日收取货款和增值税税额：

借：银行存款　　4 680 000

　贷：长期应收款——乙公司　　4 000 000

　　应交税费——应交增值税(销项税额)　　680 000

借：未实现融资收益——销售××设备　　566 160.16

　贷：财务费用——分期收款销售商品　　566 160.16

(6)2020 年 12 月 31 日收取货款和增值税税额：

借：银行存款　　4 680 000

　贷：长期应收款——乙公司　　4 000 000

　　应交税费——应交增值税(销项税额)　　680 000

借：未实现融资收益——销售××设备　　294 367.44

　贷：财务费用——分期收款销售商品　　294 367.44

(七)现金折扣

具体内容详见第五章流动资产核算第二节应收款项核算。

(八)售后回购

售后回购，是指企业售出商品的同时，同意日后重新购回该商品。在我国，售后回购通常具有融资属性，因此在商品发出时不能确认收入，回购价与原售价之差应在回购期间分期计提利息，计入财务费用。

【例 8-5】　华夏股份有限公司于 2014 年 12 月 1 日向胜利机械厂出售商品价值 100 万元，成本 70 万元，该产品增值税率为 17%，双方约定华夏股份有限公司应于下年 4 月 30 日前以 120 万元购回。(分录单位为万元)

商品发出时：

借：银行存款　　117

　贷：库存商品　　70

　　应交税费——应交增值税(销项税额)　　17

　　其他应付款　　30

分期摊销时，每月摊销额为 4 万元[(120-100)/5]：

借：财务费用　　4

　贷：其他应付款　　4

2014 年 4 月 30 日购回商品时：

借：库存商品　　120

　应交税费——应交增值税(进项税额)　　20.4

贷：银行存款　　140.4

借：其他应付款　　50

贷：库存商品　　50

（九）以旧换新

企业采用以旧换新方式销售商品时，销售的商品应当按照销售商品收入确认条件确认收入，回收的商品作为购进商品处理。

【例8－6】 某家电有限公司采用以旧换新方式销售给甲企业家电商品200台，单位售价为5万元，单位成本为3万元；同时收回200台同类家电商品，每台回收价为0.5万元（不考虑增值税），款项已存入银行。

借：银行存款　　1 070

库存商品　　100

贷：主营业务收入　　1 000

应交税费——应交增值税（销项税额）　　170

借：主营业务成本　　600

贷：库存商品　　600

注意：以旧换新销售不是非货币性资产交换，因为非货币性资产交换有25%的比例要求。

（十）销售材料等存货

企业在日常活动中还可能发生对外销售不需用的原材料、随同商品对外销售单独计价的包装物等业务。企业销售原材料、包装物等存货也视同商品销售，其收入确认和计量原则比照商品销售处理。企业销售原材料、包装物等存货实现的收入以及结转的相关成本，通过“其他业务收入”、“其他业务成本”账户核算。

企业销售原材料等确认其他业务收入时，按售价和应收取的增值税，借记“银行存款”、“应收账款”等账户，按实现的收入，贷记“其他业务收入”账户，按增值税专用发票上注明的增值税税额，贷记“应交税费——应交增值税（销项税额）”账户。结转出售原材料等的实际成本时，借记“其他业务成本”账户，贷记“原材料”等账户。

第三节　提供劳务收入的核算

提供劳务收入应根据在资产负债表日提供劳务交易的结果是否能够可靠估计，分别采用不同的方法进行确认。

一、提供劳务交易结果能够可靠估计的会计处理

企业在资产负债表日提供劳务交易的结果能够可靠估计的，应当采用完工百分比法确认提供劳务收入。

（一）提供劳务交易结果能够可靠估计的条件

提供劳务交易结果能够可靠地估计，应同时满足以下4个条件：

（1）收入的金额能够可靠地计量，即提供劳务收入的总额能够合理地估计。通常情况下，

企业应当按照从接受劳务方已收或应收的合同或协议价款确定提供劳务收入总额。随着劳务的不断提供，可能会根据实际情况增加或减少已收或应收的合同或协议价款，此时，企业应及时调整提供劳务收入总额。

(2)相关的经济利益很可能流入企业，提供劳务收入总额收回的可能性大于不能收回的可能性。

(3)交易的完工进度能够可靠确定，即交易的完工进度能够合理地估计。完工进度可以选择以下方法予以确定：已完工的数量、已提供的劳务占应提供劳务总量的比例、已发生的成本占估计总成本的比例。

在实务中，如果特定时期内提供劳务交易的数量不能确定，则该期间的收入应采用直线法确认，除非有证据表明采用其他方法能更好地反映完工进度。当某项作业相比其他作业都重要得多时，应在该重要作业完成后确认收入。

(4)交易中已发生和将发生的成本能够可靠地计量，即交易中已发生和将发生的成本能够合理地估计。

(二)完工百分比法的具体运用

完工百分比法，是指按照提供劳务交易的完工进度确认收入和费用的方法。在这种方法下，企业应当在资产负债表日按照提供劳务收入总额乘以完工进度扣除以前会计期间累计已确认提供劳务收入后的金额，确认当期提供劳务的收入；同时，按照提供劳务估计总成本乘以完工进度扣除以前会计期间累计已确认劳务成本后的金额，结转当期劳务成本。用公式表示如下：

本期确认的提供劳务收入 = 劳务总收入 × 本期末止劳务的完工进度 - 以前会计期间累计已确认的劳务收入

本期确认的提供劳务成本 = 劳务总成本 × 本期末止劳务的完工进度 - 以前会计期间累计已确认的劳务成本

企业采用完工百分比法确认提供劳务收入时，应按计算确定的提供劳务收入和成本的金额做如下会计分录：

借：应收账款
　　银行存款
　　贷：主营业务收入
　　　　应交税费——应交增值税(销项税额)

借：主营业务成本
　　贷：劳务成本

【例 8-7】 华夏股份有限公司 2015 年 9 月 10 日与新世纪股份有限公司签订一项设备安装合同，安装期为 6 个月，合同总收入为 600 万元(假定不考虑相关税费)，至年底已预收款项 500 万元，已实际发生的成本为 280 万元(假定均为安装人员薪酬)，估计还将发生的成本为 120 万元。假定华夏股份有限公司按实际发生的成本占估计总成本的比例确定劳务的完工进度。

根据上述资料，华夏股份有限公司有关会计处理如下：

(1)预收款项时：

借：银行存款　　　　　　　　　　　　5 000 000

贷：预收账款 5 000 000

(2)发生劳务成本时：

借：劳务成本 2 800 000

贷：应付职工薪酬 2 800 000

(3)2015 年年末：

劳务完工进度 = 2 800 000/(2 800 000 + 1 200 000) = 70%

2015 年应确认的劳务收入 = 6 000 000 × 70% − 0 = 4 200 000(元)

2015 年应确认的劳务成本 = (2 800 000 + 1 200 000) × 70% − 0 = 2 800 000(元)

借：预收账款 4 200 000

贷：主营业务收入 4 200 000

借：主营业务成本 2 800 000

贷：劳务成本 2 800 000

二、提供劳务交易的结果不能可靠估计的会计处理

企业在资产负债表日提供劳务的交易结果不能可靠地估计，即不能同时满足提供劳务的交易结果能可靠地估计的 4 个条件时，企业就不能采用完工百分比法确认提供劳务收入。企业对此应分别以下情况进行处理：

(1)已经发生的劳务成本预计能够得到补偿的，企业应按已经发生并预计能够得到补偿的劳务成本金额确认收入，并结转已经发生的劳务成本；

(2)已经发生的劳务成本预计全部不能得到补偿的，则不能确认提供劳务收入，企业应将已经发生的劳务成本计入当期损益(主营业务成本)。

【例 8 − 8】 华夏股份有限公司 2015 年 9 月 10 日与新世纪股份有限公司签订一项设备安装合同，安装期为 6 个月，合同总收入为 600 万元(假定不考虑相关税费)，至年底已预收款项 450 万元，已实际发生的成本为 280 万元(假定均为安装人员薪酬)，但无法估计将要发生的成本。假定华夏股份有限公司按实际发生的成本占估计总成本的比例确定劳务的完工进度。

根据上述资料，华夏股份有限公司有关会计处理如下：

(1)预收款项时：

借：银行存款 4 500 000

贷：预收账款 4 500 000

(2)发生劳务成本时：

借：劳务成本 2 800 000

贷：应付职工薪酬 2 800 000

(3)2015 年年末：

因无法估计将要发生的成本，也无法确定劳务完工进度，因此，不能采用完工百分比法确认提供劳务收入。但已发生的成本能够得到补偿，因此，华夏股份有限公司应按已经发生并预计能够得到补偿的劳务成本金额确认收入，并结转已经发生的劳务成本。

借：预收账款 2 800 000

贷：主营业务收入 2 800 000

借：主营业务成本　　　　　　　　　　　　2 800 000
　　贷：劳务成本　　　　　　　　　　　　　　2 800 000

三、同时销售商品和提供劳务交易的会计处理

企业与其他企业签订的合同或协议，有时既包括销售商品又包括提供劳务，如销售商品的同时负责运输、销售商品后负责安装等。在这种情况下，企业应区分不同的情况分别进行会计处理：

(1)如果销售商品部分和提供劳务部分能够区分且能够单独计量的，企业应当分别核算销售商品部分和提供劳务部分，将销售商品的部分作为销售商品处理，将提供劳务的部分作为提供劳务处理；

(2)销售商品部分和提供劳务部分不能够区分，或能区分但不能够单独计量的，企业应当将销售商品部分和提供劳务部分全部作为销售商品进行会计处理。

【例8－9】 华夏股份有限公司向新世纪股份有限公司销售一部电梯并负责安装，协议规定安装工作是销售合同的重要组成部分。华夏股份有限公司开出的增值税专用发票上注明的价款合计为5 000 000元，其中电梯销售价格为4 800 000元，安装费为200 000元，增值税发票税额为850 000元。电梯的成本为4 200 000元；电梯安装过程中发生安装费用160 000元，均为安装人员薪酬。假定电梯已经安装完成并经验收合格，款项已收存银行存款户。

根据上述资料，华夏股份有限公司的电梯销售和电梯安装可以区分且能够单独可靠计量，因此，华夏股份有限公司的电梯销售收入和电梯安装劳务的收入应分别确认。华夏股份有限公司的会计处理如下：

(1)发出电梯时：

借：发出商品　　　　　　　　　　　　4 200 000
　　贷：库存商品　　　　　　　　　　　　4 200 000

(2)实际发生安装费用时：

借：劳务成本　　　　　　　　　　　　160 000
　　贷：应付职工薪酬　　　　　　　　　　160 000

(3)安装完毕检验合格，确认销售电梯和提供劳务收入时：

借：银行存款　　　　　　　　　　　　5 850 000
　　贷：主营业务收入——销售商品　　　　　4 800 000
　　　　　　　　　　——提供劳务　　　　　200 000
　　　　应交税费——应交增值税(销项税额)　　850 000

(4)结转销售商品成本和安装成本时：

借：主营业务成本　　　　　　　　　　4 360 000
　　贷：发出商品　　　　　　　　　　　　4 200 000
　　　　劳务成本　　　　　　　　　　　　160 000

【例8－10】 华夏股份有限公司向华润商场销售一批彩色电视机，为保证及时供货，双方约定由华夏股份有限公司用自己的汽车运输，货款包括彩电售价和运输费。华夏股份有限公司开出的增值税专用发票上注明的价款合计为3 000 000元，增值税额为510 000元，款项于当天收到。该批商品成本为2 500 000元。假定价款中彩电销售价款和运输费用无法区分，

华夏股份有限公司为运输该批彩色电视机发生的成本为20 000元，主要为运输工人薪酬等。

根据上述资料，华夏股份有限公司的彩电销售和运输难以单独计量，因此，应全部作为商品销售处理。华夏股份有限公司的会计处理如下：

(1)销售彩色电视机确认收入时：

借：银行存款　　3 510 000

　贷：主营业务收入　　3 000 000

　　应交税费——应交增值税(销项税额)　　510 000

(2)发生运输劳务成本时：

借：劳务成本　　20 000

　贷：应付职工薪酬　　20 000

(3)结转彩色电视机成本和运输成本时：

借：主营业务成本　　2 520 000

　贷：库存商品　　2 500 000

　　劳务成本　　20 000

第四节　让渡资产使用权的使用费收入的核算

让渡资产使用权的使用费收入，主要是指企业转让无形资产等资产的使用权而形成的使用费收入。出租固定资产取得的租金、进行债权投资收取的利息、进行股权投资取得的现金股利等，也构成让渡资产使用权的使用费收入，有关的会计处理，参照有关租赁、金融工具确认和计量、长期股权投资等内容。本节主要涉及让渡无形资产等资产。

一、让渡资产使用权的使用费收入的确认条件

(一)相关的经济利益很可能流入企业

企业在确定让渡资产使用权的使用费收入金额是否很可能收回时，应当根据对方企业的信誉和生产经营情况、双方就结算方式和期限等达成的合同或协议条款等因素，综合进行判断，如果企业估计使用费收入金额收回的可能性不大时，就不应确认收入。

(二)收入的金额能够可靠地计量

当让渡资产使用权的使用费收入金额能够可靠估计时，企业才能确认收入。使用费收入应当按照有关合同或协议约定的收费时间和方法计算确定。不同的使用费收入，收费的时间和方法各不相同。有一次收回一笔固定金额的，有在协议规定的有效期限内等额或不等额分期收回的。如果合同或协议规定一次性收取使用费且不提供后续服务的，应当视同销售该项资产一次性确认收入；提供后续服务的，应在合同或协议规定的有效期内分期确认收入。如果合同或协议规定分期收取使用费的，应按合同或协议规定的收款时间和金额或规定的收费方法计算的金额分期确认收入。

二、让渡资产使用权的使用费收入的账务处理

企业让渡资产使用权的使用费收入一般通过“其他业务收入”账户核算，所让渡资产计提

的摊销额等一般通过“其他业务成本”账户核算。

企业确认让渡资产使用权的使用费收入时，按确定的收入金额，借记“银行存款”、“应收账款”等账户，贷记“其他业务收入”账户；企业对所让渡资产计提摊销以及所发生的与让渡资产有关的支出等，借记“其他业务成本”账户，贷记“累计摊销”等账户。

【例 8-11】 新世纪股份有限公司向华夏股份有限公司转让某软件的使用权，一次性收取使用费 60 000 元，不提供后续服务，款项已经收回。假定不考虑相关税费，新世纪股份有限公司确认使用费收入时，应编制如下会计分录：

借：银行存款　　60 000

　　贷：其他业务收入　　60 000

【例 8-12】 新世纪股份有限公司于 2016 年 1 月 1 日向华夏股份有限公司转让某专利权的使用权，协议约定转让期为 5 年，每年年末收取使用费 200 000 元。2016 年该专利权计提的摊销额为 120 000 元，每月计提金额为 10 000 元。假定不考虑其他因素和相关税费。新世纪股份有限公司应编制如下会计分录：

(1)2016 年年末确认使用费收入：

借：应收账款(或银行存款等)　　200 000

　　贷：其他业务收入　　200 000

(2)2016 年每月计提专利权摊销额：

借：其他业务成本　　10 000

　　贷：累计摊销　　10 000

第九章　利润核算

第一节　利润概述

一、利润的概念和构成层次

(一)利润的概念

利润是指企业在一定会计期间按配比原则所确定的经营成果，包括收入减去费用后的净额、直接计入当期利润的利得和损失等。

收入减去费用后的净额反映的是企业日常活动的经营业绩；直接计入当期利润的利得和损失，是指应当计入当期损益、会导致所有者权益发生增减变动的、与所有者投入资本或者向所有者分配利润无关的利得或者损失，它反映的是企业债务重组、资产处置等非日常活动的业绩。企业应严格区分收入和利得、费用和损失的边界，以便全面反映企业的经营业绩。

(二)利润的构成层次

1. 营业利润

营业利润 = 营业收入 - 营业成本 - 税金及附加 - 销售费用 - 管理费用 - 财务费用 - 资产减值损失 + 公允价值变动收益 - 公允价值变动损失 + 投资收益 - 投资损失

其中，营业收入是指企业经营业务所确认的收入总额，包括主营业务收入和其他业务收入。营业成本是指企业经营业务所发生的实际成本总额，包括主营业务成本和其他业务成本。资产减值损失是指企业计提各项资产减值准备所形成的损失。公允价值变动收益(或损失)是指企业交易性金融资产等公允价值变动形成的应计入当期损益的利得或损失。投资收益(或损失)是指企业以证券等各种方式对外投资所取得的收益或发生的损失。

2. 利润总额

利润总额 = 营业利润 + 营业外收入 - 营业外支出

其中，营业外收入是指企业发生的与其日常活动无直接关系的各项利得。营业外支出是指企业发生的与其日常活动无直接关系的各项损失。

3. 净利润

净利润 = 利润总额 - 所得税费用

其中，所得税费用是指企业确认的应从当期利润总额中扣除的所得税费用。利润构成树形图如下：

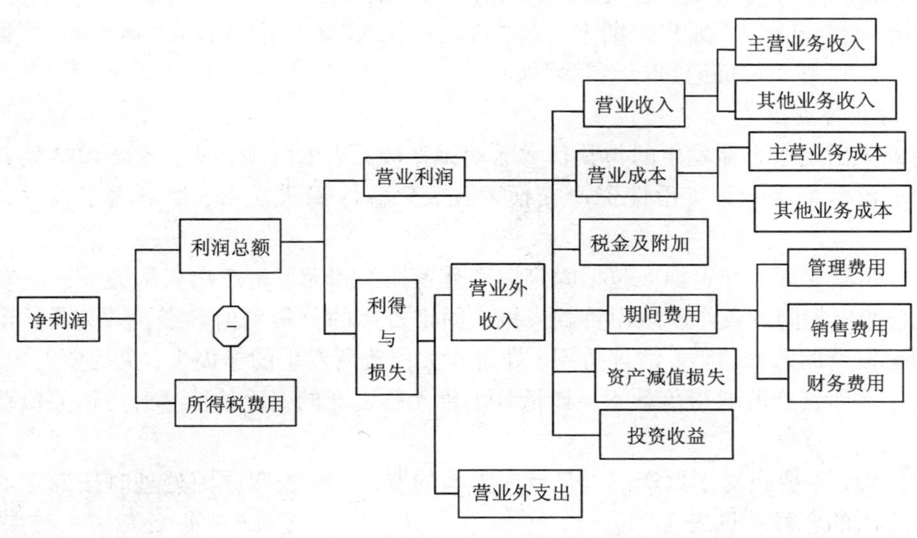

图 9－1　利润构成树形图

二、利润的确认条件

利润反映的是收入减去费用、利得减去损失后的净额，因此，利润的确认主要依赖于收入、费用、利得和损失的确认，其金额的确定也取决于收入、费用、利得和损失金额的计量。

三、营业外收入和营业外支出的核算

(一) 营业外收入

营业外收入，是指企业发生的与其日常活动无直接关系的各项利得，主要包括处置非流动资产利得、盘盈利得、捐赠利得、债务重组利得、非货币性资产交换利得、确实无法支付而按规定程序报经批准后转作营业外收入的应付款项等。

其中，非流动资产处置利得，包括固定资产处置利得和无形资产出售利得。固定资产处置利得，指企业出售固定资产所取得价款或报废固定资产的材料价值和变价收入等，扣除处置固定资产的账面价值、清理费用、处置相关税费后的净收益；无形资产出售利得，指企业出售无形资产所取得价款，扣除出售无形资产的账面价值、出售相关税费后的净收益。

盘盈利得，主要指对于现金等清查盘点中盘盈的现金等报经批准后计入营业外收入的金额。见表 9－1。

捐赠利得，指企业接受捐赠产生的利得。

债务重组利得是指债务人在重组中发生的重组债务的账面价值超过抵债资产的公允价值的金额。

非货币性资产交换利得，是指非货币性资产交换具有商业实质且公允价值能够可靠计量的，不论是否涉及补价，换出资产为固定资产、无形资产的，换出资产公允价值抵减换出资产账面价值、出售相关税费后的净收益。

企业应通过“营业外收入”账户，核算营业外收入的取得及结转情况。

企业确认营业外收入，借记“固定资产清理”、“银行存款”、“库存现金”、“应付账款”等账户，贷记“营业外收入”账户。期末应将“营业外收入”账户余额转入“本年利润”账户，借记“营业外收入”账户，贷记“本年利润”账户。

（二）营业外支出

营业外支出是指企业发生的与其日常活动无直接关系的各项损失，主要包括处置非流动资产损失、盘亏损失、非货币性资产交换损失、公益性捐赠支出、债务重组损失、非常损失等。

其中，非流动资产处置损失包括固定资产处置损失和无形资产出售损失。固定资产处置损失，指企业出售固定资产所取得价款或报废固定资产的材料价值和变价收入等，不足以抵补处置固定资产的账面价值、清理费用、处置相关税费所发生的净损失；无形资产出售损失，指企业出售无形资产所取得价款不足以抵补出售无形资产的账面价值、出售相关税费后所发生的净损失。

盘亏损失，主要指对于财产清查盘点中盘亏的资产，在查明原因处理时按确定的损失计入营业外支出的金额。见表 9－1。

表 9－1 常见的财产盘盈、盘亏业务会计处理对比表

项目	盘盈（现金称溢余）	盘亏（现金称短缺）
库存现金	借：库存现金 贷：待处理财产损溢 借：待处理财产损溢 贷：其他应付款 营业外收入（无法查明原因）	借：待处理财产损溢 贷：库存现金 借：其他应收款 管理费用（无法查明原因） 贷：待处理财产损溢
存货	借：原材料等 贷：待处理财产损溢 借：待处理财产损溢 贷：管理费用	借：待处理财产损溢 贷：原材料等 应交税费——应交增值税（进项税额转出）（自然灾害不需要转出） 借：原材料（收回材料） 其他应收款（应收取有关人员或保险公司赔款） 管理费用（管理不善） 营业外支出（非常损失） 贷：待处理财产损溢
固定资产	按前期差错处理： 借：固定资产（重置成本） 贷：以前年度损益调整 借：以前年度损益调整 贷：盈余公积 利润分配——未分配利润	借：待处理财产损溢 累计折旧 固定资产减值准备 贷：固定资产 借：营业外支出 贷：待处理财产损溢

非货币性资产交换损失，是指非货币性资产交换具有商业实质且公允价值能够可靠计量的，不论是否涉及补价，换出资产为固定资产、无形资产的，换出资产公允价值抵减换出资产账面价值、出售相关税费后的净损失。

公益性捐赠支出，指企业对外进行公益性捐赠发生的支出。

债务重组损失是指债权人在重组中发生的重组债权的账面价值超过受让资产的公允价值的金额。

非常损失，指企业对于因客观因素如自然灾害等造成的损失在扣除保险公司赔偿后应计入营业外支出的净损失。

企业应通过“营业外支出”账户核算营业外支出的发生及结转情况。

企业发生营业外支出时，借记“营业外支出”账户，贷记“固定资产清理”、“待处理财产损溢”、“库存现金”、“银行存款”等账户。期末，应将“营业外支出”账户余额转入“本年利润”账户，借记“本年利润”账户，贷记“营业外支出”账户。

【例9-1】 华夏股份有限公司2014年4月因购买原材料而欠三泰股份有限公司货款35.1万元，由于公司财务困难，不能按合同规定归还欠款，经双方协商，于2015年5月17日达成重组协议：华夏股份有限公司以转账支票一张，金额30万元，于5月20日偿还所欠三泰股份有限公司全部债务。

(1)华夏股份有限公司做如下会计处理：

借：应付账款——三泰股份有限公司 351 000

　贷：银行存款 300 000

　　营业外收入——债务重组利得 51 000

(2)三泰股份有限公司做如下会计处理：

借：银行存款 300 000

　营业外支出——债务重组损失 51 000

　贷：应收账款——华夏股份有限公司 35 1000

四、所得税费用的核算

企业利润表中的所得税费用(或收益)包括当期所得税以及递延所得税费用(或收益)两部分，所得税费用等于两者之和(或差)，其中当期所得税是指当期应交所得税。

(一)应交所得税的计算

应交所得税是根据税法规定的以企业应纳税所得额的一定比例上交的一种税金。应纳税所得额是在企业税前会计利润(即利润总额)的基础上调整确定的。应交所得税可采用以下公式计算确定：

应纳税所得额 = 税前会计利润 + 纳税调整增加项目 - 纳税调整减少项目

其中：

纳税调整项目 = 按会计准则计入利润表但计税时不允许税前扣除的费用 ± 计入利润表的费用与按税法规定可予以税前抵扣的费用金额之差 ± 计入利润表的收入与按照税法规定应计入应纳税所得额的收入之差 - 税法规定的非征税收入 ± 其他调整项目

纳税调整项目主要包括税法规定允许扣除项目中，企业已计入当期费用但超过税法规定扣除标准的金额(如超过税法规定标准的工资支出、业务招待费支出)以及企业已计入当期损失但税法规定不允许扣除项目的金额(如税收滞纳金、罚款、罚金)等。

应交所得税 = 应纳税所得额 × 所得税税率

(二)所得税费用的账务处理

根据会计准则的规定，企业的所得税费用应采用资产负债表债务法进行核算，但小企业仍可采用应付税款法。

当期所得税费用 = 当期应交所得税 ± 递延所得税 = 当期应纳税所得额 × 税率 + (期末递延所得税负债 - 期初递延所得税负债) - (期末递延所得税资产 - 期初递延所得税资产)

企业应设置"所得税费用"账户，核算企业所得税费用的确认及结转情况。发生时，借记"所得税费用"、"递延所得税资产"等账户，贷记"递延所得税负债"、"应交税费"等账户。期末，应将"所得税费用"账户的余额转入"本年利润"账户，借记"本年利润"账户，贷记"所得税费用"账户，结转后"所得税费用"账户应无余额。

【例 9-2】 华夏股份有限公司 2013 年 12 月一台新设备投入行政管理部门使用，原值 15 万元，无净残值；折旧年限为会计 3 年，税法 5 年；会计与税法均按直线法计提折旧。除此之外，其他各年资产及负债的账面价值与计税基础都一致。假设 2013—2017 年每年利润总额均为 1 000 万元，所得税税率是 25%，不考虑减值因素，2014 年初不存在递延所得税资产、递延所得税负债。2014 年末的会计处理为：

应交所得税 = [1 000 - (15/3 - 15/5)] × 25% = 249.50(万元)

递延所得税资产余额 = (15/3 - 15/5) × 25% = 0.50(万元)

递延所得税资产增加 = 0.50 - 0 = 0.50(万元)

借：所得税费用　　249.00

　　递延所得税资产　　0.50

　　贷：应交税费——应交所得税　　249.50

第二节　本年利润核算

一、结转本年利润的方法

会计期末结转本年利润的方法有表结法和账结法两种。

(一)表结法

表结法下，各损益类账户每月月末只需结计出本月发生额和月末累计余额，不结转到"本年利润"账户，只有在年末才将全年累计余额结转入"本年利润"账户。但每月月末要将损益类账户的本月发生额合计数填入利润表的本月数栏，同时将本月末累计余额填入利润表的本年累计数栏，通过利润表计算反映各期的利润(或亏损)。表结法下，年中损益类账户无需结转入"本年利润"账户，从而减少了转账环节和工作量，同时并不影响利润表的编制及有关损益指标的利用。

(二)账结法

账结法下，每月月末均需编制转账凭证，将在账上结计出的各损益类账户的余额结转入"本年利润"账户，结转后"本年利润"账户的本月合计数反映当月实现的利润(或发生的亏损)，“本年利润”账户的本年累计数反映本年累计实现的利润(或发生的亏损)。账结法在各月均可通过“本年利润”账户提供当月及本年累计的利润(或亏损)额，但增加了转账环节和工作量。账结法在企业会计核算中经常采用。

二、结转本年利润的核算

企业应设置“本年利润”账户，核算企业本年度实现的净利润(或发生的净亏损)。会计期末，企业应将“主营业务收入”、“其他业务收入”、“营业外收入”等账户的余额分别转入“本年利润”账户的贷方，将“主营业务成本”、“其他业务成本”、“税金及附加”、“销售费用”、“管理费用”、“财务费用”、“资产减值损失”、“营业外支出”、“所得税费用”等账户的余额分别转入“本年利润”账户的借方，企业还应将“公允价值变动损益”、“投资收益”账户的净收益转入“本年利润”账户的贷方，将“公允价值变动损益”、“投资收益”账户的净损失转入“本年利润”账户的借方。结转后“本年利润”账户如为贷方余额，表示当年实现的净利润；如为借方余额，表示当年发生的亏损。

年度终了，企业还应将“本年利润”账户的本年累计余额转入“利润分配——未分配利润”账户，如本年利润为贷方余额，借记“本年利润”账户，贷记“利润分配——未分配利润”账户；如为借方余额则做相反的会计分录。结转后“本年利润”账户应无余额。

表9-2　结转本年利润明细表

账户名称	转入贷方金额①	账户名称	转入借方金额②	③ = $\sum$① - $\sum$②
主营业务收入		主营业务成本		
其他业务收入		税金及附加		
投资收益		其他业务成本		
公允价值变动损益		管理费用		
营业外收入		销售费用		
		财务费用		
		资产减值损失		
		营业外支出		
合计				利润(或亏损)总额
		所得税费用		净利润 = 利润总额 - 所得税费用

在账结法下，企业损益类账户结转入“本年利润”账户的会计处理如下：

借：主营业务收入
　　其他业务收入
　　投资收益
　　营业外收入
　　公允价值变动损益

贷：本年利润

借：本年利润

贷：主营业务成本

其他业务成本

税金及附加

营业外支出

资产减值损失

管理费用

销售费用

财务费用

借：本年利润

贷：所得税费用

第五篇　财务会计报告及其分析

第十章　财务会计报告

第一节　财务会计报告概述

企业的财务会计报告是指企业对外提供的以日常会计核算资料为主要依据，反映企业某一特定日期财务状况和某一会计期间经营成果、现金流量的文件。企业编制的财务会计报告，有利于为现有的或潜在的投资者、贷款者及国家有关机构等财务报告使用者提供有助于他们进行投资决策、信贷决策、管理业绩评价以及其他经济事务决策的信息。

财务会计报告是由财务报表、财务报表附注和财务情况说明书组成。其中，财务报表是财务会计报告的主体和核心，包括资产负债表、利润表、现金流量表及相关附表，财务报表附注是为了帮助报表使用者理解财务报表的内容而对报表的有关项目所作的解释。

一、财务报表的概念和组成

（一）财务报表的概念

财务报表是以日常账簿资料为主要依据编制的，综合反映企业一定时期财务状况、经营成果以及现金流量情况的书面文件。财务报表是传输财务信息的基本载体，会计信息使用者主要利用财务报表进行分析和决策。

企业一定期间内发生的经济业务，已经运用专门的方法，在会计信息的两个重要载体即会计凭证和会计账簿中进行了全面、系统的记录，这种记录反映了企业的详细经济活动情况。但是，会计凭证和会计账簿中的会计信息比较分散零碎，不便于总括、系统地反映企业经济活动过程及结果，且会计专业性强，无法满足企业内外的会计信息使用者高效利用会计信息的需求。因此，还必须对会计信息进行进一步的加工、整理及汇总，按照会计信息使用者的要求，编制财务报表，这也是会计核算的一个必需的环节。企业必须按照会计准则和相关会计制度的规定，定期编制财务报表。因此，需要对分散在会计凭证和会计账簿中的会计信息进行进一步的加工处理和分类，从而形成会计核算的最终成果——财务报表，以满足人们对会计信息的需要。

编制财务报表有重要意义。投资人、债权人和其他利害关系人，通过对财务报表的分析可以了解和评价企业管理当局的财务状况与经营成果，从而获得企业偿债能力、盈利能力等会计信息；财税部门、银行等部门利用财务报表可以了解有无违反税法和财经纪律的现象；

上级主管部门利用财务报表，可以考核所属单位的业绩以及各项经济政策的执行情况，可以在一定范围内反映国民经济的计划执行情况，为国家宏观管理提供依据；企业管理层利用财务报表所提供的资料，及时解决报表中所反映的问题，可以改善经营管理，提高经济效益。

(二)财务报表的组成

为了达到财务报表对有关决策有用和评价企业管理层受托责任的目标，一套完整的财务报表至少应当包括“四表一注”，即资产负债表、利润表、现金流量表、所有者权益变动表以及财务报表附注。资产负债表、利润表和现金流量表是财务报表的基本报表。

资产负债表、利润表和现金流量表分别从不同角度反映企业的财务状况、经营成果和现金流量。资产负债表反映企业在某一特定日期所拥有的各种资产、需要偿还的长短期债务以及股东拥有的所有者权益状况，表明企业的财务状况；利润表反映企业在一定会计期间的经营成果，即利润或亏损情况，表明企业的盈利能力；现金流量表反映企业在一定会计期间现金和现金等价物流入和流出的情况，反映了企业利润的质量；所有者权益(或股东权益)变动表反映所有者权益的各组成部分当期的增减变动情况。

财务报表附注，是指为便于报表使用者理解财务报表的内容而对财务报表的编制基础、编制依据、编制原则和编制方法及主要项目等所作的文字描述或明细资料。它是对报表事项的具体说明以及对未在报表内反映，但对企业有重大影响事项的说明，是财务报表的重要组成部分。

二、财务报表的分类

财务报表按照不同的标准有不同的分类。

(一)按反映资金运动的形态分类，可分为静态报表和动态报表

静态报表是指反映企业资金运动处于某一相对静止状态情况的会计报表，如反映企业某一特定日期资产、负债和所有者权益的资产负债表，静态报表亦称时点报表；动态报表是指反映企业资金运动状况的会计报表，如反映企业一定期间的经营成果情况的利润表、反映企业一定会计期间内现金流入流出情况的现金流量表等，动态报表亦称时期报表。

(二)按编制和报送的时间分类，可分为中期财务报表和年度财务报表

广义的中期财务报表包括月份、季度、半年期财务报表。狭义的中期财务报表仅指半年期财务报表。月报、季报报表如资产负债表、利润表等。年度财务报表是全面反映企业整个会计年度的经营成果、现金流量情况及年末财务状况的财务报表。企业每年年底必须编制并报送年度财务报表。年报报表如资产负债表、利润表和现金流量表等。

(三)按编制单位分类，可分为单位报表和汇总报表

单位报表是由独立核算的基层单位编制的财务报表，如单位编制的资产负债表、利润表等；汇总报表是指上级主管部门将本身的财务报表与其所属单位报送的基层报表汇总编制而成的财务报表，如主管单位汇总的资产负债表、利润表等。

(四)按编报的会计主体不同，分为个别报表和合并报表

个别报表是指在以母公司和子公司组成的具有控股关系的企业集团中，母公司和子公司各自以本公司为会计主体分别单独编制的报表，用以分别反映集团内各公司自身财务状况、经营成果及资金变动情况；合并报表是以母公司和子公司组成的企业集团为一个会计主体，以集团内各公司单独编制的个别财务报表为编制基础，由母公司统一编制的综合反映企业集团经营成果、财务状况及资金变动情况的财务报表。

（五）按服务对象分类，可分为内部报表和外部报表

内部报表指向企业内部的管理层提供的报表，如各种成本计算表、制造费用分配表等；外部报表是指向企业外部的经济利益相关者提供的报表，如资产负债表、利润表、利润分配表、现金流量表等等。本章所述财务报表都是外部报表。

第二节　资产负债表

一、资产负债表概述

资产负债表是反映企业某一特定日期财务状况的财务报表。它是根据“资产 = 负债 + 所有者权益”或“资产 – 负债 = 所有者权益”的会计等式，按照一定的分类标准和一定的顺序，把企业在一定日期的资产、负债、所有者权益各项目予以适当排列，并对日常工作中形成的大量数据进行高度浓缩整理后编制而成的。

资产负债表能够提供资产、负债和所有者权益的全貌。通过编制该表，可以提供某一日期资产的总额，表明企业拥有的经济资源及其分布情况；通过编制该表，可以反映某一日期的负债总额及结构，表明企业未来需要用多少资产或劳务清偿债务；通过编制该表，可以反映所有者权益的情况，表明投资者在企业资产中所占的份额，了解权益的结构情况。资产负债表还能够提供进行财务分析所需的基本资料，即可以通过计算流动比率、资产负债率等，以了解企业的短期和长期偿债能力等。

（一）资产负债表的理论基础

1. 会计恒等式是资产负债表的理论基础

企业所拥有的经济资源统称为资产，它是经济资源的占用形态；提供这些经济资源的来源统称为权益，它是经济资源的来源渠道。由于资产与权益是同一经济资源的两个方面，所以任一时点两者总额平衡，即“资产 = 权益”。该会计等式为设计和编制资产负债表提供了重要的理论基础，我国的资产负债表结构就是按这一等式设计的，左边列示各项资产，右边列示各项权益，总资产恒等于总权益。

2. 会计分期是资产负债表的理论前提

会计分期将企业经营的历史长河人为地划分为若干片段，形成会计年度与会计月度，从而为编制资产负债表提供了重要的理论前提。与此相适应，资产负债表将按会计分期反映企业川流不息的财务状况，每个会计月度都要定期编报资产负债表，所谓“经营不停，反映不止”。

3. 会计要素是资产负债表的理论元素

企业的全部经济资源都是债权人和所有者提供的，这些经济资源一方面表现为资产，另一方面表现为权益。根据资产权益论的观点，权益分债权人权益和所有者权益，即权益等于债权人权益加所有者权益。其中，会计称债权人权益为负债。因此，会计等式的平衡性表现形式“资产 = 负债 + 所有者权益”反映了三个静态会计要素之间的关系，说明企业在某一时点资产、负债和所有者权益的结存量，为设计和编制资产负债表提供了重要的理论元素。我国的资产负债表直接反映这三个静态会计要素，左边列示资产要素，右边列示负债和所有者权益要素。

收入、费用和利润属于动态会计要素，它们最终以"未分配利润"的静态形式，构成所有者权益的一部分，参与会计要素的静态平衡，同时也参与资产负债表的静态平衡，并使动态与静态会计要素产生了有机联系。因此，资产负债表直接反映三个静态会计要素，间接反映三个动态会计要素。

4. 客观与谨慎是资产负债表的理论原则

资产负债表提供企业资产、负债和所有者权益的静态存量指标，从总体上反映企业的财务状况。另外，企业会面临各种风险，必须对存在的风险予以合理估计。不高估资产或收益，不低估成本或损失，以保证指标的内容真实、数据准确、资料可靠，不误导信息使用者。因此，客观性和谨慎性就成为编制资产负债表的重要理论原则。

（二）资产负债表列报的总体要求

1. 分类列报

资产负债表的最根本的目标就是要如实地反映企业在资产负债表日所拥有的资源、所承担的负债以及所有者的权益。因此，资产负债表应当按照资产、负债和所有者权益三大类别分类列报。

2. 资产和负债按流动性列报

资产和负债应当按照流动性分为流动资产和非流动资产、流动负债和非流动负债列示。流动性，通常按照资产的变现性和使用时间长短或者负债的偿还时间长短来确定。按照财务报表列报准则的规定，应先列报流动性强的资产或负债，再列报流动强弱的资产或负债。

3. 列报相关的合计、总计项目

资产负债表中的资产类至少应当列示流动资产和非流动资产的合计项目，负债类至少应当列示流动负债、非流动负债以及负债的合计项目，所有者权益类应当列示所有者权益的合计项目。

资产负债表遵循了"资产 = 负债 + 所有者权益"这一会计等式，将企业在特定时日所拥有的经济资源和与之相对应的企业所承担的债务及偿债以后属于所有者的权益均充分反映了出来。因此，资产负债表应当分别列示资产总计项目和负债与所有者权益之和的总计项目，并且这二者的金额应当相等。

二、一般企业资产负债表的列报格式和列报方法

（一）一般企业资产负债表的列报格式

资产负债表包括的内容有：企业的各项资产的总额及其构成，包括流动资产和非流动资产；负债总额及其构成，包括流动负债和非流动负债；所有者权益总额及其构成，包括投资者投入的资本以及留存收益。

资产负债表的格式，目前在在国际上流行的主要有账户式（如表 10－6 所示）和报告式（如表 10－4 所示）两种。报告式资产负债表是上下结构，上半部列示资产，下半部列示负债和所有者权益。具体形式又有两种：一是按"资产 = 负债 + 所有者权益"的等式排列，二是按"资产 － 负债 = 所有者权益"的等式排列。账户式资产负债表是左右结构，左边列示资产，右边列示负债和所有者权益。根据财务报表列报准则的规定，资产负债表采用账户式的格式，

即左侧列报资产方，一般按资产的流动性大小排列；右侧列报负债方和所有者权益方，一般按要求清偿时间的先后顺序排列，即资产负债表左方和右方平衡。因此，通过账户式资产负债表，可以反映资产、负债和所有者权益之间的内在关系，即“资产 = 负债 + 所有者权益”。按照我国财务报表的列报准则的规定，企业的资产负债表一般采用账户式。

表 10－4　简易报告式资产负债表

资产：	
流动资产	
非流动资产	
资产合计	
负债	
流动负债	
非流动负债	
负债合计	
资产－负债	
所有者权益	
实收资本	
留存收益	
所有者权益合计	

（二）一般企业资产负债表的列报方法

根据财务报表列报准则的规定，企业需要提供比较资产负债表，以便报表使用者通过比较不同时点资产负债表的数据，掌握企业财务状况的变动情况以及发展趋势。所以，资产负债表的各个项目还分为“年初余额”和“年末余额”。

1. 直接填列的资产方项目

（1）“交易性金融资产”项目。本项目反映企业持有的交易性金融资产的期末价值，应根据“交易性金融资产”总分类账户的期末余额填列。

（2）“应收票据”项目。本项目反映企业收到的未到期也未向银行贴现的应收票据，包括商业承兑汇票和银行承兑汇票。已向银行贴现和已背书转让的应收票据不包括在本项目内。本项目应根据“应收票据”总分类账户的期末余额填列。

（3）“其他流动资产”项目。本项目反映企业除货币资金、交易性金融资产、应收票据、应收账款、存货等流动资产以外的其他流动资产，应根据有关账户的期末余额填列。

（4）“固定资产清理”项目。本项目反映企业固定资产清理的期末价值，应根据“固定资产清理”总分类账户的期末借方余额填列；如为贷方余额，本项目以“－”号填列。

(5)“递延所得税资产”项目。本项目反映企业递延所得税资产的期末价值，应根据“递延所得税资产”总分类账户的期末余额填列。

2. 直接填列的权益方项目

(1)“短期借款”项目。本项目反映企业借入尚未归还的1年期以下(含1年)的借款，应根据“短期借款”总分类账户的期末余额填列。

(2)“交易性金融负债”项目。本项目反映企业尚未偿还的交易性金融负债，应根据“交易性金融负债”总分类账户的期末余额填列。

(3)“应付票据”项目。本项目反映企业为了抵付货款等而开出、承兑的尚未到期的应付票据，包括银行承兑汇票和商业承兑汇票。本项目应根据“应付票据”总分类账户的期末余额填列。

(4)“应付职工薪酬”项目。本项目反映企业应付未付的职工薪酬，应根据“应付职工薪酬”总分类账户的期末贷方余额填列，如为借方余额则以“－”号填列。

(5)“应交税费”项目。本项目反映企业期末未交、多交或未抵扣的各种税费，应根据“应交税费”总分类账户的期末贷方余额填列，如为借方余额则以“－”号填列。

(6)“应付利息”项目。本项目反映企业尚未支付的应付利息，应根据“应付利息”总分类账户的期末余额填列。

(7)“应付股利”项目。本项目反映企业尚未支付的现金股利，应根据“应付股利”总分类账户的期末余额填列。

(8)“其他应付款”项目。本项目反映企业其余应付和暂收其他单位和个人的款项，应根据“其他应付款”总分类账户的期末余额填列。

(9)“预计负债”项目。本项目反映企业预计负债的期末余额，应根据“预计负债”总分类账户的期末余额填列。

(10)“递延所得税负债”项目。本项目反映企业递延所得税负债的期末余额，应根据“递延所得税负债”总分类账户的期末余额填列。

(11)“实收资本(或股本)”项目。本项目反映各投资者实际投入企业的资本(或股本)总额，应根据“实收资本(或股本)”总分类账户的期末余额填列。

(12)“资本公积”项目。本项目反映企业资本公积的期末余额，应根据“资本公积”总分类账户的期末贷方余额填列；如为借方余额，以“－”号填列。

(13)“库存股”项目。本项目反映企业收购的、尚未转销或注销的本公司股份金额，应根据“库存股”总分类账户的期末余额填列。

(14)“盈余公积”项目。本项目反映企业从净利润中提取的盈余公积余额，应根据“盈余公积”总分类账户的期末余额填列。

(15)“未分配利润”项目。本项目反映企业尚未分配的利润，应根据“本年利润”总分类账户和“利润分配”总分类账户的余额填列；未弥补亏损在本项目以“－”号填列。

3. 计算填列的资产方项目

(1)“货币资金”项目。本项目反映企业库存现金、存入银行或其他金融机构的各种款项以及银行汇票存款、银行本票存款、信用卡存款、信用证保证金存款、存出投资款和外埠存款的合计数。本项目应根据“库存现金”、“银行存款”和“其他货币资金”三个总分类账户的期末余额之和填列。

(2)“应收利息”项目。本项目反映企业应收利息的期末价值，应根据“应收利息”总分类账户的期末余额，减去“坏账准备”总分类账户中有关应收利息计提的坏账准备期末余额后的金额填列。

(3)“应收股利”项目。本项目反映企业应收股利的期末价值，应根据“应收股利”总分类账户的期末余额，减去“坏账准备”账户中有关应收股利计提的坏账准备期末余额后的金额填列。

(4)“存货”项目。本项目反映企业期末持有的各项存货的实际价值，含代理存货、在途存货、在库存货、加工存货和商品存货，涉及13个总分类账户。其中，代理存货涉及“代理业务资产”账户，在途存货涉及“在途物资”账户，在库存货涉及“原材料”和“周转材料”账户，加工存货涉及“委托加工物资”“生产成本”和“劳务成本”账户，商品存货涉及“库存商品”和“发出商品”等账户。上述9个存货账户的期末余额之和，扣除“商品进销差价”“存货跌价准备”和“代理业务负债”账户的期末贷方余额，再加或减“材料成本差异”账户的期末借方或贷方余额，最终求得各项存货的可变现净值填列本项目。

(5)“可供出售金融资产”项目。本项目反映企业持有的可供出售金融资产的期末价值，应根据“可供出售金融资产”总分类账户的期末余额，减去“可供出售金融资产减值准备”账户的期末余额后的金额填列。

(6)“持有至到期投资”项目。本项目反映企业持有至到期投资的实际价值，应根据“持有至到期投资”总分类账户的期末借方余额扣除“持有至到期投资减值准备”账户的期末贷方余额后的金额填列。

(7)“长期股权投资”项目。本项目反映企业不准备在1年内(含1年)变现的各种股权性质投资的可收回金额。本项目应根据“长期股权投资”账户的期末余额，减去“长期股权投资减值准备”账户的期末贷方余额后的金额填列。

(8)“投资性房地产”项目。本项目反映企业持有的投资性房地产。企业采用成本模式计量投资性房地产的，本项目应根据“投资性房地产”总分类账户的期末余额，减去“投资性房地产累计折旧(摊销)”和“投资性房地产减值准备”账户的期末余额后的金额填列；企业采用公允价值计量投资性房地产的，本项目应根据“投资性房地产”账户的期末余额填列。

(9)“固定资产”项目。本项目反映企业期末固定资产的实际价值(净额)，应根据“固定资产”总分类账户期末借方余额，减去“固定资产减值准备”和“累计折旧”账户的期末贷方余额后的金额填列。

(10)“在建工程”项目。本项目反映企业在建工程的期末价值，应根据“在建工程”总分类账户的期末余额，减去“在建工程减值准备”账户的期末余额后的金额填列。

(11)“生物性生物资产”项目。本项目反映企业期末生物性生物资产的实际价值(净值)，应根据“生物性生物资产”总分类账户的期末借方余额，减去“生物性生物资产累计折旧”账户的期末贷方余额后的金额填列。

(12)“油气资产”项目。本项目反映企业期末油气资产的实际价值(净值)，应根据“油气资产”总分类账户的期末借方余额，减去“累计折耗”账户的期末贷方余额后的金额填列。

(13)“无形资产”项目。本项目反映企业期末无形资产的实际价值(净值)，应根据“无形资产”总分类账户的期末借方余额，减去“无形资产减值准备”和“累计摊销”账户的期末贷方余额后的金额填列。

4. 计算填列的所有者权益项目

所有者权益项目为“未分配利润”项目。本项目反映企业尚未分配的利润。本项目根据“本年利润”账户和“利润分配”账户余额计算填列；如为期末未弥补亏损，则以“－”号填列。

5. 分析填列的资产方项目

（1）“一年内到期的非流动资产”项目。本项目属于资产负债表流动资产类的一个项目，反映企业将在一年内到期的非流动资产的实际价值。这些非流动资产的性质已经转化为流动资产，为正确评估企业的营运能力，不可继续填列在有关非流动资产项目中，而应转入本项目填列。本项目应分析有关非流动资产账户的期末余额，只填列其中将于1年内到期的部分。

（2）“其他流动资产”项目。本项目反映企业期末拥有的其他流动资产的实际价值，应根据“其他流动资产”账户的期末借方余额，加上“衍生工具”、“套期工具”和“被套期项目”账户期末借方余额之和填列。如“衍生工具”、“套期工具”和“被套期项目”出现贷方余额，则应填入“其他流动负债”项目。

（3）“长期应收款”项目。本项目反映企业1年以上（不含1年）到期的长期应收款的实际价值。由于1年内（含1年）到期的长期应收款应转入流动资产的“1年内到期的非流动资产”项目填列，所以本项目应分析“长期应收款”总分类账户的期末借方余额，将其中1年以上部分的期末借方余额，减去“未实现融资收益”账户期末贷方余额后填列。

（4）“长期待摊费用”项目。本项目反映企业尚未摊完的、摊销期限在1年以上（不含1年）的各种费用。由于1年内（含1年）摊完的长期待摊费用应转入“一年内到期的非流动资产”的项目内填列，所以本项目应分析“长期待摊费用”账户的期末余额，减去转入一年内摊销的金额后填列。

（5）“其他非流动资产”项目。本项目反映企业除表内单列的非流动资产项目以外的其他非流动资产，应根据其他“非流动资产”账户的期末余额分析填列。

6. 分析填列的权益方项目

（1）“一年内到期的非流动负债”项目。本项目反映企业将在1年内（含1年）到期归还的各项非流动负债。这些非流动负债的性质已经转化为流动负债，不可继续填列在相应的非流动负债的有关项目中。本项目应分析“长期借款”、“应付债券”、“长期应付款”、“专项应付款”等账户的余额，只填列其中将于1年内（含1年）到期偿还的部分。

（2）“其他流动负债”项目。本项目反映企业除表内单列的流动负债项目以外的其他流动负债。

（3）“长期借款”项目。本项目反映企业借入归还期在1年以上（不含1年）的借款。将在1年内（含1年）归还的长期借款，其性质已经转化为流动负债，不可填列在本项目，而应转入流动负债的“一年内到期的非流动负债”项目填列。本项目应分析“长期借款”账户的余额，只填列其中归还期在1年以上的长期借款。

（4）“应付债券”项目。本项目反映企业发行现时偿还期在1年以上（不含1年）的各种长期应付债券的本息。将在1年内（含1年）偿还的应付债券本息，其性质已经转化为流动负债，不可填列在本项目，而应转入流动负债的“一年内到期的非流动负债”项目填列。本项目应分析“应付债券”账户的余额，只填列其中偿还期在1年以上的应付债券。

（5）“长期应付款”项目。本项目反映企业除长期借款和应付债券以外的归还期在1年以上(不含1年)的其他各种长期应付款项。将在1年内(含1年)归还的长期应付款，其性质已经转化为流动负债，不可填列在本项目，而应转入流动负债的“一年内到期的非流动负债”项目填列。本项目应分析“长期应付款”账户的余额，只填列其中归还期在1年以上的长期应付款。

(6)“专项应付款”项目。本项目反映企业归还期在1年以上(不含1年)的各种专项应付款项的期末余额。将在1年内(含1年)归还的专项应付款，其性质已经转化为流动负债，不可填列在本项目，而应转入流动负债的“一年内到期的非流动负债”项目填列。本项目应分析“专项应付款”账户的期末余额，只填列其中归还期在1年以上的专项应付款。

(7)“其他非流动负债”项目。本项目反映除表内有关长期负债项目以外、归还期在1年以上(不含1年)的其他长期负债的期末余额。将在1年内(含1年)归还的其他长期负债，其性质已经转化为流动负债，不可填列在本项目，而应转入流动负债的“一年内到期的非流动负债”项目填列。本项目应分析有关其他长期负债账户的期末余额，只填列其中归还期在1年以上的其他非流动负债。

7. 购销货往来项目的填列

(1)“应收账款”项目。本项目反映企业因销售商品、提供劳务等而应向购买单位收取的各种款项的实际价值。本项目要分析“应收账款”、“预收账款”和“坏账准备”三个总分类账户所属明细分类账户的期末余额，按如下公式计算填列：

应收账款所属明细账户期末借方余额之和＋预收账款所属明细账户期末借方余额之和－按应收账款计提的坏账准备＝填列“应收账款”项目

(2)“预收账款”项目。本项目反映企业预收购买单位账款的实际价值。本项目要分析“预收账款”和“应收账款”两个账户的期末余额，按如下公式计算填列：

预收账款所属明细账户期末贷方余额之和＋应收账款所属明细账户期末贷方余额之和＝填列“预收账款”项目

(3)“应付账款”项目。本项目反映企业购买原材料、商品和接受劳务供应等而应付给供应单位的款项。本项目要分析“应付账款”和“预付账款”两个总分类账户所属明细分类账户的期末余额，按如下公式计算填列：

应付账款所属明细账户期末贷方余额之和＋预付账款所属明细账户期末贷方余额之和＝填列“应付账款”项目

项目建造承包商的“工程施工”期末余额小于“工程结算”期末余额的差额，应在“应付账款”项目反映；“工程施工”期末余额大于“工程结算”期末余额的差额，应在“存货”项目反映。

(4)“预付账款”项目。本项目反映企业预付给供应单位的款项。本项目要分析“预付账款”和“应付账款”两个总分类账户所属明细分类账户的期末余额，按如下公式计算填列：

预付账款所属明细账户期末借方余额之和＋应付账款所属明细账户期末借方余额之和＝填列“预付账款”项目

8. 其他往来项目的填列

(1)“其他应收款”项目。本项目反映企业除应收账款、应收票据、预付账款以外的其他各种应收、暂付款项，包括各种赔款、罚款、备用金、应向职工收取的各种垫付款等。本项目根据“其他应收款”和“其他应付款”各明细账户的期末借方余额，减去“坏账准备”账户中有关其他应收款计提的坏账准备期末余额后的金额填列。

(2)“其他应付款”项目。本项目反映企业应付、暂收其他单位或个人的款项，如应付租入固定资产和包装物的租金，存入保证金，职工未按期领取的工资，应付暂收所属单位、个人的款项等。本项目根据“其他应收款”和“其他应付款”各明细账户的贷方余额填列。

【例 10 – 2】 新世纪股份有限公司 2016 年 12 月 31 日全部总账和明细账余额如表 10 – 5 所示。

表 10 – 5 新世纪股份有限公司总账和有关明细账余额

2016 年 12 月 31 日 金额单位：元

总账	明细账	借方余额	贷方余额	总账	明细账	借方余额	贷方余额
银行存款		96 000		短期借款			360 000
交易性金融资产		84 000			F 企业		420 000
应收账款		168 000			H 企业	540 000	
	A 企业	90 000			W 企业		480 000
	B 企业		12 000	应付账款			91 800
	C 企业	90 000		预收账款			36 000
预付账款		60 000			U 企业		54 000
	D 企业	90 000			V 企业	18 000	
	E 企业		30 000	其他应付款			72 000
其他应收款		60 000		应付职工薪酬			208 200
原材料		162 000		应交税费			360 000
生产成本		48 000		应付股利			120 000
库存商品		120 000		长期借款			384 000
长期股权投资		1 362 000		实收资本			1 680 000
固定资产		2 400 000		盈余公积			132 480
累计折旧			360 000	利润分配	未分配利润		959 520
无形资产		180 000					
长期待摊费用		24 000					

根据上述资料，编制该企业 2016 年 12 月 31 日的资产负债表，如表 10 – 6 所示。

表 10－6　资产负债表

编制单位：新世纪股份有限公司　　　2016 年 12 月 31 日　　　金额单位：元

资产	行次	期末余额	年初余额（略）	负债及所有者权益	行次	期末余额	年初余额（略）
流动资产：				流动负债：			
货币资金		96 000		短期借款		360 000	
以公允价值计量且其变动计入当期损益的金额		84 000		应付票据			
应收票据				应付账款		91 800	
应收账款		168 000		预收账款		36 000	
预付账款		60 000		其他应付款		72 000	
其他应收款		60 000		应付职工薪酬		208 200	
存货		330 000		应交税费		360 000	
其他流动资产				应付股利		120 000	
流动资产合计		798 000		其他应付款			
非流动资产：				其他流动负债			
可供出售金融资产				流动负债合计：		1 248 000	
持有至到期投资				非流动负债：			
投资性房地产				长期借款		384 000	
长期股权投资		1 362 000		应付债券			
固定资产		2 040 000		长期应付款			
在建工程				非流动负债合计：		384 000	
固定资产清理				负债合计：		1 632 000	
无形资产		180 000		所有者权益合计：			
长期待摊费用		24 000		实收资本		1 680 000	
其他非流动资产				资本公积			
非流动资产合计		3 606 000		盈余公积		132 480	
				未分配利润		959 520	
				所有者权益合计		2 772 000	
资产总计		4 404 000		负债及所有者权益总计		4 404 000	

三、一般企业资产负债表可以生成的经济指标

（一）资产负债表可以生成的经济指标

本表所反映的期初和期末数据，通过计算可以生成反映企业财务状况的重要指标，如利用流动资产与流动负债可以计算生成流动比率，利用负债总额与所有者权益总额可以生成产权比率，利用期初和期末所有者权益总额可以计算生成资本保值增值率等。

（二）利润表与资产负债表结合可以生成的经济指标

将利润表中的信息与资产负债表中的信息相结合，可以提供进行财务分析的基本资料，如将赊销收入净额与应收账款平均余额进行比较计算出应收账款周转率，将销货成本与存货平均余额进行比较计算出存货周转率，将净利润与资产总额进行比较计算出资产收益率，可以反映企业资金周转情况及企业的盈利能力。

第三节　利润表

一、利润表概述

（一）利润表的概念

利润表又称损益表，是反映企业一定期间经营成果的会计报表。这里的一定期间是指一年，也可能是指一个月、一个季度或半年等。经营成果则是按权责发生制原则和配比原则确认计算的营业收入、费用，根据“收入－费用＝利润”原理计算出的各个层面的利润，如营业利润、利润总额、净利润等。利润表反映的是一个会计期间的企业收支及利润情况，故利润表是动态报表，它的各个项目指标反映的是时期数。例如，反映某年1月1日至12月31日经营成果的利润表，它反映的就是这一年的经营成果情况。

（二）利润表的作用

利润表是企业经营业绩的综合体现，又是进行利润分配的主要依据，因此，利润表是会计报表中的主要报表之一，有很重要的意义。

1. 反映企业的收入和费用等情况

利润表反映企业收入的实现情况，如实现的营业收入、投资收益、营业外收入各有多少；还反映费用耗费情况，如耗费的营业成本、税金及附加、销售费用、管理费用、财务费用、营业外支出各有多少等，可据以了解企业利润的形成情况，有助于使用者判断净利润的质量及风险。

2. 反映企业的经营成果

据以分析、考核企业经营目标和利润计划的完成情况，评价企业的经营业绩、获利能力，发现经营中存在的问题，以便提高经营管理水平。

3. 用以分析企业的盈利能力

通过利润表提供的不同时期的比较数据，有助于了解企业利润增长的趋势，评价、预测企业的获利能力，并据此作出是否投资或再投资，投资哪一方面，采用何种方案投资等决策。

二、一般企业利润表的列报格式和列报方法

(一)一般企业利润表的列报格式

目前国际上比较普遍的利润表的列报格式主要有单步式和多步式两种。单步式利润表以收入总额减去一切费用总额而计算出净利润(其一般格式如表10-1所示)。多步式利润表通过对当期的收入、费用、支出项目按性质加以归类，按利润表形成的主要环节列示一些中间性利润指标，分步计算出当期净利润(其一般格式如表10-2所示)。根据财务报表列报准则规定，我国企业采用多步式利润表格式。多步式利润表的编制步骤如下：

表10-1　利润表(单步式)

2016年8月份

一、收入		
营业收入		
营业外收入		
公允价值变动收益		
投资收益		
二、费用		
营业成本		
税金及附加		
销售费用		
管理费用		
财务费用		
公允价值变动损失		
资产减值损失		
营业外支出		
所得税费用		
三、净利润		
四、其他综合收益		
五、综合收益总额		
六、每股收益		
(一)基本每股收益		
(二)稀释每股收益		

一是以营业收入为基础，扣除企业或其他经济组织日常主要经营活动中所发生的营业成本、税金及附加、期间费用以及资产减值损失，加上公允价值变动收益（减去公允价值变动损失）和投资收益（减去投资损失）等，从而计算出营业利润。

二是在营业利润的基础上，加减营业外收支项目，从而计算出利润总额。

三是以利润总额扣除所得税后，得出净利润（或净亏损）。

（二）一般企业利润表的列报方法

利润表的编报期应填列利润表涵盖的会计期间。利润表各项目的金额分为“本期金额”和“上期金额”。“上期金额”栏反映各项目上年同期的实际发生额，应根据上年同期利润表的“本期金额”栏抄列。如果上年同期利润表与本年利润表的项目名称和内容不一致，应对上年利润表的项目名称和金额按本年度的规定进行调整，然后填入本年本表的“上期金额”栏。“本期金额”栏反映各项目自年初起至报告期末的累计实际发生额，主要根据各损益类账户的发生额分析填列。表中各项目的具体填列方法如下：

（1）根据有关损益账户的净发生额计算填列。“营业收入”项目应根据“主营业务收入”和“其他业务收入”账户分析填列，“营业成本”项目应根据“主营业务成本”和“其他业务成本”账户分析填列。

（2）根据有关损益账户的净发生额直接填列。“税金及附加”“销售费用”“管理费用”“财务费用”“资产减值损失”“公允价值变动收益”“投资收益”“营业外收入”“营业外支出”和“所得税费用”等项目，应分别直接根据“税金及附加”“销售费用”“管理费用”“财务费用”“资产减值损失”“公允价值变动损益”“投资收益”“营业外收入”“营业外支出”和“所得税费用”等账户的净发生额填列，如为公允价值变动损失、投资损失，则相应项目以“－”号填列。

（3）根据表内其他项目的金额计算填列。“营业利润”“利润总额”和“净利润”等项目，应根据表内其他项目的金额计算填列，亏损则以“－”号填列。

【例 10－1】 新世纪股份有限公司 2016 年 8 月份有关账户数据如下：

主营业务收入	3 600 000
其他业务收入	200 000
主营业务成本	2 040 000
其他业务成本	80 000
税金及附加	120 000
管理费用	288 000
财务费用	72 000
销售费用	180 000
投资收益	240 000
营业外收入	45 000
营业外支出	28 500
所得税费用	421 245

该企业 2016 年 7 月的利润表中的“本年累计金额”栏内有关数据如表 10－2 所示。

表 10－2　利润表

编制单位：新世纪股份有限公司　　　　2016 年 7 月　　　　金额单位：元

	行次	本月金额（略）	本年累计金额
一、营业收入			6 150 000
减：营业成本			2 520 000
税金及附加			450 000
销售费用			390 000
管理费用			462 000
财务费用			258 000
资产减值损失			0
加：公允价值变动收益（损失以“－”号填列）			0
投资收益（损失以“－”号填列）			360 000
二、营业利润（亏损以“－”号填列）			2 430 000
加：营业外收入			135 000
减：营业外支出			43 000
三、利润总额（亏损以“－”号填列）			2 521 000
减：所得税费用			832 095
四、净利润（净亏损以“－”填列）			1 689 405
五、其他综合收益的税后净额			
（一）以后不能重分类进损益的其他综合收益			
（二）以后将重分类进损益的其他综合收益			
六、综合收益总额			
七、每股收益			
（一）基本每股收益			
（二）稀释每股收益			

根据上述 2016 年 7 月份利润表及 8 月份的有关资料，编制 2016 年 8 月份利润表如下：

表 10－3　利润表

编制单位：新世纪股份有限公司　　2016 年 8 月　　金额单位：元

	行次	本月金额	本年累计金额
一、营业收入		3 800 000	9 950 000
减：营业成本		2 120 000	4 460 000
税金及附加		120 000	570 000
销售费用		180 000	570 000
管理费用		288 000	750 000
财务费用		72 000	330 000
资产减值损失			
加：公允价值变动收益（损失以"－"号填列）			
投资收益（损失以"－"号填列）		240 000	600 000
二、营业利润（亏损以"－"号填列）		1 260 000	3 690 000
加：营业外收入		45 000	180 000
减：营业外支出		28 500	72 000
三、利润总额（亏损以"－"号填列）		1 276 500	3 798 000
减：所得税费用		421 245	1 253 095
四：净利润（净亏损以"－"填列）		855 255	2 544 660
五、其他综合收益的税后净额			
（一）以后不能重分类进损益的其他综合收益			
（二）以后将重分类进损益的其他综合收益			
六、综合收益总额			
七、每股收益			
（一）基本每股收益			
（二）稀释每股收益			

利用本表上期和本期净利润可以计算出净利润增长率，反映企业获利能力的增长情况和长期获利能力的增长趋势；利用净利润和营业外收入可以计算出销售利润率，反映企业经营的获利能力；利用净利润、营业成本、销售费用、管理费用和财务费用可以计算出成本费用利润率，反映企业投入产出的情况。

第四节　现金流量表

现金流量表是反映企业在一定会计期间内有关现金和现金等价物的流入和流出的报表。编制现金流量表，主要是为企业提供一定会计期间内现金和现金等价物流入和流出的信息，以便于报表使用者了解和评价企业获得现金和现金等价物的能力和企业偿债、支付股利的能力，并据以预测企业未来现金流量，分析企业投资和理财活动对经营成果和财务状况的影响。

一、现金的概念

现金流量表实际上是以现金为基础编制的财务状况变动表。这里的现金是指广义的现金，不仅包括库存现金，还包括企业随时支用的银行存款和其他货币资金，以及现金等价物。

(1)库存现金，是指企业持有可以随时支用的现金。

(2)银行存款，是指企业存放在银行或其他金融机构随时可以支用的存款。

(3)其他货币资金，是指企业存放在银行有特定用途的资金或在途尚未收到的资金，包括外埠存款、银行汇票存款、银行本票存款和在途货币资金等。

(4)现金等价物，是指企业持有的期限短、流动性强、容易转换为已知金额现金、价值变动风险很小的投资，比较常见的有企业购入在证券市场上流通的三个月内到期的短期债券投资等。

二、现金流量及其分类

企业在一定时期内的现金流入和流出是由各种因素引起的，现金流量表首先要对企业各项经济业务发生的现金流量进行合理分类。根据我国《企业会计准则》的规定，企业在一定时期内发生的现金流量可分为三大类，即经营活动产生的现金流量、投资活动产生的现金流量和筹资活动产生的现金流量。

三、现金流量表的基本格式

现金流量表属于年报，由报表主表和补充资料两部分组成。具体格式见表 10 - 7。

四、现金流量表的编制基础及披露

现金流量表的编制基础是收付实现制。编制现金流量表，应当调整那些由于运用权责发生制原则而增减了本期的净利润但并没有增加或减少现金的一些收益和费用、支出以及存货、应收应付等项目。

现金流量表附注主要披露以下三个方面的内容：

(1)企业应当采用间接法在现金流量表附注中披露将净利润调整为经营活动现金流量的信息；

(2)企业应当披露当期取得或处置子公司及其他营业单位的有关信息；

(3)企业应当披露现金及现金等价物的信息。

表 10－7　现金流量表

编制单位：新世纪股份有限公司　　　　2016 年度　　　　金额单位：元

项目	行次	本期金额	上期金额(略)
一、经营活动产生的现金流量			
销售商品、提供劳务收到的现金	1	228 984	
收到的税费返还	3		
收到其他与经营活动有关的现金	8		
经营活动现金流入小计	9	228 984	
购买商品、接受劳务支付的现金	10	242 800	
支付给职工以及为职工支付的现金	12	21 000	
支付的各项税费	13	42 702	
支付其他与经营活动有关的现金	18	5 400	
经营活动现金流出小计	20	311 902	
经营活动产生的现金流量净额	21	－82 918	
二、投资活动产生的现金流量			
收回投资收到的现金	22		
取得投资收益收到的现金	23		
处置固定资产、无形资产和其他长期资产收回的现金净额	25	5 000	
处置子公司及其他营业单位收到的现金净额	26		
收到其他与投资活动有关的现金	28		
投资活动现金流入小计	29	5 000	
购建固定资产、无形资产和其他长期资产支付的现金	30	662 020	
投资支付的现金	31		
取得子公司及其他营业单位支付的现金净额	32		
支付其他与投资活动有关的现金	35		
投资活动现金流出小计	36	662 020	
投资活动产生的现金流量净额	37	－657 020	
三、筹资活动产生的现金流量			
吸收投资收到的现金	38	1 250 000	
取得借款收到的现金	40	90 000	
收到其他与筹资活动有关的现金	43		
筹资活动现金流入小计	44	1 340 000	
偿还债务支付的现金	45	1 060 000	
分配股利、利润或偿付利息支付的现金	46	39 061	
支付其他与筹资活动有关的现金	50	6 000 000	
筹资活动现金流出小计	51	7 099 061	
筹资活动产生的现金流量净额	52	－5 759 061	
四、汇率变动对现金及现金等价物的影响	53		
五、现金及现金等价物净增加额	54	－6 498 999	
加：期初现金及现金等价物余额	55	7 266 210	
六、期末现金及现金等价物余额	56	767 211	

第五节　所有者权益变动表

所有者权益(或股东权益)变动表是反映企业构成所有者权益各组成部分当期增减变动情况的报表。它不仅包括所有者权益总量的增减变动，还包括所有者权益增减变动的重要结构信息，使使用者能够理解其增减变动的根源。

按照《企业会计准则——财务报表列报》的规定，所有者权益(或股东权益)变动表至少应当单独列示下列信息：

(1)综合收益总额；

(2)会计政策变更和差错更正的累计影响金额；

(3)所有者投入资本和向所有者分配利润等；

(4)按照规定提取的盈余公积；

(5)实收资本(或股本)、资本公积、盈余公积、未分配利润的期初和期末余额及其调整情况。

所有者权益(或股东权益)变动表的具体格式如表10-8所示。

表10-8　所有者权益变动表

编制单位：新世纪股份有限公司　　2016年度　　金额单位：元

项目	本年金额						
	实收资本(或股本)	资本公积	减：库存股	其他综合收益	盈余公积	未分配利润	所有者权益合计
一、上年末余额							
加：会计政策变更							
前期差错变更							
二、本年年初余额							
三、本年增减变动金额(减少用“-”号填列)							
(一)综合收益总额							
(二)所有者投入和减少资本							
1.所有者投入资本							
2.股份支付计入所有者权益的金额							
3.其他							
(三)利润分配							

续表

项目	本年金额						
	实收资本（或股本）	资本公积	减：库存股	其他综合收益	盈余公积	未分配利润	所有者权益合计
1. 提取盈余公积							
2. 对所有者（或股东）的分配							
3. 其他							
（四）所有者权益内部结转							
1. 资本公积转增资本（或股本）							
2. 盈余公积转增资本（或股本）							
3. 盈余公积弥补亏损							
4. 其他							
四、本年年末余额							

第六节　财务报表附注

一、财务报表附注的意义

财务报表附注是对在资产负债表、利润表、所有者权益变动表和现金流量表等报表中列示项目的文字描述或明细资料，以及对未能在这些报表中列示项目的说明等。财务报表附注是财务报表的重要组成部分。

财务报表附注应当披露财务报表的编制基础，相关信息应当与资产负债表、利润表、所有者权益变动表和现金流量表等报表中列示的项目互相参照。

二、财务报表附注的内容

按照《企业会计准则——财务报表列报》的规定，财务报表附注应当按照下列顺序披露有关内容：

（一）企业的基本情况

（1）企业注册地、组织形式和总部地址；

（2）企业的业务性质和主要经营活动；

（3）母公司以及集团最终母公司的名称；

（4）财务报告的批准报出者和财务报告批准报出日；

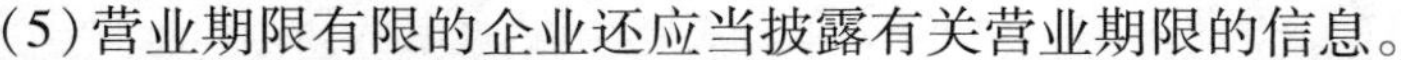

(5)营业期限有限的企业还应当披露有关营业期限的信息。

(二)财务报表的编制基础

企业应当以持续经营为基础，根据实际发生的交易和事项，按照企业会计准则的规定进行确认、计量和编制财务报表。

在编制财务报表时，企业应当对持续经营的能力进行估计。如果已决定进行清算或停止营业，或者已确定在下一个会计期间将被迫进行清算或停止营业，则不应再以持续经营为基础编制财务报表。如果某些不确定的因素导致对企业能否持续经营产生重大怀疑时，则应当在财务报表附注中披露这些不确定因素。如果财务报表不是以持续经营为基础编制的，则企业在财务报表附注中对此应当首先予以披露，并进一步披露财务报表的编制基础，以及企业未能以持续经营为基础编制财务报表的原因。

(三)遵循企业会计准则的声明

企业应当准确说明编制的财务报表符合企业会计准则的要求，真实、完整地反映了企业的财务状况、经营成果和现金流量等有关信息，以此明确企业编制财务报表所依据的制度基础。如果企业编制的财务报表只是部分地遵循了企业会计准则，附注中不得作出这种表述。

(四)重要会计政策和会计估计

按照《企业会计准则——财务报表列报》的规定，企业应当披露采用的重要会计政策和会计估计，不重要的会计政策和会计估计可以不披露。

1. 重要会计政策的说明

由于企业经济业务的负债性和多样化，企业可以选择不同的会计处理方法。为了有助于使用者理解，有必要对这些会计政策加以披露。

(1)财务报表的计量基础。会计计量属性包括历史成本、重置成本、可变现净值、现值和公允价值，这直接显著影响报表使用者的分析。这项披露要求有助于使用者了解企业财务报表中的项目是按何种计量基础予以计量的。

(2)会计政策的重要判断依据。这主要是指企业在运用会计政策过程中所作的对列报中确认的项目金额最具影响的判断。例如，企业如何判断与租赁资产相关的所有风险和报酬已转移给企业，从而符合融资租赁的标准等。这项披露要求有助于使用者理解企业选择可运用会计政策的背景，增加财务报表的可理解性。

2. 重要会计估计的说明

财务报表列报准则强调了对会计估计不确定因素的披露要求，企业应当披露会计估计中所采用的关键假设和不确定因素的确定依据以及这些关键假设和不确定因素在下一会计期间内很可能导致对资产、负债账面价值进行重大调整。

在确定报表中确认的资产和负债的账面金额过程中，企业有时需要对不确定的未来事项在资产负债表日对这些资产和负债的影响加以估计。例如，固定资产可回收金额的计算需要根据其公允价值减去处置费用后的净额与预计未来现金流量进行预测，并选择适当的折现率，应当在附注中披露未来现金流量预测所采用的假设及其依据、所选择的折现率的合理性等。因此，强调这一披露要求，有助于提高财务报表的可理解性。

(五)会计政策和会计估计变更以及差错更正的说明

企业应当按照《企业会计准则第28号—会计政策、会计估计变更和差错更正》及其应用指南的规定，披露会计政策和会计估计变更以及差错更正的有关情况。

（六）报表重要项目说明

企业应当以文字和数字描述相结合、尽可能以列报形式披露报表重要项目的构成或当期增减变动情况，并且报表重要项目的明细金额合计，应当与报表项目金额相衔接。在披露上，一般应当按照资产负债表、利润表、现金流量表、所有者权益变动表的顺序及其项目列示的顺序。

（七）其他需要说明的重要事项

这些重要事项包括或有事项、资产负债表日后非调整事项、关联方关系及交易等，具体的披露要求须遵循相关会计准则的规定。

（八）企业管理资本的目标、政策及程序的信息

企业不仅需要披露企业管理资本的目标、政策及程序的信息，而且还应披露其他综合收益各项目的信息，终止经营的收入、费用、利润总额、所得税费用和净利润以及归属于母公司所有者的终止经营利润的信息，以及资产负债表日后、财务报告批准报出前提议或宣告发放的股利总额和每股股利金额的信息。

第十一章　财务报表分析

第一节　财务报表分析的意义、内容与作用

一、财务报表分析的意义

财务报表分析以企业财务报表为主要依据，对企业的财务状况、经营成果和现金流量情况进行全面的评价和分析，反映企业在运营过程中的基本状况和发展趋势，为会计信息使用者进行经济决策提供重要的参考信息。

财务报表指标已经较为全面地反映了企业财务的基本概况，但是财务报表是通过一系列的数据资料来全面地、概括地反映企业的财务状况、经营成果和现金流量情况的，对报表的使用者来说，这些数据是原始的、初步的，还不能直接为决策服务。而且不同的信息需求者的要求不同，对会计报表的各指标的重视程度不同，他们需要有针对性地使用财务报表不同的指标来为其服务。这就需要进一步对财务报表的一些指标进行进一步的加工整理，从中获得有用的信息，以对经济决策更有直接的指导意义，这就是财务报表分析的现实需求。

财务分析既是过去经营活动的总结，也是财务预测的前提，具有承上启下的意义：

1. 财务分析是评价财务状况及经营业绩的重要依据

通过财务分析，可以了解企业偿债能力、营运能力、盈利能力和现金流量状况，合理评价经营者的经营业绩，以奖优罚劣，促进管理水平的提高。

2. 财务分析是挖掘潜力、改进工作、实现理财目标的重要手段

企业理财的根本目标是实现企业价值最大化。通过财务分析，不断挖掘潜力，从各方面揭露矛盾，找出差距，充分认识未被利用的人力、物力资源，寻找利用不当的原因，促进企业经营活动按照企业价值最大化的目标运行。

3. 财务分析是合理实施投资决策的重要步骤

投资者通过财务分析，可了解企业获利能力、偿债能力，从而进一步预测投资后的收益水平和风险程度，以做出正确的投资决策。

二、财务报表分析的内容

对外发布的财务报表，是根据全体使用人的一般要求设计的，因此，报表使用者要从中

选择自己所需要的信息，重新排列，并研究其相互关系，使之符合特定决策要求。债权人关注投资的安全性，因而更关心企业的偿债能力和企业的现金流动状况及付现能力；所有者关注资本的保值增值，因而更关心企业的财务状况与盈利能力；企业决策者关注企业的经营行为的效率与效益性，因而更关心企业的运营能力、偿债能力、盈利能力等。

根据不同会计信息使用者的不同要求，财务报表分析的主要内容应包括如下的几个方面：

(1)分析企业资产、负债的构成及其变动情况，以及企业负债经营的情况，借此评价企业的偿债能力。

(2)比较分析企业资产、负债和所有者权益的构成情况、资金保全和增值情况，评价企业的财务状况。

(3)分析企业利润实现的情况和盈利水平的变动趋势，评价和预测企业的盈利能力。

(4)分析企业现金流量增减变化及其原因，从而评价企业的现金流动状况及付现能力。

三、财务报表分析的作用

财务报表分析的主要作用在于充分揭示企业的现有状况，研究企业未来的发展趋势，为财务报表使用者提供评价、预测和决策等相关有用的信息。具体的作用可以表述如下：

(一)评价企业已经发生的经济业务

财务报表分析，主要是通过对企业财务报表等相关资料的分析，能够基本判读企业过去的财务状况和经营成果，即根据相关的法规和企业理财目标，分析企业目前的偿债能力、盈利能力和运用能力是否存在问题，并剖析问题产生的原因，为企业所有者、管理当局、政府部门、投资者和债权人的考评与决策提供一定的参考。

(二)预测企业的未来前景

财务报表分析不仅可以评价过去，而且可以通过对已经发生的经济业务的分析，预测企业的未来发展状况及趋势。通过财务报表分析，不仅可以评估企业未来的价值及价值创造，还可以为企业未来的财务预测、财务决策指明方向，并为企业进行财务预测提供必要的信息。

第二节　财务报表分析的程序与方法

一、财务报表分析的程序

对财务报表的分析，一般由以下几个相互联系的步骤所组成：

1. 确定财务报表分析的目标，制定分析工作计划

会计信息使用者希望依据财务报表分析做出不同的决策，所以在进行报表分析之前，首要的任务就是要确定分析的目标，并制定分析工作计划，以期提供公允、恰当的会计信息。

2. 收集财务报表分析所必备的信息数据

目标确定之后应收集相关的会计信息资料，以供分析使用。这些信息资料一般包括对外报送的财务报表主表及附表、财务报表附注、财务情况说明书等，以及来自审计人员的查账

报告和来自资信部门、证券管理委员会、行业主管部门的信息数据。

3. 根据分析目的，运用科学的分析方法，深入比较、研究所收集的资料

在报表分析时，应首先选定适用的财务报表分析方法，并对分析资料数据进行深入比较、研究，并用简明的文字加以说明。

4. 进行结论分析，提出分析报告，为信息使用者提供决策参考

在深入比较、研究的基础上，将分析的结果形成书面报告，向会计报告的使用者提供财务信息，以满足其决策的需求。

二、财务报表分析的方法

实践中常用的财务分析方法的主要有：比较法、比率分析法和因素分析法。

（一）比较法

比较分析法是财务报表分析的基本方法之一，是通过财务指标与性质相同的指标评价标准进行数量上的对比，揭示企业财务状况、经营情况和现金流量情况的一种分析方法。其主要作用在于揭示指标间客观存在的差距，并为进一步分析指出方向。用于比较的信息既可以是绝对数，也可以是相对数。比较分析法是财务报表分析中最基本的分析方法，实践中应用很广。

按比较标准不同，比较法又分为三种形式：

(1) 实际指标同计划或定额指标比较。这种比较可以揭示实际与计划或定额之间的差异，解释计划或定额与实际之间的差异，了解该项指标的计划或定额的完成情况。

(2) 本期指标与前期指标比较。这里的前期可以是上年同期或历史最好时期。这种比较可以确定前后不同时期有关指标的变动情况，了解企业的生产经营活动的发展趋势和经济管理工作的改进情况。

(3) 本企业指标同国内外先进企业指标比较。这种比较可以找出与先进企业之间的差距，推动本企业改善经营管理。

需要注意的是，应用比较分析法对同一性质指标进行数量比较时，要注意所用指标的可比性，必须在指标内容、期间、计算口径、计价基础等方面应当相同、可比。

例如，新世纪股份有限公司利润表中反映 2006 年的净利润为 50 万元，2007 年的净利润为 100 万元，2008 年的净利润为 160 万元。前后不同时期有关指标的变动情况，说明企业的利润连续两年是逐渐递增的，经营业绩越来越好。

（二）比率分析法

比率分析法是指运用同一张会计报表的不同项目之间、不同类别之间或两张不同会计报表的有关项目之间的比率关系，从相对数角度计算确定变动程度，从而确定财务活动变动程度的一种分析方法。

1. 构成比率

构成比率又称结构比率，它是某项财务指标的各组成部分占总体的比重，反映部分与总体的百分比关系。计算并比较构成比率，可以了解某项经济指标的构成情况，以便考察总体中各组成部分的变化情况。例如，流动资产占资产总额的比率等。通过构成比率可以了解这些构成比率是否合理。

2. 相关比率

相关比率是以某个项目和与其有关但经济性质又不同的项目加以对比所得的比率，然后进行各种形式的比较，反映有关经济活动的相互关系。例如，资产负债率等。

3. 动态比率

动态比率是某项经济指标不同时期的数额对比求出动态比率，以考察该项经济指标的发展变化趋势和增减速度。

动态比率又分为定基动态比率与环比动态比率。定基动态比率是以某一时期的数额为固定基期数额而计算出来的动态比率。其计算公式为：定基动态比率 = 分析期数额/固定基期数额。环比动态比率是以每一分析期的前期数额为基期数额而计算出来的动态比率。其计算公式为：环比动态比率 = 分析期数额/前期数额。

需要注意的是，采用比率分析法时应考虑对比项目的相关性（比率指标的分子分母必须具有相关性）、对比口径的一致性（分子分母的口径一致）和衡量标准的科学性。

【例 11－1】 新世纪股份有限公司利润表中反映 2014 年的净利润为 50 万元，2015 年的净利润为 100 万元，2016 年的净利润为 160 万元。

从增减变动率分析：

2015 年较 2014 年相比净利润增长率为：(100－50)/50×100%＝100%

2016 年较 2015 年相比净利润增长率为：(160－100)/100×100%＝60%

虽然企业的利润连续两年是逐渐递增的，但增长率却是下降的，即增长的速度在放慢。

（三）因素分析法

因素分析法是指在分析受多种因素影响的经济指标变动时，为了观察某一因素变动的影响而将其他因素固定下来，如此逐项分析，再逐项替代的方法，故称因素分析法或连环替代法。应用该方法可以确定各项经济指标变动的原因及影响其变动的相关因素的影响程度。

运用因素分析法首先要确定需要分析的指标，然后确定影响该指标的各因素及与该指标的关系，最后再计算确定各个因素影响的程度数额。

【例 11－2】 新世纪股份有限公司 2015 年 3 月某种原材料费用的实际数是 48 300 元，而其计划数是 40 800 元，实际比计划增加 7 500 元。由于原材料费用是由产品产量、单位产品材料消耗用量和材料单价三个因素的乘积构成的，因此，就可以把材料费用这一总指标分解为三个因素，然后逐个来分析它们对材料费用总额的影响程度。见表 11－1。

表 11－1

项　目	单位	计划数	实际数
产品产量	件	200	230
单位产品材料消耗量	千克	17	15
材料单价	元	12	14
材料费用总额	元	40 800	48 300

根据表中资料，材料费用总额实际数较计划数增加 7 500 元，这是分析对象。运用因素分析法，可以计算各因素变动对材料费用总额的影响程度如下：

设产品产量为 a，单位产品材料消耗量为 b，材料单价为 c，材料费用总额为 F，得：

$$F = a \times b \times c$$

①计划指标：$F = a_0 \times b_0 \times c_0 = 200 \times 17 \times 12 = 40\ 800$（元）

②第一次替代：$F = a_1 \times b_0 \times c_0 = 230 \times 17 \times 12 = 46\ 920$（元）

③第二次替代：$F = a_1 \times b_1 \times c_0 = 230 \times 15 \times 12 = 41\ 400$（元）

④第三次替代（实际指标）：$F = a_1 \times b_1 \times c_1 = 230 \times 15 \times 14 = 48\ 300$（元）

② - ① = 46 920 - 40 800 = 6 120（元）　这是产量增加对材料费用总额的影响数

③ - ② = 41 400 - 46 920 = -5 520（元）　这是材料节约对材料费用总额的影响数

④ - ③ = 48 300 - 41 400 = 6 900（元）　这是价格提高对材料费用总额的影响数

以上三个差额之和：6 120 - 5 520 + 6 900 = 7 500（元），就是全部因素的影响数总和，即材料费用总额实际数较计划数增加数额。

三、利用财务比率进行的各种能力分析

如前所述，进行财务报表分析的一般性分析只是一种逻辑上的推测，如果要全面、系统地评估企业的财务状况和经营成果，尚需要结合一些其他的方法，比如利用财务报表中相关的指标计算各种比率，来反映它们之间的关系，从而综合地评价企业的偿债能力、营运能力和盈利能力。

（一）偿债能力分析

分析企业的偿债能力，主要是通过资产负债表中的流动资产与流动负债之间的关系、速动资产与流动负债之间的关系、总负债与总资产之间的关系和总负债与所有者权益之间的关系来测算出公司的短期和长期偿债能力。

1. 流动比率

流动比率是指企业流动资产与流动负债的比率，其计算公式为：

流动比率 = 流动资产/流动负债 = 1/(1 - 营运资本配置比率)

其中：　　营运资本配置比率 = 营运资本/流动资产

流动比率是衡量短期偿债能力的最常用的指标。通常而言，流动比率越高，说明资产的流动性越大，短期偿债能力越强。不过，过高的流动比率也许是存货超储积压，存在大量应收账款的结果。此外，较高的流动比率也可能反映了企业拥有过分充裕的现金，不能将这部分多余的现金充分地、有效地利用起来。

需要注意的是，在使用财务比率时，一方面必须注意财务报表的数据是否经过人为地乔装打扮。例如，有的企业在编制报表前将借款还掉，下年初再设法借入，以掩饰其偿债能力。在这种情况下，企业的流动比率所揭示的信息就缺乏真实性。另一方面还应注意分析会计期末前后一段时间的变化情况，比较企业的流动比率在同行业的水平，或与其他企业进行横向比较和纵向比较，以判断趋势。

2. 速动比率

速动比率又称酸性实验比率，是指速动资产同流动负债的比率，反映企业短期内可变现资产偿还短期内到期债务的能力。速动比率是对流动比率的补充。其计算公式如下：

速动比率 = 速动资产/流动负债

货币资金、交易性金融资产和各种应收款项等，可以在较短时间内变现，称为速动资产；

另外的流动资产，包括存货、预付账款、一年内到期的非流动资产及其他流动资产等，称为非速动资产。速动比率在衡量拥有流动性较差的存货或存货数量较大的公司的资产流动性时尤为有用。

3. 现金比率

现金比率是指企业现金与流动负债的比率，其计算公式如下：

现金比率 =（货币资金 + 交易性金融资产）/流动负债

【例 11 -3】 某公司 2010 年自上市以来，以 5 年时间股本扩张 360% 的傲人业绩创造了中国股市的神话。然而，就在 2015 年 12 月，一篇发表在《金融内参》上的 600 字短文却宣告了神话的终结。根据该公司 2014 年的年度财务会计报告所计算的偿债能力比率如表 11 -2 所示。

表 11 -2

财务比率	2012	2013	2014
流动比率	1.92	1.07	0.77
速动比率	1.11	0.54	0.35

可见，该公司流动比率和速动比率呈下降趋势，资产流动性越来越差，其偿债能力越来越弱，隐藏着巨大的风险。

4. 资产负债率

资产负债率，也叫负债比率、举债经营比率。它是指负债总额对全部资产总额之比，用来衡量企业利用债权人提供资金进行经营活动的能力，反映债权人发放贷款的安全程度。其计算公式如下：

资产负债率 = 总负债/总资产

资产负债率是衡量债权人权益安全性的尺度，它将总负债表达为总资产的一定比例，即等于总负债除以总资产。

资产负债率不是衡量短期流动资产流动性的尺度，而是衡量债务人长期信用风险的尺度，借款金额占总资产的比率越小，企业不能偿还到期债务的风险也就越小。从债权人的角度来看，资产负债率越低，他们的资金就越安全。大多数财务结构合理的公司一般将资产负债率维持在 50% 以下。不过，需要重申的是，财务分析人员应结合行业特点进行具体分析，如新兴行业的资产负债率一般较高，常常超过 90% 。

5. 产权比率

产权比率也叫负债对所有者权益的比率，这一比率是衡量企业长期偿债能力的指标之一，其计算公式如下：

产权比率 = 负债总额/所有者权益（股东权益）

一般情况下，资产负债率越低，产权比率越低，是较低风险的财务结构，表明企业的长期偿债能力越强，债权人权益的保障程度越高，承担的风险越小，但企业不能充分地发挥负债的财务杠杆效应。

（二）营运能力分析

营运能力分析主要是衡量企业资产管理的效率。常用的指标有：应收账款周转率、存货周转率、流动资产周转率、营运资本周转率、非流动资产周转率和总资产周转率等。各种资产周转指标的计量都有三种形式：××周转次数、××周转天数、××与收入比。如：

应收账款周转次数＝销售收入/应收账款

应收账款周转天数＝365/应收账款周转次数

应收账款与收入比＝应收账款/销售收入＝1/应收账款周转次数

应收账款周转率分母中的应收账款应包括应收票据；如果提取的坏账准备较多，应使用未提取坏账准备的应收账款计算；在分析时要与销售额分析、现金分析联系起来。应收账款周转天数不是越少越好。

在短期偿债能力分析中以及在分解总资产周转率时，应统一使用销售收入计算存货周转率。如果是为了评估存货管理的业绩，应当使用销售成本计算存货周转率。存货周转天数不是越少越好。

资产周转率的驱动因素分析（定量分析），通常可以使用资产周转天数指标或资产与收入比指标，不适用资产周转天数。总资产周转天数＝流动资产周转天数＋非流动资产周转天数。通过驱动因素的分析，可以了解总资产周转率变动是由哪些资产项目引起的，以及影响较大的因素，为进一步分析指出方向。

【例11－4】　甲公司与乙公司2014年均实现主营业务收入36 000 000元。前者的平均资产总额为6 000 000元，后者的平均资产总额为9 000 000元，试评价二者的管理效率。

甲公司的总资产周转率＝36 000 000/6 000 000＝6

乙公司的总资产周转率＝36 000 000/9 000 000＝4

就上述而言，甲公司的管理效率高于乙公司。

【例11－5】　甲公司与乙公司2014年的销售成本均为24 000 000元。前者的平均存货为3 000 000元，后者的平均存货为4 000 000元，试评价二者的管理效率。

甲公司存货周转率＝24 000 000/3 000 000＝8

乙公司存货周转率＝24 000 000/4 000 000＝6

就上述而言，乙公司的管理效率高于甲公司。

【例11－6】　甲公司与乙公司2014年的主营业务收入均为3 600 000元。前者的平均应收账款为3 000 000元，后者的平均应收账款为2 000 000元，试评价二者的管理效率。

甲公司应收账款周转率＝36 000 000/3 000 000＝12

乙公司应收账款周转率＝36 000 000/2 000 000＝18

就上述而言，甲公司的管理效率高于乙公司。

第三节　财务报表附注的分析

财务报表由于其固定的格式、项目和填列方法，使得表内信息并不能完整地反映一个企业的整体素质，而财务报表附注则能够弥补表内信息的局限性，它使一些不能在法定财务报表内揭示的重要的、有用的会计信息能够充分地予以披露，使表内的信息更容易理解，更加相关，更加突出。

根据现行会计准则的规定，财务报表附注一般包括：公司的一般情况、财务报表的编制基础、遵循企业会计准则的声明、重要会计政策和会计估计的说明、会计政策和会计估计变更以及差错更正的说明、报表的重要项目的说明以及或有和承诺事项、资产负债表日后调整事项、关联方关系及其交易等需要说明的事项。

财务报表附注信息内容十分丰富。它是财务报表中必不可少的组成部分，能帮助广大的信息使用者透彻地理解财务报表的内容，了解公司基本情况、意外事项和战略管理等，提升财务报表的信息质量。财务报表附注应该注重以下方面的分析：

1. 注意分析和掌握企业的历史和主营业务范围

在判断企业的发展前景时，我们有必要对企业的重大历史事件和主营业务范围以及企业所处行业的发展状况加以分析，以此判断企业未来发展的前景，为信息使用者决策提供依据。

2. 分析会计处理方法对利润的影响

由于会计准则不可能涉及会计核算的方方面面，并且现行会计准则也规定了允许企业根据实际情况选择不同的会计政策，即在同一笔业务和事项的会计处理上可能会存在着多种可供选择的处理方法，在原始记录相同的情况下采取不同的会计政策和会计估计，必然会编出不同数据的财务报表，得出不同的净利润。因此，信息使用者要想真正了解各个数据的计算方法，就应该耐心地阅读财务报表附注中企业采用的主要会计政策以及认真分析会计政策前后期的会计处理方法是否一致，评价资产减值准备计提的合理性，以识别和判断企业经营业绩是否被人为地操纵，防范和化解投资风险。

3. 分析附注中披露的或有损失事项

企业因资产抵押、质押、未决诉讼等原因造成的损失绝对不可忽视。对于未决诉讼和仲裁事项，信息使用者需要考虑若败诉对企业现金流量、生产经营的影响和胜诉时款项收回的可能性，还要特别关注担保金额较大的企业。

4. 分析附注中披露的重要期后事项

投资者对一些重要的期后事项如重大建设项目、自然灾害、重大的投资和融资活动、企业合并和分立、重大经济纠纷、重大购销合同、重大收付款业务、截止日活动的财务承诺等应予以特别的关注。这些重大期后事项，可能对当期的财务报表没有太大的影响，但有些项目会对企业未来的财务状况、经营成果产生消极影响，甚至会给企业造成巨大的损失，因此信息使用者应注意防范风险。

5. 分析附注中披露的关联交易事项

企业与关联方的交易，会对企业的财务状况、经营成果产生相当大的影响，如不加以认真的分析研究，就不能正确地评价一个企业的竞争力和长远发展能力，因此，应对财务报表中披露的关联交易情况进行分析。比如，必须搞清企业与关联方之间的债权债务关系的真实性，以及其在同类债权债务中所占的比例；在分析一个企业的获利能力时，应将来自关联方的营业收入和利润予以排除，这样就可以判断出该企业的盈利能力在多大程度上依赖于关联方，从而推断出该企业的业绩核算的基础是否可靠，利润来源是否稳定；如果该企业的营业收入和利润主要来源于关联方，那么投资者就应当特别注意关联方的定价政策，观察企业与关联方之间进销货的交易条件、交易价格，以分析企业利润是否真实可靠。

参考文献

[1] 刘水泽，陈文铭. 会计学[M]. 大连：东北财经大学出版社，2015.
[2] 李占国. 基础会计学[M]. 北京：高等教育出版社，2015.
[3] 路国平，黄中生. 中级财务会计[M]. 北京：高等教育出版社，2016.
[4] 周密，黄冰. 会计学原理[M]. 上海：复旦大学出版社，2014.
[5] 中国注册会计师协会编写组. 会计[M]. 北京：中国财经出版传媒集团，2017.

图书在版编目（C I P）数据

会计学／沈航，刘晓英，张黄主编．--长沙：中南大学出版社，2017.7

ISBN 978-7-5487-2886-3

Ⅰ.①会… Ⅱ.①沈… ②刘… ③张… Ⅲ.①会计学—教材
Ⅳ.①F230

中国版本图书馆 CIP 数据核字(2017)第 174669 号

会 计 学

沈 航 刘晓英 张 黄 主编

□责任编辑 彭达升
□责任印制 易红卫
□出版发行 中南大学出版社
社址：长沙市麓山南路 邮编：410083
发行科电话：0731-88876770 传真：0731-88710482
□印 装 长沙印通印刷有限公司

□开 本 787×1092 1/16 □印张 18.5 □字数 467 千字
□版 次 2017 年 7 月第 1 版 □2017 年 7 月第 1 次印刷
□书 号 ISBN 978-7-5487-2886-3
□定 价 42.00 元